Y0-BZK-592

*Studies in Latin American Literature and Culture
in Honour of James Higgins*

Professor James Higgins, FBA, Comendador de la Orden al Mérito (Peru)
Chair of Latin American Literature, University of Liverpool, 1988–2004
University of Liverpool, 1964–2004

Studies in Latin American Literature and Culture in Honour of James Higgins

Edited by

Stephen Hart and William Rowe

Liverpool University Press

First published 2005 by
Liverpool University Press
4 Cambridge Street
Liverpool L69 7ZU

British Library Cataloguing-in-Publication data
A British Library CIP record is available

ISBN 0-85323-135-4

Typeset in Swift by Koinonia, Bury
Printed and bound in the European Union by Antony Rowe Ltd, Chippenham, Wilts

Contents

∾

Introduction

WILLIAM ROWE

Anniversary Professor of Poetics, Birkbeck College

∾

The singular dedication of James Higgins to the study of Peruvian literature and culture is attested in the variety of work gathered here in his honour. His distinguished contribution to the shaping of this field began with his pioneering study of the poetry of César Vallejo (*Visión del hombre y de la vida en las últimas obras poéticas de César Vallejo* [1970b]), at a time when the name Vallejo signified a rather impenetrable body of poetry, and this among scholars of Latin American Literature. Outside this ambit, Vallejo was practically unknown. Higgins's studies of the poetry did the important service of making the poetry available, by offering close readings of the later and more difficult poems, accounts of the values they project, and summaries of the narratives that traverse them. This was key work upon which subsequent scholars were able to build.

Higgins continued to stress the readability of modern Peruvian poetry in *The Poet in Peru: Alienation and the Quest for a Super-reality* (1982), where he seeks to explicate the utopian and surreal components of some of the most influential Peruvian poets whose writing, nevertheless, had proved elusive for many readers, especially Anglo-American ones, given its appeal to other dimensions than the empirically real. Once again, this was a book which opened doors for future discussion. His *History of Peruvian Literature* (1987a) is an invaluable tool for anyone seeking to understand the diachronic coherence of a literature which, despite its richness and variety, was often conceived to be full of gaps and incomplete phases — a mark of the coloniality of the categories which Higgins's generation were the first to attempt to systematically dismantle. His subsequent work has been concerned with the social content and context of Peruvian narrative fiction, particularly with a view to showing how social formations become translated into narrative forms (*Cambio social y constantes humanas: narrativa corta de Ribeyro* [1991]). This work on Ribeyro has helped to put an until recently neglected author on the map. *Myths of the Emergent: Social Mobility in Contemporary Peruvian Fiction* (1994) looks more broadly at contemporary Peruvian society, again showing how significant shifts in social relationships have been a key theme for recent narrative fiction.

In all of his work, of which the above is only a very brief summary, Higgins has demonstrated how literature is a vital site for the transformation of social relationships and values. More than one generation of students has benefited from his wealth of knowledge of Peruvian literature, and from his painstaking insistence on close analysis of texts. Many of them feature as authors of the essays presented to him in this volume, as do long-standing colleagues and friends.

Some brief comments on the various essays of this volume may help to draw the reader's attention to a number of common threads that link them together and to themes which contribute to the notional map of Peruvian literature and culture with which Higgins's own work is concerned. Although their themes cross over into each other, the essays have been grouped together under two separate headings.

I. The Poet and the World

Taking as his starting point a comment by Higgins on Vallejo, Astvaldur Astvaldsson inquires into the relationship between the political and questions of form and genre in the work of the Salvadorean novelist and poet Manlio Argueta. He shows how Argueta moved from the inheritance of socialist realism towards a sense of the poetic as inherent in the real, combined with a realisation of the complexity of the Salvadorean people's understanding and mediation – for example, oral and cosmological – of their history. The process involved a re-definition of the poetic to include the brutally real, something which places Argueta in the tradition of Vallejo. Carlos Germán Belli's reflections on the little-known Canarian poet Manuel Padorno take us into the zone of the oniric or super-real, a perhaps surprising enthusiasm if one thinks of Belli as a writer of acerbic texts, but one which suggests that the role of fantasy in Belli's own poetry has closer links with what is loosely called surrealism than might at first sight appear. Belli invites us to understand the links between fantasy (or, better, phantasy) and the geographical unknown that begins at the limits of the Occident: a further connection with Peru, whereby the historical (e.g. the antipodes) and spiritual geography ('la otra realidad') join together in a particular way. The affinity between the earthly paradise and the surreal recurs in Américo Ferrari's essay, where the joining of these two imaginary entities is shown to be a Latin American tradition. Ferrari examines the factor of bilingualism, another Latin American condition, in a number of modern writers, for instance Elias Canetti or Juan Larrea, whose self-transplanting into a strange language (French) arose as a poetic necessity. This was even more the case with the Peruvian César Moro, whose sometimes deformed Spanish suggests an interference of languages which offers interesting comparisons with José María Arguedas.

Stephen Hart's essay examines critically some of the on-going distortions of Vallejo's *œuvre* that have been produced by his widow, Georgette's invention of titles and arrangement of manuscripts, and goes on to debate possible interpretations of his compositional procedures. He demonstrates the key effect that Russian film had upon him, as well as his continuing use of stochastic procedures, two sources which point to the diversity and complexity of Vallejo's art, details of which are still emerging. 'Masks', he suggests, were not only created by Georgette, but used by Vallejo in his own poems, as a complicated way of negotiating in poetry the biographical facts of his life. The complexities of Vallejo's political ideas and sympathies, in relation to Spain and the Civil War, are the subject of George Lambie's contribution, which highlights the Gramscian (and Mariateguian) genealogy of Vallejo's understanding of the role of the popular classes in politics. Having established Vallejo's sympathies with the popular revolutionary movement that accompanied and complicated the war, he goes on to analyse the notions of democracy which articulate the poems of *España, aparta de mí este cáliz*, and which still hold their relevance today.

The significance of the poet Magda Portal for a reappraisal of the literary and political avant gardes in Peru has been underestimated. Melisa Moore shows how understanding Portal's situation as a female intellectual entails revisiting the relationship between intellectuals and the state. The female space of negotiation which her poetry opens up, through its assertions of a peripheral subjectivity, is the revealing counterpart of negotiations occurring in Peruvian society at the time. Moore shows through close textual analysis how Portal's inflection of space and time can help us towards a necessary re-reading of the literary field in early twentieth-century Peru. My own contribution to this volume looks at the poetry and visual work of Jorge Eduardo Eielson, and seeks to show how his poetry of the 1950s invented a new type of language in Peruvian writing. I examine how the relationship between the poetic subject and visual surfaces returns to and extends the avant-garde critique of language (e.g. by Mallarmé), in particular by creating a kinetic relationship with space, something which binds together the visual and literary work of someone whose outstanding contribution to both areas has lately begun to be recognised. Ricardo Silva Santisteban takes us into another example of trans-generic writing, the little known text 'Trance de poder', by Martín Adán. He brings out its similarity with *La casa de cartón*, Adán's poetic novel, and shows how it can be read as revelatory of his mysticism. The vacillation between different forms invites us to understand how far Adán, like Vallejo and Eielson, is a writer who transforms the traditions which he had inherited.

II. Narrative and Social Orders

The debate about *mestizaje* has long been central to Peruvian literary and historical studies. Raúl Bueno's essay investigates the ideas of social and cultural modernisation that correlate with particular narratives of mestizaje which need to be termed racist. Examining the work of Clorinda Matto, Jorge Icaza, and others, and comparing it with the apparently more liberal ideas of Vasconcelos, he argues that it is crucial to interrogate the ideology of 'whitening' which hides behind aesthetically acceptable portrayals. Sara Castro-Klaren's essay is concerned with the coloniality of ideas of subject formation, and reads *Cien años de soledad* in the light of Catholic traditions of the uses of solitude as spiritual discipline. By tracing the spaces made and inhabited by García Márquez's characters, she is able to show the political consequences of the use of illusion in techniques of interiority. With Jorge Cornejo Polar, we move to the intersection between the new forms of subjectivity produced in periodicals in eighteenth-century England and the tradition of *costumbrismo* in Spanish America. He discusses how this transmission reached various Latin American countries in the nineteenth century, and shows how, e.g. in Pardo y Aliaga, it led to transformations and adaptations, rather than mere imitations, such that it played a critical role in the cultural formation of the newly created republics. In response to the complex relationship in *Pedro Páramo* between symbolism and social and political community, Christopher Harris explores how Rulfo uses the image of the doorway in order to weave together thresholds between life and death, self and other. The multivalent image of figures in a doorway, a favourite theme of Rulfo's photographs, brings into focus the resistance of Rulfo's narrative to linear interpretation.

Any account of the formation of Peruvian culture(s) must give due importance to regional, and particularly, Andean societies. Rosaleen Howard brings the expertise of an anthropologist and Quechuologist to the discussion of the meaning of hybridity – a crucial word in recent years. She deploys the notions of contact zone and multicultural subjectivity in order to examine issues of language and identity in Greorio Condori Mamani's *Autobiografía*. Hybridity also traverses the visual imagery of the famous *tablas de Sarhua* which Luis Millones presents within their historical and iconographic context. Focusing on one particular motif, that of the end of the world, Millones deploys an ethnohistorical understanding of Andean cultures in order to reveal the complex and extraordinary interweaving of native and Christian strands, placing these works of *artesanía* within the rich tradition of mestizo art and literature in Peru.

Jorge Basadre is probably the most widely respected of all Peruvian historians. Jorge Puccinelli highlights his close interest in literary figures like Valdelomar, Vallejo, and Eguren and locates him in the ferment of political ideas that characterised the 1920s in Peru. He emphasises how Basadre's major historiographical works, beginning with his seminal *Perú: problema y posibilidad*, are distinguished by their attention to the role of culture, and brings out his concern with the social and with hope and futurity as essential dimensions of history. Daniel Reedy takes the birth of a 'monstruous' child with two heads, in late seventeenth-century Lima, as the starting-point for an investigation into a particular historical moment of scientific and theological speculation in colonial Peru. He goes on to show how the poet Caviedes makes popular superstition a vehicle for his satirical art, which revels in imaginary links between monstrosity, miscegenation, and sexual deviation and gives a fascinating picture of the cultural beliefs of that time.

Donald Shaw turns to the ambiguities of the relations between the real and the fictional in the essays and novels of Vargas Llosa. He argues that there is an underlying sense in which Vargas Llosa and other Latin American novelists had lost faith in the notion of an 'objectively' real world, such that the distance between social realism and fantastic literature (in the Borgesian sense) might be less than it appeared thirty or so years ago. This in turn, has interesting consequences for our understanding of narrative strategies and their relationship with the intelligibility of reality. The on-going dispute between González Prada and Palma was both literary and political. David Sobrevilla revisits its first phase (1885–88) in order to probe the extent to which it related to different conceptions of literature, or to different political positions. His discussion opens up interesting avenues of inquiry into the literary institutions of that time, and into the evolution of both writers, whose different constructions of tradition still resonate nowadays.

With Philip Swanson's discussion of Vargas Llosa's *¿Quién mató a Palomino Molero?*, we return to the question of reality as fictional effect or result of some form of authorial legitimacy. Swanson argues that this novel moves in complex ways between order and disorder, and their various geographical and social incarnations. The tensions in Vargas Llosa's handling of the genre of crime fiction emerge as indices of the difficulty of maintaining a position of political liberalism in the Peruvian context. Nuria Vilanova's study of the child's gaze looks in particular at Arguedas's *Los ríos profundos*, Bryce's *Un mundo para Julius* and Cronwell Jara's *Montacerdos*. She finds in the first two a type of protagonist whose capacity to make sense of things is deeply marked by the heterogeneity of the worlds they inhabit, while Cronwell Jara's novel is distinguished by the outlook of emergent and marginal social groups which had first appeared in the work of Ribeyro and others. In all cases, the sensibility of the child reveals what adult mentalities would prefer to cover over. Finally, David Wood considers the ways in which the nation has been imagined in twentieth-century Peru. He gives particular emphasis to the place of Andean populations, within the imaginary both of *indigenista* novels and of recent narratives which respond to the violent outcomes of the confrontation between the state and Sendero Luminoso. As well as literature, he examines the role of visual culture and of key forms of popular culture such as football, placing all of them in the long historical perspective of that necessity to 'hacer nación', in Mariátegui's phrase

Bibliography of the Publications
of James Higgins

⁓

Books

1970a.   *César Vallejo: An Anthology of His Poetry*. With introduction and notes (Oxford: Pergamon).

1970b.   *Visión del hombre y de la vida en las últimas obras poéticas de César Vallejo* (México: Siglo XXI).

1982.   *The Poet in Peru: Alienation and the Quest for a Super-reality* (Liverpool: Francis Cairns).

1987a.   *A History of Peruvian Literature* (Liverpool: Francis Cairns).

1987b.   *César Vallejo: A Selection of His Poetry. With translations, introduction and notes* (Liverpool: Francis Cairns).

1990.   *César Vallejo en su poesía* (Lima: Seglusa).

1991.   *Cambio social y constantes humanas. La narrativa corta de Ribeyro* (Lima: Pontificia Univ. Católica del Perú).

1993.   *Hitos de la poesía peruana* (Lima: Milla Batres).

1994.   *Myths of the Emergent. Social Mobility in Contemporary Peruvian Fiction* (Liverpool: Institute of Latin American Studies).

2002.   *The Literary Representation of Peru* (Lewiston: Edwin Mellen P.).

2003.   Ed. *Heterogeneidad y literatura en el Perú* (Lima: Centro de Estudios Literarios Antonio Cornejo Polar).

2004.   *Lima. A Cultural and Literary History* (Oxford: Signal Books).

Articles

1965.   'Spanish-American Literature: The Colonial Period', *The Year's Work in Modern Language Studies*, 27: 250–54.

1966.   'The Conflict of Personality in César Vallejo's *Poemas Humanos*', *Bulletin of Hispanic Studies*, XLIII, 1: 47–55.

1967a.   'La posición religiosa de César Vallejo a través de su poesía', *Caravelle*, 9: 47–58.

1967b. '"Los nueve monstruos" de César Vallejo: una tentativa de interpretación', *Razón y Fábula*, 3: 20–25.

1967c. 'El tema del mal en los *Poemas humanos* de César Vallejo', *Letras* (Lima), 78/79: 92–108.

1967d. 'La revolución y la redención del hombre en Vallejo', *Universidad* (Ayacucho), 9: 1–22.

1967e. 'Spanish-American Literature: The Colonial Period', *The Year's Work in Modern Language Studies*, 29: 260–66.

1967–68. 'El pensamiento y el desengaño en César Vallejo', *San Marcos*, 7: 77–89.

1968a. 'Vallejo en cada poema', *Mundo Nuevo*, 22: 21–26.

1968b. 'El dolor en los *Poemas Humanos* de César Vallejo', *Cuadernos Hispano-americanos*, 222: 619–31.

1968c. 'Experiencia directa del absurdo en la poesía de Vallejo', *Sur*, 312: 27–36.

1968d. 'La orfandad del hombre en los *Poemas Humanos* de César Vallejo', *Revista Iberoamericana*, 66: 299–311.

1968e. '"Va corriendo, andante..." de César Vallejo', *Cuadernos del Idioma*, 10: 119–23.

1968f. 'Spanish-American Literature: The Colonial Period', *The Year's Work in Modern Language Studies*, 30: 319–22.

1969a. 'Tres momentos en la evolución espiritual de Vallejo', *Imagen* (Caracas), 47: 4–5.

1969b. 'La sociedad capitalista en los *Poemas Humanos* de César Vallejo', *Visión del Perú*, 4: 68–74.

1970a. 'El absurdo en la poesía◊de César Vallejo', *Revista Iberoamericana*, 71: 217–41; reprinted in *En torno a César Vallejo*, ed. A. Merino (Madrid: Júcar, 1988), 147–76.

1970b. 'The Poetry of Carlos Germán Belli', *Bulletin of Hispanic Studies*, XLVII, 4: 327–39.

1971a. 'El conflicto entre la aspiración y la realidad en la poesía de Vallejo', in *El humanismo de Vallejo. Actas de las conferencias vallejianas internacionales*, ed. Juan Larrea (Córdoba, Arg.: Univ. Nac. de Córdoba), pp. 72–87.

1971b. 'Y si después de tantas palabras', in *Aproximaciones a César Vallejo*, ed. Angel Flores (New York: Las Américas), II, pp. 263–66.

1971c. 'Un pilar soportando consuelos', *Ibid.*, pp. 297–300.

1971d. 'El alma que sufrió de ser su cuerpo', *Ibid.*, pp. 313–21.

1971e. 'A Forgotten Peruvian Novelist: Enrique Congrains Martín', *Iberoromania*, 2: 112–20.

1972a. 'El mundo poético de Carlos Germán Belli a través del poema "Contra el estío"', in *Literatura de la emancipación hispanoamericana y otros ensayos* (Lima: Univ. Nac. Mayor de San Marcos), pp. 179–83.

1972b.   'Carlos Germán Belli: una introducción a su poesía', *Textual* (Lima), 4: 59–63.

1972c.   'The Novelists of *Lima la horrible*', *Bulletin of the Society for Latin American Studies*, 15: 4–19.

1972d.   '*Cien años de soledad*, historia del hombre occidental', *Cuadernos del Sur*, 11: 303–14.

1973.   'The Rupture between Poet and Society in the Work of José María Eguren', *Kentucky Romance Quarterly*, XX, 1: 59–74.

1974a.   'Los poetas enajenados', *Ínsula*, 332–33: 7–10.

1974b.   'Vallejo y la tradición del poeta visionario', in *César Vallejo. El escritor y la crítica*, ed. J. Ortega (Madrid: Taurus), pp. 449–67.

1974c.   'Poetry from a Shattered Pen', *Review* (New York), 12: 72–74.

1980.   'César Vallejo: La alienación del provinciano desarraigado', *Camp de l'arpa*, 71: 13–18.

1981.   'Peruvian Prose Fiction from Independence to the First World War', in *Before the Boom*, ed. Steven Boldy (Liverpool: Centre for Latin American Studies Monograph Series No. 10), pp. 18–30.

1982.   'The Political Symbolism of the Letter and the Cock in *El coronel no tiene quien le escriba*', *Vida Hispánica*, XXXI, 3: 19–24.

1983a.   'La aventura poética de Martín Adán en *Travesía de extramares*', in *Homenaje a Luis Alberto Sánchez*, ed. R. Mead (Madrid: Ínsula), pp. 299–317.

1983b.   'Ricardo Palma en el desarrollo de la narrativa peruana', *Cielo Abierto*, 23: 3–9.

1984a.   'Westphalen, Moro y la poética surrealista', *Cielo Abierto*, 29: 16–26.

1984b.   *The Literature of Colonial Peru* (Liverpool: Centre for Latin American Studies Working Papers No. 5), 47 pp.

1985a.   'On His Blindness: Jorge Luis Borges' "Poema de los dones"', in *Readings in Spanish and Portuguese Poetry for Geoffrey Connell*, ed. N. G. Round and D. G. Walters (Glasgow: Univ. of Glasgow Dept. of Hispanic Studies), pp. 98–105.

1985b.   'Eguren: alienado y visionario', *Tierradentro* (Lima), 3: 59–88.

1987.   *1928: A Landmark in the Development of the Peruvian Novel* (London: Peruvian Embassy Cultural Notebooks 4), 12 pp.

1988.   'Orígenes coloniales de la poesía peruana', *Revista de Indias*, 182–183: 593–611.

1989a.   'César Vallejo, poeta de la periferia', in *Actas del Coloquio Internacional sobre César Vallejo*, ed. B. Buendía (Lima: Editorial Perla), pp. 147–61.

1989b. 'Reading Latin American Literature', in *Understanding Latin America*, ed. J. Fisher (Liverpool: Institute of Latin American Studies), pp. 33–53.

1990a. 'Gabriel García Márquez: *Cien años de soledad*', in *Landmarks in Modern Latin American Fiction*, ed. Philip Swanson (London: Routledge), pp. 141–60.

1990b. 'César Vallejo's Paradise Lost: A Study of *Trilce XXIII*', in *Sieh den Fluss der Sterne strömen. Hispanoamerikanische Lyrik der Gegenwart*, ed. G. Beutler (Darmstadt: Wiss. Buchges.), pp. 64–79.

1991a. 'Spanish America's New Narrative', in *Postmodernism and Contemporary Fiction*, ed. E. J. Smyth (London: Batsford), pp. 90–102.

1991b. 'Empire-building in South America', *The Oxford Art Journal*, XIV, 2: 108–11.

1992a. 'Two Poet-Novelists of Peru', in *Hispanic Studies in Honour of Geoffrey Ribbans*, ed. A. L. Mackenzie and D. S. Severin (Liverpool: Liverpool U.P.), pp. 289–96.

1992b. 'Una lectura de "Ágape": Vallejo o el provinciano desarraigado', in *César Vallejo: al pie del orbe*, ed. N. Tenorio Requejo (Lambayeque: Univ. Nacional Mayor Pedro Ruiz Gallo), pp. 85–87.

1993a. 'José Carlos Mariátegui y la literatura de vanguardia', in *José Carlos Mariátegui y Europa*, ed. R. Forgues (Lima: Amauta), pp. 285–99; reprinted in *Las vanguardias literarias en Bolivia, Colombia, Ecuador, Perú*, ed. H. Pöppel (Frankfurt: Vervuert / Madrid: Iberoamericana, 1999), pp. 191–99.

1993b. 'Antonio Cisneros', in *Contemporary World Writers*, ed. T. Chevalier (Andover: St. James Press), pp. 119–20.

1993c. 'Blanca Varela', *Ibid.*, pp. 539–40.

1994a. 'Family History and Social Change in Two Short Stories of Julio Ramón Ribeyro', in *New Frontiers in Hispanic and Luso-Brazilian Scholarship*, ed. T. J. Dadson et al. (Lewiston: Edwin Mellen Press), pp. 517–29.

1994b. 'César Vallejo y el ocaso del socialismo', in *Vallejo. Su tiempo y su obra*, ed. Jorge Cornejo Polar (Lima: Univ. de Lima), pp. 529–38.

1994c. '"No me encuentro en mi salsa": alienación y poesía en Carlos Germán Belli', in *El pesapalabras: Carlos Germán Belli ante la crítica*, ed. M. A. Zapata (Lima: Ediciones Tabla de Poesía Actual), pp. 87–117.

1995a. 'José María Arguedas', in *Reference Guide to World Literature*, ed. L. Standley Berger (Detroit: St. James Press), pp. 58–60.

1995b. '*Deep Rivers (Los ríos profundos)*', *Ibid.*, pp. 60–61.

1995c. 'Replanteando las relaciones de raza y de género en el Perú: *La violencia del tiempo* de Miguel Gutiérrez', *Neue Romania*, 16: 247–56; reprinted in *Del viento, el poder y la memoria. Materiales para una lectura crítica de Miguel Gutiérrez*, ed. C. Monteagudo and V. Vich (Lima: Pontificia Univ. Católica del Perú, 2002), pp. 90–105.

1997a.   'Mariátegui, González Prada y Palma', *Amauta y su Época*, II, 4:1–2.

1997b.   'Peru: 19th- and 20th-Century Prose and Poetry', in *Encyclopedia of Latin American Literature*, ed. Verity Smith (London: Fitzroy Dearborn), pp. 646–50.

1997c.   'Sebastián Salazar Bondy', *Ibid.*, p. 748.

1997d.   'On the Socialism of Vallejo', in *The Poetry and Poetics of César Vallejo*, ed. A. Sharman (Lewiston: Edwin Mellen Press), pp. 1–17.

1997e.   'El tema de la *Yawar Fiesta* en la narrativa peruana del 50', in *Homenaje a don Luis Monguió*, ed. J. Aladro-Font (Newark: Juan de la Cuesta), pp. 233–46.

1998a.   'Mitos de los sectores emergentes en la narrativa peruana actual', in *Literatura peruana hoy: crisis y creación*, ed. K. Kohut et al. (Frankfurt: Vervuert/ Madrid: Iberoamericana), pp. 99–105.

1998b.   'Antonio Cisneros: la ironía desmitificadora', in *Metáfora de la experiencia: la poesía de Antonio Cisneros*, ed. M. A. Zapata (Lima: Pontificia Univ. Católica del Perú), pp. 211–43.

1998c.   '*Un mundo para Julius*: The Swan-song of the Peruvian Oligarchy', *Tesserae*, IV, 1: 35–45.

2000.   'Towards a Rainbow Nation: Changing Social Attitudes in the Recent Peruvian Novel', in *New Peruvian Writing*, ed. R. Rodríguez-Saona (Leeds: Trinity and All Saints), pp. 5–15.

2001a.   'Die peruanische Gesellschaft in der Literatur', in *Peru—Land des Versprechens?*. ed. R. Sevilla and D. Sobrevilla (Bad Honnef: Horlemann), pp. 59–73.

2001b.   'Las *Tradiciones Peruanas* de Ricardo Palma: la historia como legitimación', *Revista de la Casa Museo Ricardo Palma*, II, 2: 15–28.

2001c.   'Un mundo dividido: imágenes del Perú en la novelística de Mario Vargas Llosa', in *Mario Vargas Llosa, escritor, ensayista, ciudadano y político*, ed. R. Forgues (Lima: Minerva), pp. 267–76.

2002.   'Vallejo as Icon', *Romance Quarterly*, 49, 2: 119–25.

2003a.   'El racismo en la literatura peruana', in *Heterogeneidad y literatura en el Perú*, ed. James Higgins (Lima: Centro de Estudios Literarios Antonio Cornejo Polar), pp. 157–77.

2003b.   'Algunas puertas de entrada al mundo poético de *La tortuga ecuestre*', *Fuegos de Arena*, 2/3: 33–39.

2004.   'The *Canción Criolla*', *Journal of Peruvian Cultural Studies*, 1: on-line journal, no pagination.

PART I
The Poet and the World

Más allá de la forma: la relación entre poesía y prosa en la obra de Manlio Argueta

ASTVALDUR ASTVALDSSON

University of Liverpool

[Vallejo] '[s]ostiene que las cuestiones formales tienen una importancia secundaria, que toda gran obra de arte es un testimonio veraz de la experiencia humana, y que sin este contenido humano es imposible hacer auténtico arte [...]' (Higgins 1970: 9).

'Neruda comenzaba a perfilarse como el poeta de América Latina...
Poco tiempo después nos llegaría César Vallejo,
quien se convirtió en guía fundamental' (Argueta 1994: 32).

La afirmación de James Higgins sobre Vallejo, recogida en la primera cita, se inscribe en un largo debate acerca de la tensión entre los aspectos formales que atañen a la literatura latinoamericana y su carácter testimonial. Tomando en cuenta el amplio panorama, este breve estudio se propone examinar algunas manifestaciones técnicas y temáticas que prueban una natural relación entre la poesía y la prosa del escritor salvadoreño Manlio Argueta; además de buscar sembrar algunas ideas sobre el motivo por el que esta hermandad genérica tiene mayor peso en la obra de ciertos escritores, y en particular en la de aquellos que se han inspirado en la vasta creatividad de los pueblos nativos del continente americano. Un peligro latente es que una comprensión ortodoxa de los límites genéricos, desde la óptica occidental, nos induce a malinterpretar tanto la forma, frecuentemente híbrida, como el contenido de la literatura latinoamericana.

Como señala la escritora mestiza norteamericana Leslie M. Silko (1981, 1997), tanto para los indios Pueblo de Nuevo México, en particular, como para los pueblos nativos americanos, en general, la frontera entre poesía y prosa a menudo se borra o no goza del relieve que tiene en la tradición occidental.[1] Si desde Sócrates y Aristóteles el racionalismo ha sido un factor predominante en la cultura occidental, los poetas, así como los pueblos no-occidentales, nunca se sometieron por entero a los criterios racionalistas, pues en todo momento

---

1 Silko, además de poesía y novela, ha publicado ensayos perspicaces sobre aspectos culturales y sociopolíticos de su pueblo.

tuvieron clara conciencia, sin anular manejos lógicos, de que la esencia del mundo y del hombre escapa al razonamiento puro. Lo cual justifica que, para promover una vida verdaderamente justa y humanista, el hombre ha de reconocer y entablar una relación natural con lo irracional, con lo ilógico, paradójicamente poseedor de su propia e íntima 'lógica' (Bourdieu 1977). Estamos entonces ante el plano de la pura subjetividad, ante una cosmología basada en conceptos relativos que toman en cuenta los poderes y las fuerzas de seres a los que se considera parte integrante del medio natural y de la sociedad. Es sabido que un gran número de aspectos de la realidad transciende a un entendimiento meramente racional; consecuentemente, su expresión requiere de un lenguaje metafórico y simbólico, sólo posibilitado por una manifestación de orden poético, regida por la emoción, la intuición y lo onírico. Una captación poético-estética de la complejidad existencial, en definitiva.

La crítica existente hasta el presente sobre la obra de Argueta se ha concentrado prioritariamente en sus novelas, y a menudo nos deja la impresión de que aunque comenzó a escribir como poeta, posteriormente dejó de lado el quehacer poético para dedicarse con exclusividad a la prosa. Sin lugar a dudas, el éxito obtenido por sus novelas opacó su labor poética, y eso le afectó en el plano de su recepción crítica, al punto de que muchos estudiosos llegaron a considerarla un trazo genérico de escaso interés o insignificante en comparación con su producción en prosa.

Conviene aclarar que antes de que se publicara su primera novela, en 1970, Argueta ya se había establecido como uno de los jóvenes poetas salvadoreños de vanguardia, hecho que confirma su compañero Roque Dalton en entrevista realizada por Mario Benedetti. Al preguntarle Benedetti de cuál de los nuevos poetas salvadoreños se siente más cerca, Dalton afirma rotundo: 'Fundamentalmente, de Manlio Argueta. Es un poeta de mi edad, que por cierto se ha convertido últimamente en un novelista muy valioso. La poesía de Argueta está dentro de una línea muy renovadora: es desenfadada, de gran amplitud temática' (Benedetti 1976: 5).

Aunque a fines de la década del 60 Argueta se había convertido en un destacado novelista, siempre se ha considerado a sí mismo, creativamente hablando, un poeta; un talante que se refleja notoriamente en su obra narrativa, de acusado ritmo poético y susceptible incluso de ser organizada en versos. Pero, posiblemente a causa de la urgencia de compromiso y denuncia de las primeras novelas, los críticos, reparando básicamente en los aspectos políticos más obvios, han tendido a pasar por alto la gran calidad poética que rige su prosa. Claro que Argueta ha querido que su obra narrativa tuviera el mayor impacto político posible pero, al tratar de asegurar explícitamente el aspecto combativo de sus novelas, ha tenido que pagar el peaje de ser desoído artísticamente; pues esa dimensión ideológica ha provocado que gran parte de los críticos no hayan prestado la debida atención a sus intenciones estéticas e, irónicamente, el descuido ha resultado en cierta miopía acerca de los aspectos más sutiles del contenido y del propósito denunciador.[2]

---

2 La crítica más reciente ha comenzado a corregir esta falta de equilibrio hermenéutico, concentrándose más en la poética de Argueta. Véase, Corral 1994; Phaf 1994; Craft 1998; Astvaldsson 2000; Argueta (en preparación); y varios artículos en la revista *Antípodas* (10), 1998.

Uno de los objetivos de las novelas de Argueta es sondear aspectos complejos de la existencia, y tempranamente se percató de que la poesía prosificada era la forma más apropiada para expresar factores hiperreales – como la violencia – incompresibles por vías racionales. En aras a lo cual, sólo cuando el lector comienza a considerar la prosa en relación con la poesía, vislumbra la verdad del insondable mundo novelesco arguetiano; pues una lectura cuidadosa de su ficción revela que la constante fluidez entre ambos extremos expresivos termina por borrar las fronteras genéricas.

Para entender a fondo esta relación, hay que apreciar por qué vierte más esfuerzo en la novela a partir de la segunda mitad de la década del 60. Como miembro de la generación comprometida, desde 1956 Argueta había rechazado la gratuidad del 'arte por el arte', y abordaba su trabajo creativo desde la necesidad de combinar estética y activismo político en contra del régimen militar-oligárquico que había gobernado brutalmente El Salvador desde 1932. Su meta era conseguir que la literatura, lejos de anclarse en la vacuidad formalista, trabajara a favor del progreso y de la democracia, sin por ello comprometer la calidad estética.

A mediados de la década del 60, en vista de las circunstancias por las que pasaba el país y pertrechado por la larga experiencia adquirida durante una década de activismo político-cultural, Argueta lleva a cabo un deslizamiento creativo de la poesía a la prosa que puede entenderse como una consecuencia de su afán por combinar eficazmente arte y política, puesto que el armazón narrativo, al menos *a priori*, se adapta mejor a los esquemas de expresión de compromiso, ya que su forma es más flexible, más apta para la descripción y, sobre todo, atrae a un mayor número de público. Argueta quería estar más cerca del pueblo, expresarse creativamente en un lenguaje que la gente entendiese, propiciar que la obra reflejara la penosa realidad nacional y diera oportunidad al pueblo de participar en la lucha. El reto era cómo lograr esas metas eludiendo tropezar en un falso y esquemático realismo socialista.

Argueta era consciente del problema que representa un realismo estereotipado que no toma en cuenta toda la gama de la experiencia humana, y aquí entraron en juego, de un modo decisivo, su talento, su sensibilidad y su experiencia creativa. En una entrevista efectuada en 1983 por Zulma Nelly Martínez, Argueta, al hablar de su novelística y refiriéndose concretamente a *Un día en la vida*, novela que en el momento de escribirla 'fue como escribir un largo poema', aclara: 'creo que la poesía me salvó de caer en esos mecanismos de lo "real" que es el llamado realismo socialista' (Martínez 1985: 52). A estas alturas, Argueta ya se había dado cuenta de que las formas poéticas tradicionales no le permitían expresar todo lo que quería: 'Sentí que tenía que decir muchas cosas [...] Sentí que la novela me daba un campo más amplio y más abierto para decir esas cosas, más amplio que la poesía' (Martínez 1985: 52).[3] Sus palabras nos dan una idea sobre aquello que le

---

3　Aunque en este caso Argueta se refiere específicamente a *Un día en la vida* (1980), su disposición es aplicable a toda su prosa.

proporciona un tono distintivo a la prosa de Argueta y le permite pergeñar un panorama de la historia salvadoreña notablemente moderno, estilística y temáticamente, y elaborado conforme a la realidad y el legado ideológico-cultural de su pueblo. Además, en la entrevista de 1983, Argueta había reconocido que en realidad su ejercicio 'siempre fue poético' (Martínez 1985: 52), y lo reafirma una década más tarde cuando escribe: 'Por la senda de la poesía llegué a la novela, para descubrir finalmente, que nunca ví (sic.) en ella algo distinto a la poesía, ni como método de trabajo ni como concepción creativa' (Argueta 1994: 33).

Entre las prioridades de Argueta estaba explorar con su obra aspectos de la vida sociopolítica, cultural y espiritual del hombre salvadoreño y universal, así como sus principios morales y éticos; pero era conocedor de que la complejidad inherente a esta temática era imposible de ser tratada desde parámetros estrictamente racionales. Este sondeo expresivo le conduce a experimentar en las novelas con varios registros lingüísticos que van desde un lenguaje sencillo, más o menos transparente, a otros más densos, más abstractos y difíciles de interpretar en un plano completamente consciente. Es justamente en los momentos en que el autor y los personajes se tienen que enfrentar con los aspectos de la vida difíciles de comprender y expresar que la prosa adopta un quiebro poético que ayuda ofrecer explicaciones profundas a cuestiones desterradas del orden racional que rige la vida cotidiana. Daremos tres ejemplos ilustrativos. Cada uno de ellos está constituido por dos textos-poemas estrechamente relacionados, que exponen cabalmente la calidad estética de la prosa arguetiana.

El primero consiste en 'Distintas formas de morir' (1969: 8), uno de los primeros poemas en prosa de Argueta y un fragmento de *El valle de las hamacas* (1970), la primera novela, escrita en 1966.[4] El poema alude a ciertos juegos infantiles que resultan alarmantes porque se trata en realidad de 'jugar a los muertos'. El mecanismo es como sigue: el grupo escoge al menor 'más adecuado', a quien seguidamente someten a tortura y finalmente matan y entierran vivo. La novela, como correlato temático, aborda los pensamientos 'incoherentes' de un joven activista político, capturado por los militares, y a quien atormentan los tortura-dores salvadoreños. Tomado aisladamente, el texto resulta perturbador porque apunta sutilmente a una realidad espantosa que incita a los niños a actuar violenta y cruelmente, como fiel remedo de los actos reales que cometen los adultos, y de los cuales en algún momento fueron testigos. He aquí un fragmento:

> En los patios de las casas jugamos... Todo va bien hasta que decidimos jugar a los muertos. Escogimos al menor, le registramos los ojos para ver si los tienen amarillos (esto es un requisito estrictamente necesario), les pegamos manotazos en las nalgas, y observamos cómo reaccionan ante el dolor...
>
> Luego, se envuelve al niño con la corteza que arrancamos de ciertos árboles no sin antes espiar si ha cambiado el color amarillo de los ojos. Algunos, los recogedores de grillos, van en busca de flores y regresan con ramilletes de coloridas campánulas que

---

4 La novela, publicada por primera vez por Sudamericana en Buenos Aires (1970), ganó el 'Primer Premio del Certamen Cultural Centroamericano' a fines de 1968. En febrero de 1969 se publicaron unos fragmentos en la revista salvadoreña *La Pájara Pinta*.

ponen sobre el envoltorio; otros abren un foso bastante profundo (metro y medio), pero sin llegar a tocar el agua de los manantiales subterráneos.

Así procedemos a enterrar a nuestras víctimas... [S]ólo las mujeres lloran... porque su sensibilidad es precaria, delicada como el velo de niebla que cubre las hojas de los árboles. Lloran más que de dolor de extraño presentimiento. Como si alguien estuviera a punto de morir. (Argueta 1992: 101–02)

En este caso, Argueta se sirve de la poesía en prosa como soporte formal apto para expresar situaciones sociopolíticas y acontecimientos históricos *demasiado* reales – tanto el acto de martirizar al prójimo como la agonía de la víctima – incomprensibles desde los cauces de la razón.

La diferencia entre ambas versiones del poema es notable, y es evidente que la versión de la *Pájara Pinta* se escribió primero, y que Argueta la pulió de cara a la novela. Así, mientras que el poema de la *Pájara Pinta* es sólo un párrafo, narrado en tercera persona, en la novela el fragmento que le corresponde es más elaborado, además de más extenso y dividido en tres párrafos. La diferencia mayor es que el texto 'novelado' se narra en primera persona de plural, lo cual no sólo provoca que el narrador tome parte directa en la acción, sino que el poema tenga un impacto estético mayor sobre el lector, que lo conduce a identificarse con el joven torturado.

El segundo lo configura una sección de *Caperucita en la zona roja* (1977), la segunda novela de Argueta, y 'Mamá', un poema inédito. Se trata de la décima sección del segundo capítulo de la novela, tal vez la parte más conocida y celebrada, un auténtico poema en prosa que, como señala López, 'nos "descubre" al país en el andamiaje matriarcal, a la patria no como entelequia sino como realidad doliente' (López 1996: 8). Como mantiene el crítico salvadoreño, es 'una de las páginas más lúcidas y reveladoras de la novela', que proporciona una visión 'exacta, literaria y sociológicamente considerada' (López 1996: 9); pero igualmente describe una realidad dolorosa y hondamente contradictoria: la condición de la mujer salvadoreña, un ser sublime que debe ser adorado como la Virgen María y, por otro lado, una víctima 'subordinada, relegada y sobre-explotada' (López 1996: 9). He aquí un breve extracto del comienzo de la sección:

Mamá querida. Oración por todos. Mamá llena eres de gracia. Vendedora de los mercados. Mamá comprando botellas de puerta en puerta. Mamá puta. Mamá que corre por las calles con los policías detrás. Mamá, ¿cómo estás? Mamá como todas las cosas cuando son del alma. Mamá buscadora de tesoros en los cajones de basura. Mamá viajando en tren con grandes canastos de frutas maduras. Mamá estupenda. Mamá con la cara pintada. Mamá cortadora de café... Mamá enferma. Mamá virgen maría madre de dios [...]. (Argueta 1996: 65)[5]

Como afirma López, el papel de la mujer 'es singular en la vida social para que el país no se desplome. La ternura en la palabra de Argueta, presenta el hecho y lo convierte en símbolo... Ellas son, sin duda, la patria ofendida' (López 1996: 9–10).

---

5 'Mamá' pertenece a *Sensibilidad y algo de miedo*, el segundo poemario inédito de *La Guerra Florida*, y que será publicado en breve en Argueta (en preparación).

Es reseñable que, inspirado en los comentarios de López, y como para recalcar el valor poético del texto, a lo largo de la década del 80, Argueta lo redacta en verso, con algunos cambios menores, y encabezado por un epígrafe que es justamente una cita tomada del prólogo de López a Caperucita en la zona roja en 1981.[6]

El último ejemplo recala en 'Poética 1980' (1983: 188–89) y en *Cuzcatlán, donde bate la mar del Sur* (1986), cuarta novela de Argueta. Cuzcatlán tiene un claro antecedente en 'Poética 1980', en que el autor se pregunta retóricamente:

> ¿Qué vamos a escribir ahora, cuando la patria
> se llena de tanques y fusiles? ¿Qué vamos a decir
> los escritores de América Latina mientras vienen
> hombres armados de muerte, ambulancias militares,
> jaurías de asesinos, con sus lanza-llamas
> y sus apaga-llamas? (Argueta 1983: 35)

El resto del poema lo componen una serie de acongojados interrogantes que 'se pregunta el pueblo', y que son del mismo cariz que la atropellada retahíla de espeluznantes preguntas que se planteará Lucía, la protagonista principal, hacia el final de *Cuzcatlán*:

> Nuestros enemigos. ¿Tenemos enemigos? ¿Quiénes son nuestros enemigos? ¿Cuál es la edad de nuestros enemigos? ¿Desde cuándo nos arrancan las uñas y nos sacan los ojos? ¿Por qué quieren exterminarnos? ¿De dónde vienen? ¿Quién puta se los ha inventado? ¿Son reales o son imaginarias estas cabezas cortadas, estos cuerpos quemados con sus entrañas abiertas? ¿Qué buscan dentro de nuestros cuerpos, qué quieren descubrir, qué les asusta, qué les preocupa? Quizás les aterrorizan nuestras esperanzas. Vamos a sobrevivir pese a nuestros enemigos [...]. (Argueta 1988: 277)

En 'Poética 1980', las preguntas que se hace el pueblo carecen de respuesta, y el poema termina con estos versos inconclusos: 'Y respondemos cantando con los ojos llenos de llanto / y con la mirada hacia el ojo asesino, la bestia criminal'. Al contrario, años más tarde, la protagonista de *Cuzcatlán* no sólo reitera las mismas preguntas sino que, al concluir el viaje de auto-descubrimiento que realiza junto con el escritor en la novela, parece haber encontrado las respuestas que antes no se hicieron explícitas.

La cita de *Cuzcatlán* forma parte del primer fragmento del último capítulo de la novela, en el que Lucía, nutriéndose de la 'profunda historia' de su pueblo, trata de decidir la forma de solucionar el caso de su tío Pedro, un criminal de la guerra civil, con quien le toca enfrentarse. Aunque las preguntas que se plantea Lucía no tienen respuestas fáciles, a través de un proceso de interiorización de la realidad, que combina lo racional y lo intuitivo, comparable al acto poético que realiza el autor,[7] ella y sus compañeros del Tribunal Popular, que debe decidir la suerte del culpable, llegan a una conclusión 'sorprendente', hondamente humanista y basada

---

6 Este aspecto merece un análisis más detallado pero, por imperativos de espacio, queda fuera de los márgenes del presente trabajo.

7 En realidad, los personajes de la novela son poetas por derecho propio, cuya poesía nace fruto de un ejercicio comunitario.

en la lógica natural y en el saber filosófico que se desprende de las tradiciones orales de pueblo salvadoreño. En vez de condenar al cabo a muerte, como dictaría la lógica izquierdista de los comandantes guerrilleros, el Tribunal Popular resuelve *condenarlo* a seguir viviendo; esto es, le dan la oportunidad de re-humanizarse, porque matarlo perpetuaría la violencia absurda y no resolvería los problemas que debe enfrentar el pueblo.[8]

La constante fluidez que venimos reseñando entre poesía y prosa en la obra de Argueta es especialmente estrecha en *Un día en la vida y Cuzcatlán*, las dos novelas en las cuales el autor profundiza más en el mundo cultural del campesino salvadoreño. Y de hecho, estéticamente, *Cuzcatlán* tiene al menos dos cualidades que son imposibles de digerir sin la poesía. En primer lugar, Argueta muestra de manera penetrante como la relación compleja – intuitiva y racional a la vez – que el pueblo salvadoreño tiene con su historia y su medio ambiente – natural, cultural y sociopolítico – le permite superar una situación difícil y sobrevivir, literalmente y en términos humanos. En segundo lugar, inspirado en los valores intrínsecos de la cultura subalterna y, paradójicamente, en la historia violenta del país, el talento poético del autor le permite estudiar a fondo la realidad nacional y, a través de una expresión lírica, pergeñar una visión positiva del futuro. A su vez, esto lleva de la mano al lector hacia una individual percepción estética del tema novelado, único modo en que verdaderamente se puede cercar y comprender.

Una lectura cuidadosa de la obra arguetiana revela que el escritor salvadoreño aprehende creativamente el mundo como un fenómeno profundamente 'real', que no se amolda a ningún tipo de realismo caduco que al tratar de simplificar la existencia termina falsificándola. Por el contrario, Argueta caracteriza a la realidad salvadoreña como una serie de problemas humano-culturales y sociopolíticos particulares, que no se ajustan a respuestas y soluciones simplistas, sino que exigen una captación y una expresión en que lo racional y lo intuitivo deben combinarse. En suma, se trata en todo caso de un hecho poético que el autor define como un 'acto interior que debe expresarse con la mayor autenticidad' (Martínez: 52). La función y responsabilidad del poeta es usar su sensibilidad creativa para evocar el pasado y sus valores, y de esta manera contribuir a crear las circunstancias para que la gente pueda avanzar y cambiar sus condiciones de vida futura. En la obra de Argueta, la poética posee un potencial mágico que sirve para reclamar el pasado ancestral y convertirlo en un arma viable de la lucha popular. La forma híbrida – quizá podríamos aventurar mestiza – de su obra refleja la riqueza de la vida cultural de los países en los cuales la percepción del mundo y la historia ha sido directamente influenciada por la cosmología de los pueblos nativos americanos.

En conclusión, cuando profundizamos en el aspecto formal de la obra arguetiana y en la honda relación existente entre poesía y prosa, nos damos cuenta de que,

---

8 Para un análisis más detallado de *Cuzcatlán*, véase Astvaldsson 2000.

como su maestro Vallejo, también él, a su manera, '[s]ostiene que las cuestiones formales tienen una importancia secundaria, que toda gran obra de arte es un testimonio veraz de la experiencia humana, y que sin este contenido humano es imposible hacer auténtico arte' (Higgins 1970: 9). Pero, eso no implica que la forma no sea importante para los dos autores, más bien, si la condición humana es compleja y diversa, es fundamental que la forma no domine, sino que sea flexible para que sirva para expresar de la manera más apropiada la verdad de la experiencia vital con todas sus aristas. Asimismo, como también nota Higgins (1970: 9) respecto a Vallejo, para Argueta la función del poeta no es exactamente la de tratar de mejorar la realidad describiéndola falsamente mediante un 'lenguaje florido', sino de expresarla tal como es, en toda su infinita brutalidad. Igualmente, la esencia de la poesía no es crear gratuitamente imágenes o técnicas novedosas, sino una nueva sensibilidad que nos permita mirar el mundo desde otras perspectivas. Es en este sentido que el intelectual debe servir a la lucha popular desde su individualidad, sin volverse esclavo de doctrinas o credos políticos. En definitiva, en el contexto sociopolítico Argueta cree en soluciones comprometidas que deben nacer de un diálogo entre la sabiduría natural del pueblo y la teoría política. Sobre esa sugerencia se alza *Cuzcatlán*.

Obras citadas

Antípodas: Journal of Hispanic and Galician Studies of Australia and New Zealand, (10), 1998.

Antología general de la poesía en El Salvador, 1971. Ed. José. R. Cea (San Salvador: Editorial Universitaria).

Argueta, Manlio, 1969. 'Distintas formas de morir', *La Pájara Pinta*, 3 (32): 8. También en *Antología general* 1971: 356.

—, 1983. 'Poética 1980', en *Poesía de El Salvador*, ed. Manlio Argueta (San José: EDUCA), págs 188–89. También en *Las armas de la luz* 1985: 126–28.

—, 1988 [1986]. *Cuzcatlán, donde bate la mar del sur* (San Salvador: Ed. Universitaria).

—, 1992 [1970]. *El valle de las hamacas* (San Salvador: Univ. Centroaméricana "San Simón").

—, 1994. 'Autovaloración literaria', en *Cambios estéticos* 1994: 27–33.

—, 1996 [1977]. *Caperucita en la zona roja* (San Salvador: UCA Editores).

—, en preparación. *Poesía completa*, edición crítica y estudio preliminar por Astvaldur Astvaldsson.

Las Armas de la luz. Antología de poesía contemporánea de la América Central, 1985. Ed. Alfonso Chase (San José: DEI).

Astvaldsson, Astvaldur, 2000. 'Toward a New Humanism: Narrative Voice, Narrative Structure and Narrative Strategy in Manlio Argueta's *Cuzcatán, donde bate la mar del sur*', *Bulletin of Hispanic Studies*, 77: 605–17.

Benedetti, Mario, 1976 [1969]. 'Una Hora con Roque Dalton'. Entrevista reproducida en la revista *ABRA* del Departamento de Letras de la Universidad Centroamericana, Año 3, Vol. 2, No. 18 (nov./dic.): 4–8.

Bourdieu, Pierre, 1977. *Outline of the Theory of Practice* (Cambridge: C.U.P.).

Cambios estéticos y nuevos proyectos culturales en Centroamérica, 1994. Ed. Amelia Mondragón (Washington, D.C.: Literal Books).

Craft, Linda, 1998. *Novels of Testimony and Resistance in Central America* (Gainesville: U.P. of Florida).

Corral, Wilfrido H., 1994. 'La hamaca contestataria o la posibilidad de varios paneles acerca de Manlio Argueta', en *Cambios estéticos* 1994: 35–38.

Higgins, James, 1970. *Visión del hombre y de la vida en las últimas obras poéticas de César Vallejo* (México, D. F.: Siglo XXI).

López Vallecillos, Ítalo, 1996. 'Caperucita en la zona roja de Manlio Argueta', introducción a Manlio Argueta, *Caperucita en la zona roja* (San Salvador: Univ. Centroamericana), págs. 5–10.

Martínez, Zulma Nelly, 1985. 'Entrevista: Manlio Argueta', *Hispamérica*, 14 (42): 41–54.

Phaf, Ineke, 1994. '¿Cómo narrar la historia viajando en microbús por El Salvador', en *Cambios estéticos*, 1994: 47–56.

Silko, Leslie M., 1981. *Storyteller* (New York: Arcade Publishing).

——, 1997. *Yellow Woman and a Beauty of the Spirit: Essays on Native American Life Today* (New York: Touchstone).

Manuel Padorno y los desvíos

CARLOS GERMÁN BELLI

Academia Peruana de la Lengua

Probablemente nunca antes el sentido de la frase *curarse uno en salud* me ha sido revelado de modo más justo, como ocurre en las siguientes palabras liminares. Porque, previamente, debo confesar que correré el riesgo de hacer una aproximación en torno a la obra poética de Manuel Padorno (1933–2002) a partir de una lectura no completa de sus versos. En efecto, estos vislumbres son únicamente desde sus libros *Extasis, La Guía* y *Hacia otra realidad,* si bien las limitaciones se compensan por el afán de rastrear un específico tema del poeta, como es su idea del acto de desviarse – en buen romance, el irrefrenable deseo de apartarse de nuestra consabida realidad visible –, todo lo cual es palpable en esas obras, con que cuento afortunadamente. He aquí pues el entusiasta lector, en su casa sudamericana a pocos pasos del Pacífico, devorando los versos que el lejano escritor admirado ha escrito en su atlántica casa canaria.

En seguida entonces hago hincapié en lo que quisiera realizar desde las citadas páginas, donde el *leit motiv* del desvío está allí presente; y, más aún, cabe señalar que el volumen *La Guía* constituye una compilación que el autor organiza de modo *ex profeso* con miras a poner al descubierto el tema que le resulta tan querido. Este concierne a la singular idea poética de la otra realidad, del todo distinta a la convencional – conforme lo revelará su propio descubridor –, y cuyo inusitado y deslumbrante horizonte nos ha ido envolviendo hasta hacer que las pupilas del lector observen incluso otros aspectos, como es el hecho de que Padorno se asoma por igual en nuevos atajos, es decir, a lo largo de su camino de escritor cuando él en la hoja en blanco se desvía asimismo de los límites conocidos del arte literario, y opta por el cultivo de la sextina provenzal, cuyo origen es de larga data; o bien pone de manifiesto las más insospechadas visiones oníricas, como es la fragmentación corporal de alguien aún vivo.

Las compilaciones personales – hasta donde sabemos – suelen ser más bien unos florilegios reunidos con arreglo al discurrir del tiempo. Sin embargo, el caso de *La Guía* nos depara una tamaña sorpresa: he aquí un vademécum, he aquí un cuaderno de bitácora, ni más ni menos, para revelar el esperado viraje, y así encaminarnos en pos de lo ignoto. Tal como Rubén Darío prologó algunos de sus propios libros, Padorno lo hace a su vez ahora. *La Guía. Antología poética personal*

(1963-1994) reza el título íntegro de esa obra clave por expresa voluntad del autor. Allí, desde las primeras líneas, declara que el libro pretende llegar hasta el esperado desvío, y descubrir entonces la existencia invisible. Y va al grano más adelante: frecuentar lo infrecuente, y ello desde su isla canaria universal, patria chica del escritor. Allí, al borde del precipicio de Occidente, en medio de la luz equiparable a una manifestación divina, y donde se puede pisar las afueras del mundo. En suma, el atajo promisorio y los referentes puntuales del curioso itinerario.

Pero, pese a que se menciona la epifanía al aludir a la eclosión de la luz, considerándola como el mejor medio para penetrar en la realidad arcana, en el presente caso el acto de vislumbrar una dimensión inédita del mundo no representa una experiencia sobrenatural. Porque el ubicarse en el borde y pisar allende los confines terrenales, no es entrar en el más allá, sino que el poeta se ubica en el otro lado de las cosas sensibles, revelándolo al lector, que nunca ha imaginado esto. Lo que se aspira – y que de por sí resulta algo extraordinario – es ampliar y prolongar el entorno físico, como si el trilladísimo orbe sublunar requiriera una nueva percepción. Aquí, el desbordamiento de la mente no es por causa de la religiosidad, ni el otro lado constituye la morada divina, sino sólo resulta el mundo real ampliado, al frecuentar lo infrecuente – como dice el propio Padorno –, y, por añadidura, yendo por una carretera que se prolonga en el océano, donde la fantasía avanza como un mascarón de proa. En estas páginas la incandescente fe poética altera el orden, lo reforma y remplaza por un orden desconocido. Quizás quien se ha propuesto ello es por hallarse ahíto de lo visible; y, por cierto, que él actúa con el mismo fervor de aquel que, a pie juntillas, cree en la otra vida.

Delimitemos pues la nueva realidad terrena que se asoma en los versos o en la imaginación de Padorno. Concluimos entonces que no es el empíreo trascendental, situado tejas arriba, y, en cambio sí, la superrealidad física, situada tejas abajo, tal como lo postula el surrealismo en el siglo anterior. Nuestro poeta no constituye un ser sumido en la resignación, y en ello se diferencia del común de las gentes que en silencio acepta pasar sus días entre las rejas del mundo habitual. Es de la estirpe de aquellos que quieren pisar afuera, más allá del borde extremo, y coronar así una perspectiva distinta. ¿Es tal vez hartazgo de lo conocido y, por lo tanto, una imperiosa necesidad de virar hacia un nuevo norte, hacia la tierra de las maravillas? Este lector afincado en los antípodas – que soy yo – se permite intuir que quien desea obrar con frecuencia en lo inusual tácitamente está aboliendo las antinomias, como son por ejemplo lo real y lo imaginario; y, más aún, aquello que aspira contra viento y marea es pasar los linderos del mundo corpóreo, coincidiendo así con quienes, tanto en la pintura y la poesía modernas, se empeñan en descubrir la oculta superrealidad.

Volvamos al citado prefacio de *La Guía*. En él Padorno declara que el punto de partida hacia lo invisible es exclusivamente desde un lugar conocido, que con devoción y en detalle lo describe como 'la comarca atlántica, oceánica; mi casa canaria universal' (1996: 11). No es sólo la tendencia artística con la que en cierta manera converge o coincide, sino ante todo, sin duda, el inconfundible escenario geográfico que lo acuna. Y por allí Padorno se enlaza de modo tácito con los mitos milenarios que a todos nos dejan cuán boquiabiertos, como que permiten vislumbrar los Campos Elíseos, las Islas de los Afortunados, las Hespérides y la Atlántida. Justo allí se encuentra su casa canaria universal. Y, por añadidura, no hay que olvidar que en los primeros decenios del siglo XX, André Breton observaba con gran entusiasmo el valle de La Orotava, el Teide, así como las más diversas plantas que florecen en esas latitudes, e incluso rememoraba de paso la fauna jurásica; por lo cual en las páginas de *El amor loco* va al grano y confiesa de todo corazón: 'Lamento haber descubierto tan tarde estas zonas ultrasensibles de la tierra' (1972: 73). Por su parte, el escritor español, consciente o maquinalmente, quintaesencia los variados aspectos míticos y refunde esa geografía e historia excepcionales, para estimularse con ello y, por lo tanto, llegar a ser un ávido, un certero descubridor de las comarcas ignotas.

El sujeto poético empeñado en buscar un recodo en el camino, con el fin de virar en redondo hacia un lugar distinto, y alcanzar de tal manera aquel mundo hasta ahora invisible, evidentemente esto representa un accionar que no es en dirección de su reino interior; aunque, en honor a la verdad, allí nacen esas extrañas ideas que lo impulsan a sobrepujar el contorno físico. Pero, claro está, el desbordamiento mental va en dirección del espacio exterior. Es el tantear, el escudriñar, el escuchar, en fin, el obrar repetidamente en lo inusual y, en consecuencia, asomarse allende la realidad terrestre, lo que significa pisar los extramuros de lo real, como Padorno asevera una y otra vez. El caminante se ubica en el espacio no frecuentado, que ahora tiene al frente, y que recrea de confín a confín. La actitud de buscar un punto propicio para apartarse, lógicamente tal acto en efecto no representa la proverbial introspección. Aquí la línea de mira parte de la pupila del escudriñador afanoso, y penetra en la corteza del otro lado.

Recurro ahora sí a ese vademécum o cuaderno de bitácora, como es prácticamente el florilegio *La Guía,* compilado de tal modo con el objetivo de revelar la idea poética de descubrir la soterrada dimensión del mundo. Por cierto, asimismo acudo a los libros *Extasis* (Padorno 1993) y *Hacia otra realidad* (Padorno 2000) donde también con igual fuerza aflora este singularísimo afán. La luz alumbra el primer paso encaminado al atajo de la desviación, que permite coronar la tierra prometida, razón por la cual ya en el prefacio de la antología se habla por todo lo alto acerca de la luminosidad. En consecuencia, el supremo referente es la luz que resulta como una manifestación divina, a la que ya hemos aludido; o bien constituye una gran máquina terrenal. Padorno la divisa como el propio color de su país, cuando el sol refulge en la rosada aurora y cuando las estrellas brillan en la noche oscura. Además, la luminosidad del archipiélago canario posee el don de transfigurarse, y entonces se empina como un blanco árbol, que lo alcanza a ver quien está dormido, y crece en el mar o entre las llamas de un incendio. Y en dicha apoteosis de la claridad hay un cambio de forma: la luz deja de ser vista como un árbol y enseguida asume la figura de una gaviota, que vuela invisible en el exterior del día o por afuera del mundo, llevando el fulgor escondido entre las alas.

No es sólo la luz que coadyuva a la consecución del esperado atajo y poder apartarse desde allí y alcanzar la meta soñada, sino que hay otro medio que es el agua evidentemente consubstancial con las Canarias. Claro está, dicho elemento de la naturaleza resulta de por sí legendario porque los mares han sido propicios desde siempre para sobrepasar los límites de lo conocido. Entonces, ahora, la apoteosis del agua, tal como anteriormente lo fue la claridad solar. Quien mora en este punto del Atlántico es sensible a las extraordinarias circunstancias – lo dijo ya Breton – que rodean a las ínsulas canarias, donde seguro estuvieron las Hespérides e igualmente se alzaba la desaparecida Atlántida, que así lo deja vislumbrar el propio poeta:

> Estas aguas atlánticas fecundan
> La más grande cosecha de la historia,
> Lentamente invisible todavía. (Padorno 2000: 34)

Y todo ello lo impulsa a hacerse la idea de querer ampliar los límites terrenales, para él y sus sorprendidos lectores. Ahora bien, el morador abre la doméstica ventana de su casa y de improviso el oceáno hasta se le transfigura en campiña o jardín, o pasa a ser una larga carretera que arranca desde la puerta y penetra en las afueras del mundo. Naturalmente, se presentan otras perspectivas, por cierto más lógicas, como es la reabsorción del humano en el agua, tácitamente el retorno al claustro materno; que tal cosa se observa en el verso inicial de una de las sextinas de Padorno: 'El hombre volverá a ser mar, el agua' y, recalca más adelante, 'Ya nunca dejará de ser el hombre/agua sin fin' (1993: 51).

Llegamos finalmente al desvío, donde se alcanza a columbrar la otra realidad. Tal como ya sabemos, el mismo Padorno compiló el libro *La Guía*, con la particular intención de que el contenido pusiera de manifiesto el camino hacia el punto en que uno pueda separarse de la realidad visible y en adelante penetrar en lo maravilloso. Precisamente, en la citada antología, se halla la piedra de toque, como es la sextina *Tabla del desvío*. En el verso primero el sujeto poético invita al lector, si es que quiere, a obrar el sumo viraje, lo cual es factible, como sabemos, en una larga carretera blanca, que es el mar; tal como más adelante quedará explícito como una vía por donde uno se apartará:

> El mar es esa carretera blanca
> Que va a ninguna parte, cuando sale
> El sol cada mañana sobre el agua
> De distinta alegría y, más visible
> Penetra el horizonte dando vuelta
> Hasta dejarte, pleno, en el desvío. (Padorno 1996: 133)

Por último, naturalmente, la sextina culmina como en un espiral, con sendas alusiones a la luz y al agua.

He aquí el ápice del inusual itinerario, que es más bien como una peregrinación hacia un paraje terreno inescrutable, indescifrable, insondable. El caminante atraviesa al fin el umbral extremo, que constituye la entrada al codiciado desvío, y comprueba estupefacto que al otro lado no se encuentra el mundo conocido sino otro distinto, por lo cual quiere descifrarlo, y entonces comprueba que nada se parece a lo que él conocía. Justo, en la sextina antes referida, había dejado constancia de que, un poco más allá de lo visible, todo resulta indescifrable, como cuando las palabras quedan cortas ante una experiencia extraordinaria. Pero el sorprendido hablante quiere revelar lo que ha hallado tras la ardua aventura espiritual, y, luego de percatarse de que su propio lenguaje no le es suficiente, deberá emplear otro enteramente diverso, según lo confiesa *a sotto voce*, para percibir el secretísimo paraje, distinto al que conocemos desde siempre, porque es una existencia terrestre superior; y razón por la cual el caminante o hablante (que igual es) enuncia minuciosamente lo que hará enseguida:

> Trazo unos signos, formo algunas letras.
> Vuelvo palabras lo que vi, sabiendo
> Que con ellas no puedo referirme
> Con toda exactitud a *aquello* el otro
> Lugar en donde entré, donde salí
> Hasta verse, borroso, lo invisible. (1996: 133)

El momento trascendente de la singular aventura es el hecho concreto de entrar más allá de los linderos extremos. Ahora no podemos dejar de traer a colación ciertas comparaciones que parecen grandes perogrulladas, por ser de común conocimiento, aunque resultan ineludibles aquí: nuestro osado caminante, cuyo discurrir está encarnado en la 'Sextina del pisar afuera', automáticamente nos ha hecho recordar a aquellos que cruzaron por entre las columnas de Hércules en pos del jardín de las Hespérides, o a los primeros europeos que desembarcan en la isla de Guanahaní, o a los cosmonautas terrestres posando sus pies en la Luna. Cortemos la obvia digresión, y volvamos donde el hablante de la sextina que se halla en los antípodas de su reino interior y de su casa canaria, y merced a la fuerza centrífuga de la mente está pisando con firmeza en la tierra ignota, que él ha entrevisto desde que llega exactamente al recodo codiciado, y a partir del cual empieza a apartarse del contorno manido, si bien sólo temporalmente. ¿Cómo es el acto de dar un paso más allá de los límites remotos? Escuchemos la estrofa inicial de la sextina ya citada:

> Pisar fuera del mundo conocido,
> Un paso más, pisar en el vacío
> Aparente, la realidad invisible;
> Un paso más, por fuera, por afuera
> Un poco más allá, sobre la luz
> El arenal isleño, el fuego abierto. (1996: 63)

Poner las plantas de los pies en el lindero extremo, donde se avizora la comarca de la luz, que es un lugar nunca visto y distinto, y en el que se vislumbra un árbol inmensamente blanco, un desconocido río discurriendo entre las islas, volcanes silentes, cal, un vacío azul, un cráter solar abierto. Según se aprecia, ello es el recurso de la enumeración caótica, que más adelante se disipará para dar paso a las dos últimas estrofas, que, como epílogo, dan cuenta del acto de penetrar resueltamente en lo invisible:

> Todo lleno de luz puebla vacío
> Diferente y azul (pisar afuera)
> Si cuanto más cerrado más abierto
> Y cuanta más oscuridad más luz
> Y cuanto más visible es invisible
> Desconocido mundo conocido.
>
> Un mundo conocido muy vacío
> Al dar un paso más, allá, en la luz,
> Un paso en lo invisible, *por afuera*. (1993: 80)

Los actos de apartarse, de asomarse a lo infrecuente, de pisar los extramuros de lo real, no son hechos que a la postre nos dejarán con la miel en los labios, sino que tienen un remate, un final feliz. De las intenciones sucesivas se pasa a la rotunda concreción, a lo tangible. Lo que tanto se ha codiciado dará sus frutos, que es la tierra de las maravillas situada justo al otro lado. Esta idea aflora en el libro *Hacia otra realidad*, fechado en el año 2000, abarcando incluso toda una sección. Es entonces que el insólito acto del desvío culmina en una comarca invisible, que es como el misterioso envés de la realidad terrestre. Aunque la palabra humana no sirve para describirla, sin embargo Padorno entra allí para hablarnos de lo que observa, y dice que todo es ilógico porque existe y no existe a la vez, y que pese a ello es un lugar donde él se pasea. Y el contrasentido también nos invade pues antes conjeturábamos que el hecho de pisar las afueras del mundo resultaba para el sujeto poético encontrarse en los antípodas del punto donde radica; esto a la postre no había sido así porque la superrealidad se halla simplemente en la parte posterior de su casa, al alcance de la mano:

> Llego a la habitación, en apariencia;
> Y contemplo la mesa, el vaso de agua
> Encima del espacio inexistente.
> Están al otro lado... (2000: 49)

Pero la visión casera, cotidiana, consuetudinaria se eclipsa para dar paso al propio contorno urbano en que se encarnará el envés invisible del mundo. El poema 'Vieja estampa occidental' constituye una suerte de socorrido mapa, una representación geográfica del otro lado. En este punto, la visión es irracional: un río inmóvil pero que corre, unas torres que se ven pero que son inexistentes, un carro que circula y que va borrando las cosas. El panorama urbano, que sobrepasa la razón, se refleja asimismo en el texto 'Entrada al otro lado', como epilogando la extraña idea poética. Allí, una vez más, se acentúan las mismas inusitadas perspectivas, aunque se divisa una específica ciudad europea, como el punto donde se encuentra la realidad desconocida y ello en medio del júbilo del caminante, que ha volcado sus esfuerzos en coronar el invisible envés del mundo físico, lo cual se le manifiesta de repente en la ciudad donde nació y vivió el pintor holandés Jan Vermeer:

> Un espacio distinto, inexplicable.
> Pero qué hermoso es ir, ir adentrándose
> Por esa calle al otro lado. Es algo

> Que te contrae el corazón, lo vuelca,
> Algo desconocido tal si fuera
> Aquella tarde en Delft, sobrecogido
> A lo largo de todo su silencio. (2000: 59)

Llega el momento, en que paso a paso, quizá de modo maquinal, el sorprendente sujeto poético va describiendo cómo es la superrealidad. Primero aquello que está a ojos vistas cuando nos revela que las afueras del mundo, mejor dicho, el otro lado ya alcanzado, todo se halla envuelto en una apariencia distinta a la que habitualmente vemos con los ojos de la carne; y por ello que las pupilas del alma tienen que entrar a tallar, y, en consecuencia, el hablante del poema dice abiertamente:

> [...] que aquél es otro mundo
> (por seguirlo llamando así), que nada
> tiene que ver con la naturaleza
> dejada atrás, pues ya no hay paisaje,
> nada es alto, ni ancho, ni profundo (1996: 134)

Y, tras esta constatación visual, ocurre en seguida la verificación merced a los oídos. Dice sin más rodeos, también, que tampoco existe ese silencio, al que estamos acostumbrados acá, se trata de una 'presencia inaudible' (que de tal modo la define el poeta); y sigue diciendo que constituye un 'sonar diferente', y que es una armonía, ni musical ni tampoco inarmónica. Es el ápice de las perspectivas ilógicas, porque poco antes era ver lo invisible y, aún más, ver el olor. Nuevamente afirma que las palabras le quedan chicas porque el otro lado adonde ha ido resulta un lugar inefable, según podemos colegir. De cara a tal situación, el hablante pasa fácilmente al recurso de la sinestesia, que aquí viene como anillo al dedo, ya que el lenguaje debe asimilar nuevas perspectivas ante un mundo inusitado, como el que nos revela Padorno. La fusión de impresiones sensoriales de índole diferente dentro de la expresión lingüística – según la definición del perito en la materia – se manifiesta por ejemplo en el poema 'La mirada que oye', bajo el acicate del silencio inédito de la superrealidad:

> Vuela el otro silencio... más sentido.
> El que comienza a oírse por aquí
> De forma diferente, como olor,
> Como sabor... (1996: 137)

Pues bien, es un entrar allá y un volver atrás. Que estas palabras han sido escritas por Padorno – aunque reagrupadas por mí – porque quiere hacer más patente el trabajoso peregrinaje hacia la región maravillosa de la superrealidad y, además, el retornar al seno mismo de la casa cotidiana. Esto significa que el peregrino, si bien anheloso, no tiene la intención de afincarse en ese lugar tan buscado, sino que desandará lo andado y volverá al punto de partida. Nos habíamos imaginado que el emprender el viaje a través de la larga carretera acuática y alcanzar el paraje nunca frecuentado, tras una empresa de veras sobrehumana, el designio era para arraigarse allí; sin embargo, el caminante torna sobre sus pasos y nuevamente se ve en los tuétanos de su hogar. Vuelve pues a reencontrarse, solitario, dormido en su cama. 'Vuelta del desvío' es el título del poema en que Padorno explicita toda esta situación dual. Allí, por ello, se perfila un oxímoron, que abraza el hecho de ingresar a las comarcas soñadas y regresar a casa, lisa y llanamente. Sí, el significado en una perspectiva doble, que atrevidamente diría que semeja en sí una suerte de díptico: arriba, la claridad en su máxima expresión, que es el fulgor de fulgores, y también la experiencia de sentir que desconocía el árbol, el vaso y la gaviota luminosos; y, abajo, el retorno cuando mira lo que ocurrió con el viento, la bombilla encendida, la mesa, la silla, la cama, donde el caminante está dormido, se revisita, mejor dicho se reasorbe en sí mismo. Y el sujeto poético muy discretamente deja entender que al parecer todo ha sido un sueño; leamos enseguida la secuencia del retorno:

> Volver atrás, mirar qué fue del viento,
> La bombilla encendida de mi casa,
> La larga mesa azul, la silla mía.
> Entonces, al volver a visitarme
> En mi cama dormido, solitario. (1996: 138)

En el fondo – repito –, creíamos que el caminante iba a yacer en el seno de la suprema realidad terrena, que iba a quedarse allí arraigado para siempre, a manera de aquel que pasa al más allá y alcanza el empíreo. En cambio, más bien ha sido igual como cuando los surrealistas visitaron el valle de La Orotava, en los años treinta, y certificaron que era un punto ultrasensible, y luego retornaron a su casa en París.

Nos deslizamos ahora en el terreno de la conjetura: son los desvíos que no han sido referidos por Padorno, sino vislumbrados por el lector tras repasar los tres libros antes mencionados. Evidentemente, lo que nos revela él con su propósito de esquivar el mundo convencional constituye un hecho sin duda entrañable, que, lo envuelve por entero, y, según parece, incitándolo asimismo a desviarse en otras manifestaciones del quehacer literario conocido. Aunque podamos correr el riesgo de errar, sigamos adelante con nuestra reflexión, afirmando, sea como fuere, que su anhelo de virar lo hace patente también – conforme creemos – por ejemplo en el uso de la sextina provenzal, que es naturalmente frecuentar lo infrecuente, y, además, en el ámbito de una temática no común, como en los versos *de Fragmentación del solitario,* que aparecen en el libro *Hacia otra realidad.* Y, en lo uno y en lo otro, el escritor prolonga o remacha su notorio deseo de obrar en lo inusual.

¡Claro que sí!, ello se reedita con similar empeño y esta vez desligándose de los moldes literarios habituales. Tal como antes, prefiere abandonar lo que él como todos frecuenta, que es la composición del soneto, y opta por experimentar algo diferente. Pero no es el relajado verso libre, ni el turbulento texto automático, y en cambio sí la paciente realización de la sextina. De modo que el poeta le vuelve las espaldas al itálico soneto, y su norte ahora es otra arquitectura verbal incluso de elaboración mucho más complicada, y, por ser así, más inusual, más infrecuente, más ignota, como es prácticamente la sextina. El escribir dentro de tal estructura resulta adecuado para quien quiere penetrar en los linderos de lo desconocido. He aquí un escritor del siglo XX, que desea apartarse de improviso en la hoja en blanco, no a partir de las palabras en libertad, ni tampoco a partir del asiduo soneto, sino desde la sextina inventada por el provenzal Arnaut Daniel en el siglo XII, asimilada por Dante y Petrarca, y cultivada después en español por Cetina, Rioja y Herrera. Finalmente, en el poemario *Extasis*, que escribe Padorno, la sextina inaugura un nuevo trecho de su larga existencia; y en esa veintena de composiciones se pone en evidencia el proverbial espíritu recurrente de él, como es el buscar la otra realidad, plasmando el ansia de desviarse ahora en el plano estilístico.

Además de los ecos de la composición medioeval, como claro indicio de abandonar lo acostumbrado, asimismo ello ocurre en un tema de perspectivas sin duda inauditas. Pertenecemos a una época en que el canon estético es la absoluta originalidad, como predicaban por ejemplo los ultraístas. Sin embargo, un escritor que ha cruzado la raya y ha pisado las afueras terrenales, le es fácil coronar visiones aún más extrañas. Por lo tanto, nuestro poeta puede virar, cuando le venga en gana, y alcanzar lo no frecuentado. Allí, en la experiencia pesadillesca, como quien no quiere la cosa, Padorno hace que el lector columbre los hechos angustiosos de cómo nuestro cuerpo resulta fragmentado, aún vivito y coleando, justo cuando la cama en que dormimos plácidamente de improviso se convierte en un quirófano o en esa mesa de disección que estrenó Andrea Vesalio en tiempos del Renacimiento. Y, por añadidura, no en el fluir del verso libre sino en el propio endecasílabo, que sin duda le da al desorden mental de la pesadilla la linajuda dignidad del arte literario.

Es el sueño increíble, aunque en plena vigilia. El atribulado sujeto poético está despierto enteramente cuando le llega la malhadada hora de comprobar que las partes de su cuerpo se les desgajan una a una, que se les escapan como en volandas por los aires. Y de nuevo aquí el recurso de la enumeración, abrazando todo este grupo de insólitos poemas; cuando paso a paso va señalando aquellas partes corporales ingratas a su dueño, que le vuelven las espaldas y toman las de Villadiego. Y dice resignadamente que pocas veces su cuerpo yace completo, que siempre algo se le ha ido, como en una verdadera insubordinación. Empieza a enumerar fríamente lo que se le ha desmembrado:

> El ojo se me fue, luego la mano,
> El oído después, el pie despacio;
> Fui desarticulándome, preciso; (2000: 79)

Y, desde luego, también la nariz, la uña, los labios. Sin embargo, al igual que el caminante que, tras pisar las afueras del mundo, retorna al seno de su casa; las desgajadas partes corporales, como el hijo pródigo, al fin y al cabo sí vuelven donde su dueño, aunque debe pasar largo tiempo para que esto ocurra:

> Es terrible esperar días, semanas,
> A veces años, que se integre al cuerpo
> La pierna, el pie, un ojo, alguna oreja
> Para intentar andar, oír y ver

> Lo que acontece, ser un hombre en paz,
> En la tranquilidad del cuerpo mío,
> En la sanguinidad de cada día. (2000: 81)

En la fuga y retorno de nuestros miembros, hay una particularidad beneficiosa, una buena nueva sin duda, para el sujeto poético que verifica que no todo ha resultado negativo. Al retornar el huidizo ojo a la habitual cara de su dueño, éste comprende que ahora observa de otra manera, que puede ver lo infrecuente, que percibe lo invisible:

> Comencé a ver de nuevo, el otro lado,
> Lo no visible, cómo recomienza;
> A ver entonces lo invisible, a poco,
> Apenas entrevisto, presentirlo,
> Aquello que se ve, en realidad
> En el deslumbramiento pensativo: (2000: 83)

Y en seguida otra digresión, la cual se precipita aquí como ineludible, según creo. Pues la realidad que nadie frecuenta, como nos lo revela Padorno, recuerda, en cierta manera, aquello que Ives Tanguy puso de manifiesto en su pintura; aunque esto último en verdad no sé si lo leí en alguna parte o resulta de mi propia cosecha. Pero, sea lo que fuere, la afinidad estriba en los elementos que el poeta español y el pintor francés han entresacado de sus respectivos lugares natales, y que se tornan emblemáticos en uno y otro. Por un lado, la luz y el mar canarios de Padorno, y, por otro, los prehistóricos dólmenes y menhires de la Bretaña donde nació Tanguy. En ambos casos, el factor decisivo para que la imaginación descubra una existencia desconocida. El desvío del poeta lo conduce hasta pisar las afueras del mundo visible, y el del pintor permite descubrir las comarcas siderales que él vislumbra premonitariamente en la segunda década del siglo pasado antes que los propios navegantes cósmicos.

Volvamos a la corteza verbal – la de los versos de Manuel Padorno –, y por ahora no a la corteza extraterrestre. Acompañemos, codo con codo, al artífice de la peliaguda sextina y de la inaudita temática, y vayamos de frente al atajo promisorio, y allí virar en redondo, y después entrar al fin en la realidad nunca vista, para palparla con los ojos del alma y de la cara, justamente como lo hace él.

Obras citadas

Breton, Andrés, 1972. *El amor loco* (México: Joaquín Mortiz).

Padorno, Manuel, 1993. *Éxtasis* (Valencia: Pre-Textos).

——, 1996. *La guía. Antología poética personal (1963–1994)* (Barcelona: Ediciones del Bronce).

——, 2000. *Hacia otra realidad* (Barcelona: Tusquets).

La lengua desdoblada: reflexiones sobre bilingüismo y literatura

AMÉRICO FERRARI

Universidad de Ginebra

En su libro *Problèmes théoriques de la traduction* el lingüista y traductor francés Georges Mounin, definiendo la traducción como un caso específico de contacto entre lenguas, hace notar que por los años en que él escribía su libro muchos lingüistas, entre ellos André Martinet y Hans Vogt, consideraban que en el bilingüismo el problema que interesa fundamentalmente a la lingüística es el de las interferencias entre las dos lenguas en contacto, o sea, en buena cuenta, las faltas de traducción, que abundan en el bilingüe de la calle, mientras que se supone con razón o sin ella (más bien sin ella), que estas faltas no deben existir en el traductor profesional, especializado y erudito, así como en los escritores que se expresan en dos lenguas. Según Martinet, 'el problema lingüístico fundamental que se plantea en el caso del bilingüismo, es saber *hasta qué punto dos estructuras en contacto pueden mantenerse intactas* y en qué medida influirán la una sobre la otra' (1952: 7); que por regla general y en la práctica el contacto crea interferencias entre las dos estructuras es algo que todo el mundo puede comprobar todos los días, y con el que tienen que lidiar sobre todo los traductores, pero también a veces los escritores que escriben en dos lenguas y se traducen ellos mismos de la una a la otra, o han escogido la lengua extranjera como vehículo único o principal de su pensamiento o su inspiración y de todos modos se traducen también a sí mismos a una de las dos lenguas o a las dos.

Veamos pues cómo se presenta la cuestión del bilingüismo en literatura. Encontraremos escritores que han escrito su obra alternativamente en dos lenguas, por ejemplo en España, en el siglo XIX, Rosalía de Castro, en gallego y castellano, o bien se han traducido a sí mismos, como Lorenzo Villalonga que tradujo al castellano su novela *Bearn*, primero escrita en catalán, o el escritor italiano Alejandro Manzoni, que escribió primero en milanés la primera versión de su célebre novela *I promessi sposi (Los novios)* y después la rehizo en italiano; o bien otros que han escrito en una sola lengua, como el polaco naturalizado británico Joseph Conrad, pero que es una lengua extranjera adoptada, el inglés en este caso.

Voy a referirme primero para ilustrar el tema a tres grandes escritores no españoles ni hispanoamericanos: Elías Canetti (1905–1994), sefardí nacido en

Bulgaria, de lengua materna española sefardí y, como dice un diccionario, de nacionalidad británica y de lengua de expresión alemana; el novelista y dramaturgo irlandés Samuel Beckett (1906–1989), escritor en inglés y en francés y traductor de sus propios escritos de una lengua a la otra; y el novelista Julien Green (1900–1998), estadounidense nacido en París de lengua materna ambigua, escritor en francés y en inglés y traductor también de sí mismo en ambas lenguas; y dos poetas de lengua materna española que escribieron una buena parte de su obra poética en francés: el español Juan Larrea (1895–1980) y el peruano César Moro (1903–1956), los dos emigrados a Francia por un tiempo limitado; y por último un gran escritor y poeta peruano, José María Arguedas (1911–1969), bilingüe en quechua y en español y que es uno de los casos más singulares e impresionantes de bilingüismo.

¿Qué interés ofrece para nuestro tema la obra y la vida de Elías Canetti? Fundamentalmente, que no encaja en ninguna de las casillas en que se suele clasificar a ojo de buen cubero a los llamados bilingües. Hay que tener en cuenta, en primer lugar, la versatilidad lingüística que le impuso la historia y la agitación del mundo en la primera mitad de nuestro siglo; en segundo lugar: que siempre manejó por lo menos dos lenguas; y tercero: que no se sirvió nunca para escribir su obra de su lengua materna, el español sefardí, ni de la otra lengua de su primera infancia, el búlgaro, ni de su tercera primera lengua, el inglés, que empezó a hablar cuando tenía cinco años, sino de la lengua alemana que empezó a aprender con su madre mientras viajaba de Londres a Viena. Uno de los capítulos de sus memorias se llama 'Aprendiendo el alemán a orillas del lago de Ginebra' (Canetti 1985: 80 sqq); por entonces el niño Canetti tenía 8 años. Él cuenta toda su odisea infantil, de Bulgaria a Inglaterra, de Inglaterra a Austria y de Austria a Suiza, hasta que con su madre se estableció en Zúrich en 1914 y ahí se quedó por varios años y se quedó también con la lengua del país que ya había asimilado en Viena. El alemán, lengua elegida, será la única lengua de creación y a la que el escritor, en sus memorias, va a trasladar todo lo vivido desde su primera infancia en Bulgaria. El término 'traducir' puede tomar aquí, desde la nebulosa multilingüe de la infancia de Canetti, un sentido muy particular que podría llenar de regocijo a los adeptos de la teoría de la desverbalización en traducción e interpretación, y es que en su primer libro de memorias el autor rememora los cuentos de ogros y vampiros que le contaban en búlgaro las sirvientas búlgaras de su casa que, al contrario de los amos, no entendían ni sabían hablar ninguna otra lengua que el búlgaro; sobre este recuerdo Canetti esboza una curiosa teoría de la traducción: dice que en la época en que escribe sus memorias ha olvidado desde hace tiempo y completamente el búlgaro que sabía en su infancia, pero recuerda en alemán y al alemán ha traducido inconscientemente de aquella lengua olvidada todos los cuentos que le contaban las sirvientas de su casa muchos años atrás: 'esta misteriosa traducción es quizá lo más memorable que pueda contar de mi infancia' (Canetti 1985: 14–15); ha olvidado la lengua, ha perdido todo su léxico y su sintaxis, pero le queda, emancipado de la lengua, el sentido que el autor puede *traducir* en la concatenación de los significados que lo constituyen y, ya disueltas en la sombra del olvido las palabras búlgaras que acarreaban ese sentido, restituirlo ahora en alemán, como si el bilingüismo español-búlgaro de la primera infancia hubiera perdido su cuerpo lingüístico liberando el alma de los vocablos: el sentido, la presencia del referente, que ahora encarna en el idioma de un bilingüe alemán-inglés, dos idiomas aprendidos, ignorados e imprevisibles para el niño judío hispano-búlgaro Elías Canetti en su ciudad natal de Ruse, Bulgaria. El primer tomo de las memorias de Canetti, donde se cuentan estas cosas, se llama *Die gerettete Zunge*: *La lengua salvada*, aunque las editoriales lo han difundido en español con el título *La lengua absuelta*. El término 'lengua' aquí no parece indicar un idioma en particular y ninguna de las dos lenguas de la infancia precisamente, ni el español ni el olvidado búlgaro, sino indistintamente la lengua como modo humano de estar en el mundo y entre los humanos, y evocar y recrear en un idioma conquistado, en este caso el alemán, las fábulas maravillosas absorbidas en la infancia en el idioma dado, en este caso el olvidado búlgaro.

El caso de Samuel Beckett, escritor secreto y original si los hay, es diferente y en cierto modo, desde el punto de vista de la trayectoria del bilingüe, más tradicional y canónico; es decir que Beckett nació hablando inglés, asimiló el francés seguramente desde su niñez y en un momento determinado de su trayectoria de escritor, ya asentado en Francia, optó por el francés como vehículo principal de su pensamiento, sin por ello abandonar el inglés, y junto con esta opción empieza también su actividad de traductor, trasladando él mismo al francés tres de sus novelas más importantes escritas originalmente en inglés, *Murphy, Molloy* y *Watt*. Parece ser, por lo demás, que en ciertos casos Beckett utilizaba como base de sus escritos un lenguaje codificado, ni inglés ni francés, y que tomaría cuerpo después en una u otra lengua. Lo importante es que, original o traducción, en el francés del escritor irlandés no parecen existir interferencias de la otra lengua; su francés es un idioma tenso y terso, abrupto y liso al mismo tiempo, cruelmente modulado por el silencio que se integra en la palabra como el recurso ideal para expresar la angustia intolerable que, tanto en las obras teatrales como en los relatos, es al mismo tiempo tema, paisaje y personaje: la espera en vano que se estira y se estira sin objeto en el vano del lenguaje, pero es siempre un idioma que cabe calificar sencilla y pleonásticamente de idiomático.

Si pasamos ahora al tercero de los grandes escritores contemporáneos que me he propuesto mencionar, Julien Green, veremos que representa el caso más tradicional y equilibrado de bilingüismo literario, bilingüismo que integra también, como en Beckett, la doble traducción de textos originales del inglés al francés y viceversa; pero el bilingüismo literario de Green y su interés por la traducción no son, como en Beckett o en Canetti, el resultado de una ruptura que influya de manera decisiva en el destino de la obra, sino que en cierto modo estaban prefigurados como un destino por su nacimiento en París de padres estadounidenses establecidos con la familia en esa ciudad, de modo que el niño Julien, que, si se puede decir así, mamó el francés con la leche de su nodriza francesa, estaba destinado por su situación de norteamericano residente en Francia a educarse en escuelas e institutos franceses y por consiguiente a hablar y escribir corrientemente en francés, pero también en inglés que era naturalmente la lengua obligatoria dentro del círculo familiar. Él mismo dice en sus memorias que el francés terminaba a la puerta de su casa y, franqueado el umbral, se hablaba sólo inglés; pero dice también que hasta la adolescencia habló el inglés con acento francés, hasta que recobró el acento en compañía de estudiantes de las universidades norteamericanas primero en Francia y después en Estados Unidos donde escribe sus primeros relatos en inglés (Lucera 1987: 7–8). Green es un gran novelista, pero lo que nos interesa en particular ahora es un libro suyo de traducciones de sus propios textos titulado *Le langage et son double* ('El lenguaje y su doble') (Green 1987) que me ha incitado a parafrasearlo como título de estas reflexiones en 'La lengua desdoblada'; pero es de señalar que el título del libro aparece solamente en francés mientras que todos los textos y los títulos de los textos vienen en inglés y en francés; en realidad en francés se esperaría más bien, como en español, 'la *langue* et son double' en la medida en que el 'doble' de este 'lenguaje' parece ser la 'otra lengua' y no otro 'langage' o 'lenguaje' en el sentido francés y español, a menos que el autor piense en el sentido técnico de 'langage' derivado de la distinción que hace De Saussure entre lengua y habla: el 'lenguaje' como conjunción de la 'lengua', sistema virtual y abstracto, y el 'habla' o discurso como actualización del sistema.

En todo caso aquí el doble del lenguaje se materializa como traducción en un texto de forma y contenido análogos pero que es irreductiblemente otro, como el doble de una persona; quizá también el autor haya querido introducir una ambigüedad fundiendo el sentido del inglés 'language' y el del francés 'langage'; sea como fuere, la intención es mostrar al lector la nueva vida del sentido y de la forma de unos organismos lingüísticos en un idioma paralelo. El libro reúne 12 textos: 9 originales en inglés, 3 en francés, unas páginas de diario escritas simultáneamente en inglés y francés y traducciones al inglés de poemas de Charles Péguy. El rasgo más notable de estas traducciones (me refiero sobre todo a las traducciones francesas de originales ingleses) es la libertad con que el autor adapta muchas veces más que traduce al francés numerosos períodos de sus propios textos que, puestos en la otra lengua, se apartan considerablemente de la forma del original aunque sin desmedro del sentido nuclear del texto inglés. Por ejemplo en un texto titulado 'On Keeping a Diary' ('Llevar un diario'). Inglés: 'To keep a diary is a curious habit and we may well wonder why so many people cultivate it. What they are trying to do, I suppose, is to cause time to stand quite still': 'Llevar un diario es una curiosa costumbre y podemos preguntarnos por qué tanta gente la cultiva. Lo que tratan de hacer, supongo, es hacer que el tiempo se quede totalmente inmóvil'. Francés: 'C'est une curieuse habitude que celle de tenir un journal et l'on peut se demander à quel besoin il répond si ce n'est au plus chimérique: celui de fixer le temps': 'Es una curiosa costumbre la de llevar un diario y uno puede preguntarse a qué necesidad corresponde si no es a la más quimérica : la de fijar el tiempo' (Green 1987: 104–05). Vemos que el autor modifica considerablemente la disposición de las cláusulas y la elección de los vocablos, pero va aún más lejos y suprime en la traducción francesa párrafos enteros del texto inglés añadiendo otros que no figuran en el original: en ambos casos los fragmentos de textos ausentes en cada lengua son reemplazados por espacios blancos que indican al lector la intención de recalcar las modificaciones del texto original en lengua terminal, lo que da cierta personalidad independiente o autonomía al texto traducido; al pasar de una lengua a la otra se crea así literalmente un doble del texto: un doble que es un organismo semántico y léxico semejante pero no ya el mismo organismo, como el doble de una persona es semejante a ésta pero no es la misma persona. Estas traducciones de Green parecen ser, pues, un estudio implícito de la traducción como proceso y al mismo tiempo como producto.

Nos vamos a encontrar ahora en un terreno bastante diferente al pasar a los dos poetas hispánicos que he mencionado, Juan Larrea y César Moro; digo que el terreno es diferente porque en el caso de estos autores la adquisición de la lengua extranjera, que después tratarán de utilizar como propia, fue tardía: la aprendieron como una de las diversas asignaturas de los institutos de segunda enseñanza, un instituto de Salamanca en el caso de Larrea, un colegio de jesuitas de Lima en el caso de Moro.

Juan Larrea nació en Bilbao en 1895, era coetáneo y amigo de los principales poetas de la llamada generación del 27 y muy en particular de Gerardo Diego; en 1926 emigró de Madrid a París. Había escrito ya un puñado de poemas en español, de corte primero ultraísta y después creacionista en París, inspirado por su amigo, el poeta chileno Vicente Huidobro que escribía también desde 1916 poesia en francés y también en París. Como Huidobro, pero claro está, no por imitar a Huidobro, Larrea escribe en París la mayor parte de su obra poética entre 1926 y 1932: *Ailleurs* (En otra parte), *En pure perte*, título que el editor y traductor de Larrea, Luis Felipe Vivanco, ha calcado en *Pérdida pura* – pero la expresión tiene más bien el matiz de 'para nada', 'sólo para perder'–, y *Versión celeste* (título en español, poemas en francés). Casi toda esta obra poética fue escrita en una lengua extranjera por una opción estética pero sobre todo existencial; por el automatismo de la escritura, por la voluntad de romper con los cánones de la cultura occidental y por reacción contra el hundimiento de los valores en Europa después de la primera guerra mundial estos poemas corresponden bastante a la sensibilidad y a la renovación de las formas poéticas que caracterizaban en la época el movimiento surrealista fundado por André Breton en 1924. Esto quiere decir que el español Juan Larrea tenía grandes afinidades con la visión de la surrealidad o superrealidad que buscaban y pregonaban los surrealistas de París, y quizás esas afinidades con la forma y el fondo de la poética del grupo francés lo hayan motivado, sin que por ello haya pertenecido jamás a esa escuela ni comulgado con ella en tanto que escuela: Larrea era en este sentido un escritor totalmente independiente de grupos y cenáculos. Su elección del francés para escribir su poesía es fundamentalmente una voluntad de ruptura; él mismo ha declarado sus límites en lengua francesa y así y todo opta por ella; para comprender mejor el fondo de esta ruptura con su propia lengua lo mejor es dejar al propio Larrea comentarla y explicarla:

Si en su mayoría estos poemas se redactaron – se vivieron – en francés, lengua que, no obstante residir en Francia, el poeta dominaba sólo relativamente [...] fue porque el autor encontraba más dúctil y matizado aquel idioma y, por lo mismo, especialmente idóneo para expresar en claves estéticas sus estados de conciencia esencial, desarticulados, turbios, difíciles, y sentidos en concordancia con las posibilidades que ofrecían algunas de las técnicas imaginativas descubiertas por la mejor audacia internacional del momento. (Larrea 1970: 43)

– estas 'técnicas imaginativas ' y esta 'audacia internacional' son, evidentemente, las del surrealismo:

Sin embargo, tras un tercio de siglo cree ahora saber quien esto escribe que en lo subterráneo del fenómeno latía cierta razón determinante más honda y valedera. En su impulso incoercible hacia una universal e intrínseca allendidad, la conciencia poética del autor tenía que desprenderse de su mundo o matriz de origen así como de su cultura [...] De ahí que se expatriara lógicamente, trasplantándose a la única lengua extraña en que podía expresarse fuera de la española. (43)

Y Larrrea termina sobre este punto diciendo:

El primero de los poemas, 'Evasión', es, en virtud de su precedencia (mayo 1919), particularmente declarativo al respecto. En él la subsiguiente trayectoria existencial del autor se halla prefigurada en términos [...] que hoy lo desindividualizan – y quizá no sólo a él – ineludiblemente. (44)

La desindividualización atañe al individuo y a la lengua del individuo, de la que el poeta se evade, o mejor dicho, trata de evadirse en el intento de evadirse de su cultura. Este primer poema escrito en España y en español, dice al final así : 'Finis terre la / soledad del abismo / Aún más allá / Aún tengo que huir de mí mismo' (49). Al huir de sí mismo el poeta huye de su propia lengua, de su propio país, de su propia cultura para trasladarse, para 'traducirse' podríamos decir, a un más allá, a una *otredad* en otra parte: *Ailleurs*, que es el título de su primer poemario francés; y finalmente huirá de Europa en 1939 para trasladarse a América donde él ve el lugar de la palingenesia, del futuro paraíso terrestre y de la surrealidad: era, al fin y al cabo, un poeta. Mientras tanto abandona el francés como lengua de expresión, pero deja también de escribir poesía y toda su obra posterior hecha sobre todo en Hispanoamérica es prosa española filosófica, palingenésica y crítica.

Estos son los presupuestos culturales de la mudanza lingüística de Larrea, pero se trata en este caso de una mudanza en que muebles y enseres de la lengua propia vienen a estorbar en la casa nueva y desentonan; digo que, como reconoce el propio Larrea, su competencia en francés es relativa, y los textos están salpicados de faltas de lengua, no tanto en el léxico pues el léxico de los poetas surrealistas era por lo general muy abstracto y estereotipado, sino en la gramática del poeta que a menudo calca la sintaxis del español; es decir que, como sugiere Luis Felipe Vivanco, es probable que, al escribir en francés, el poeta español esté 'traduciendo' en cierto modo de un español oculto, no declarado: 'Porque, a pesar de todos los testimonios en contra, siempre le queda a uno la duda de cómo funcionaba la mente y la imaginación del poeta en esa lengua que, por lo pronto, ha llegado a ser la de su poesía sin llegar tal vez a ser la suya. A esta situación aluden sus palabras cuando nos confiesa que escribía sus poemas en un idioma que dominaba relativamente' (Vivanco 1970: 36). Nadie, en efecto, puede saber cómo funciona la mente de un poeta sobre todo cuando, poseyendo dos lenguas, escribe en aquella en que tiene menor competencia; pero sí se puede intuir, a través de las interferencias y las faltas de francés, que la lengua reprimida está presente y actúa modificando las estructuras del francés. Una última observación: como para ponerse en consonancia con el francés interferido de Larrea, en la traducción española que de esta poesía hace Gerardo Diego hay a su vez interferencias, torpezas y errores de traducción; de modo que, por lo menos en la edición de Barral de 1970 que yo he consultado, el texto que recibe el lector presenta problemas de interferencias sintácticas y errores semánticos en las dos lenguas: los de Larrea en el original francés y los de Diego en su traducción española.

El poeta peruano César Moro junto con Larrea y el chileno Vicente Huidobro cierra el trío de los poetas de lengua española de este siglo que eligieron el francés para escribir su poesía y son relativamente célebres. Se podría añadir a estos tres el ecuatoriano Alfredo Gangotena (1904–1940), menos difundido, quien también vivió en París y escribió casi toda su obra en francés. Lo que diferencia a los tres primeros es que en Larrea y Huidobro el francés no fue sino un episodio y volvieron al castellano para escribir el resto de su obra, cuando Moro, que de los 53 años de su vida no vivió sino 8 en Francia y todo el resto en Lima y en México, quiso conservar la lengua extranjera hasta su muerte, escribiendo no sólo poesía y textos diversos en prosa, sino hasta las cartas a sus amigos. En 1928 el poeta se incorporó al grupo surrealista de André Breton en París y – dice su biógrafo y amigo íntimo André Coyné – 'inmediatamente dejó de escribir en español y adoptó el francés como *lingua prima* de su poesía' (Moro 1987: 78); un francés, por lo menos en aquella época, salpicado en ocasiones de hispanismos léxicos, como 'inaverti ' (inadvertido) por *inaperçu* o 'abonnent' en el sentido español de abonar la tierra, (francés 'fumer', 'mettre de l'engrais'), que ningún francés entendería si lo leyera, pero los franceses no leen el francés de Moro, ni el de Larrea, ni el de Huidobro. Y todavía más de veinte años después, escribe en un poema: 'Fortuné. *Venu à plus dans la fortune*'. Traducción literal : 'Afortunado. Venido a más en la fortuna', reverso de la expresión 'venido a menos', también incomprensible en francés; más impresionantes son los galicismos que pululan en sus textos en español y más aún en las traducciones que el poeta ha hecho de algunos de sus textos; por ejemplo, en unas páginas escritas en francés sobre el Perú y traducidas por él al castellano, 'Biografía peruana', se cuentan más de media docena de solecismos y distorsiones del léxico, voluntarios o involuntarios nadie puede saberlo; pero le damos la razón a la escritora uruguaya Martha Canfield cuando dice que en sus cartas y tarjetas postales en español 'el poeta cometía errores ortográficos tan grotescos que no se puede dejar de pensar que quisiese estropear el idioma que había rechazado' (Canfield 1996: 79). Se podría pensar lo mismo de algún otro texto que las tarjetas postales. Y sin embargo uno de los mejores libros de Moro, *La tortuga ecuestre*, poemas de amor, fue escrito en castellano, en México, a finales de los años 30: esta vez un castellano perfectamente fluido e idiomático con un número mínimo de galicismos. Hay que decir que el amado que inspira estos poemas era un mexicano que seguramente no conocía sino el castellano. Parece pues probable que las deformaciones que César Moro impone al idioma son, la mayoría de las veces, conscientes y deliberadas, como si quisiera castigar a su lengua propia por no ser extranjera.

Para terminar, unas pocas palabras sobre José María Arguedas, un caso seguramente único. Su obra está marcada por la conjunción y la pugna de dos lenguas y dos culturas; por una parte la lengua, la cultura autóctona y la visión del mundo del pueblo quechua en los Andes peruanos; y, por otra parte, la lengua y la cultura dominantes en que hablamos y nos manejamos la mayoría de los habitantes del Perú: la cultura llamada occidental y la lengua castellana; y cuando digo que el caso de Arguedas es único es porque, no siendo 'indio' sino un peruano de los clasificados por su origen étnica y culturalmente entre los 'blancos', se educó desde su primera infancia entre los indios y en quechua y mantuvo y cultivó siempre su lengua y las bases de su cultura andina. El propio Arguedas ha contado su historia: su madre murió siendo él muy pequeño y su padre, abogado itinerante por los pueblos de la sierra, siempre de viaje, no pudiendo atender a José María, lo confió a la madrastra, que lo odiaba, y en lugar de reservarle en su casa, en una ciudad de los Andes de la sierra sur, el lugar que le tocaba por su origen, lo relegó a la cocina con las sirvientas y los sirvientes indios; así que el niño creció entre los indios y hablando la lengua de ellos, el quechua (Cornejo Polar 1973: 41–42). Él mismo afirma que aprendió el español tardíamente, hacia los siete años; después volvió al lugar que le tocaba en la sociedad peruana, hizo sus estudios en español, fue nombrado catedrático de etnología en una universidad de Lima y llegó a ser uno de los mayores escritores de América en lengua castellana; pero una lengua castellana muy peculiar, a menudo deliberada y sabiamente deformada o transformada por el quechua. Hablando de su obra, el autor dice en uno de sus primeros cuentos que 'aunque el castellano era dócil y propio para expresar la historia de [sí] mismo [...], aún en [ese] relato el castellano está embebido en el alma quechua, pero la sintaxis no ha sido tocada'; pero añade que ese lenguaje no le servía para la interpretación de las luchas de la comunidad, para el tema épico: 'En cuanto se confundía mi espíritu con el del pueblo de habla quechua, empezaba la descarriada búsqueda de un estilo [...]. Sumergido en la profunda morada de la comunidad [quechua] no podía emplear con semejante dominio, con natural propiedad el castellano. Era necesario encontrar los sutiles desordenamientos que harían del castellano el molde justo, el instrumento adecuado' (Arguedas 1983: 96). Es así como Arguedas suele escribir un castellano en parte sometido al orden sintáctico-semántico del quechua para poder expresar en la lengua de una comunidad el alma de la otra. Otros escritores en Europa se han servido de procedimientos análogos como, por ejemplo, en Italia, Carlo Emilio Gadda que a veces trabaja el italiano a partir del milanés, que era *su* lengua; pero la empresa de Arguedas no tiene parangón por la fuerte emotividad y por la visión del mundo que gobiernan esta presencia subterránea de la lengua primera, el quechua, en la lengua segunda, el español en que se constituye la obra narrativa. Por lo demás Arguedas es autor de poemas en quechua que, traducidos al castellano por él mismo, dan una tremenda impresión de fuerza y de belleza. El propio Arguedas ha declarado que no podría escribir poemas sino en quechua.

Una vez más se puede comprobar que hay a menudo un proceso contínuo de traducción ya implícita, ya explícita entre las lenguas en contacto de un escritor bilingüe, ya sea que funda elementos de ambas lenguas como Arguedas, Larrea o Moro, ya sea que ponga una barrera entre las dos, para saltarla por medio de la traducción como Beckett o Green.

Obras citadas

Arguedas, José María, 1983. *Obras completas*, II (Lima: Editorial Horizonte).

Canetti, Elías, 1985. *Die gerettete Zunge. Geschichte einer Jugend* (Frankfurt-am-Main: Fischer Taschenbuch).

Canfield, Martha, 1996. 'El francés como lengua de traducción en César Moro', *Parallèles*, 9: 79.

Cornejo Polar, Jorge, 1973. *Los universos narrativos de José María Arguedas* (Buenos Aires: Editorial Losada).

Green, Julien, 1987. *Le langage et son double* (Paris : Éditions du Seuil).

Larrea, Juan, 1970. *Versión celeste*, ed. de Luis Felipe Vivanco (Barcelona: Barral Editores).

Lucera, Giovanni, 1987. 'Un Américain à Paris', en Green 1987 : 7–11.

Martinet, A., 1952. 'Diffusion of Language and Structural Linguistics', *Romance Philology*, 1: 5–13.

Moro, César, 1987. *Ces poèmes* (Madrid : Libros Maina).

Mounin, Georges, 1963. *Les problèmes théoriques de la traduction* (Paris: Gallimard).

Vivanco, Luis Felipe, 1970. 'Juan Larrea y su *Versión celeste*', en Larrea 1970: 15–41.

César Vallejo's Masks

STEPHEN HART

University College London

As the world-renowned *vallejista* and distinguished British Peruvianist, Professor James Higgins, has pointed out: 'Peru's greatest literary figure, César Vallejo is not only Spanish America's foremost poet but, arguably, the most important poet of the Hispanic world in modern times',[1] and in this essay, I want to focus on Vallejo's life and work, and use three types of mask as a means of hanging up my argument about him; the masks concerned are three different but related types: real, psychological and artistic. I shall be arguing that, when Vallejo died in Paris in the spring of 1938, his story was still only half-told. It was the point at which Georgette de Vallejo found a stack of unpublished poems under his bed in the hospital that the real drama of Vallejo's life began.

There were already indications, of couse, that César Vallejo was not all that he seemed. The first mystery was the manner of his death. To this day, nobody knows what he died of. Dr Lemière said to Georgette: 'Tous les organes sont neufs. Je vois que cet homme meurt, mais je ne sais pas de quoi' (Vallejo 1967: 59). There have been a number of theories: tuberculosis, syphillis (hotly denied, as you can imagine, by his widow), yellow fever (it would have been contracted in Peru as a young man). There are even those who assert that, given his great interest in the Republican cause during the Spanish Civil War, Vallejo, and I quote, 'died of Spain', but that is not a noted illness (Hart 1998). Vallejo was famous enough to have a death mask created; Georgette commissioned it on 16 April 1938 – it was presumably made of two layers of plaster cast left to dry, as had been the custom since the nineteenth century when it first became something of a vogue (one thinks of Napoleon, Bentham, etc.) – and, as I shall be suggesting below, this was the first of many masks that Georgette created of Vallejo.

Vallejo was buried in the Montrouge Cemetery on 18 April 1938 – the famous French communist poet, Louis Aragon, gave the address – and, after recovering from her shock at finding so many poems under Vallejo's bed, Georgette then took it upon herself to publish his poems, and brought them out the following year (1939), calling them *Poemas humanos* (Vallejo 1939). With hindsight this was a

---

1 Vallejo 1987: ix. Higgins has written a number of excellent studies of Vallejo's work (Higgins 1970a, 1970b, 1989).

mistake, since she had invented the title, but she did not at first admit this. No doubt, everything would have subsided had it not been for the fact that, after the interregnum years of the Second World War, when people started reading poetry again, a consensus began to emerge that Vallejo's posthumously-published poems were such as to allow him to be called, in Higgins' words, 'arguably the most important poet of the Hispanic world in modern times'. Readers, writers, editors, critics – everyone started looking to Georgette for answers. In this way there began a cat-and-mouse game which carried on for almost half a century. It is clear that the title of *Poemas humanos* was a mask that Georgette had carefully smoothed over the face of her late husband's poetry. It was the first of many 'literary' masks.

Over the years Georgette developed what can only be described as a patho-logical hatred of critics. She fell out very badly with Juan Larrea, probably Vallejo's best friend, a fellow poet and member of the avant-garde, and subsequently an editor of Vallejo's poetry. When Gerardo Diego visited Lima in 1970 to talk about his memories of Vallejo – and he happened to mention during a formal lecture at the University of San Marcos that he had lent Vallejo some money in the 1930s – Georgette appeared from nowhere, swore at him, and threw money at him – saying words to the effect of 'are you pleased now?'.[2] There are many other stories: they are colourful but this essay is not the appropriate forum for them.

Indeed these outbursts could simply have been dismissed as the sideline show at the circus of a world-famous poet were it not for the fact that what Georgette did over the years had, and continues to have, a direct bearing on how we react to Vallejo's poetry, how we read it, what we know about it.

As a result of enormous pressure from various quarters, Georgette decided to bring out a facsimile edition of the posthumous poems in 1968. This reassured the baying wolves that her deciphering skills were excellent, but it led to another problem. She decided to change the title of *Poemas humanos*; now she called it *Poemas en prosa* and *Poemas humanos*. The earlier poems, she had decided, needed to be grouped together separately and she called them *Prose Poems*. She presented no justification for this (Vallejo 1968). Various critics cried foul. Since Georgette regarded herself as having undisputed authority about Vallejo's work she felt she could do what she wanted. In effect she wasn't at all taking off the mask in order to reveal the truth. Georgette was taking one mask off and putting a new one on.

As an aside I began to realise in the early 1990s how widespread the problem was; I looked at the manuscripts for the essay collections of *El arte y la revolución* and *Contra el secreto profesional* – published in 1973 – in the Biblioteca Nacional, Lima, and realised that these titles also had been invented by Georgette, as much as the selection of which articles to put in the collection (Vallejo 1973a, 1973b). More masks.

This led me, finally, to conclude that Georgette over the years had come to see herself as not simply an editor of Vallejo's work but as co-author, as someone who, to use the stereotype, carries on the flame after another's death. This gave her

---

2 In conversation with Jorge Puccinelli 10 April 2003.

authority to make certain decisions which an editor would not normally make – such as creating titles for books, changing the order of poems in that collection, suppressing information such as dates of composition, and – I will come to this later – suppressing unwanted information or poems.

Georgette's confessional poetry provides some insight into the thought process lying behind her decisions. She published a collection of poems called – remarkably for me at least, *Masque de Chaux* – in 1977, and I was given a copy of the 1997 reprint last year (De Vallejo 1997). A number of the poems focus in rather melodramatic fashion on the pain she feels; she is like a 'beast' going for slaughter at the abattoir ('Souviens-toi': 54), her life is like 'grey salt' ('Sans remède': 60), at Christmas all she feels is 'divine misery' ('C'est pour revivre': 66), the 'dawn' fills her with 'dread', and her 'soul' is 'sad until death' ('Georgette': 72).

The poems obsessively re-stage the day Vallejo died in the Arago clinic; 15 April 1938 becomes 'la chambre du dernier printemps' (26). Another poem re-creates Georgette's desire to flee from Vallejo's screams in hospital: 'pour ne plus entendre ta ponction lombaire' (32). The reference in line twelve of the poem is to the operation which Georgette persuaded the doctors to carry out on Vallejo when he was suffering in the Arago clinic; according to some eye-witness accounts, this led to Vallejo screaming out in pain (De Vallejo 1978: 129–32). A lumbar puncture, or spinal tap, occurs when a needle is inserted between the third and fourth lumbar vertebrae normally in order to secure a sample of cerebrospinal fluid for bacteriologic examination; Georgette believed that Vallejo was suffering from the disease of yellow fever which, in her opinion, had laid dormant for years since being contracted in Peru many years before, and this would have been a way of 'proving' her theory. The spinal tap was not successful and Juan Larrea, for one, used this fact as evidence of Georgette's incompetence. This poem is also important since it concludes with the lines: 'et c'est pour toujours que tu posai sur ma tête / tes mains en couronne d'épines' (1997: 32) which, to me, suggests a mock-confirmation ceremony in which Georgette senses that the art of poetry is being passed from Vallejo to her.

Georgette's keeness to put her stamp on Vallejo's life and work is, finally, evident in the words which she put on his grave when installed in its new place of honour in the Montparnasse cemetery. The words 'j'a tant neigé / pour que tu dormes' which, I'll confess, baffled me when I first saw them on Vallejo's tomb in the Montparnase cemetery, come from Georgette's poem, 'Toi ma vie', which reads as follows:

> Toi ma vie
> toi mon malheur
>
> toute femme éternellement
> berce un enfant
>
> j'a tant neigé
> pour que tu dormes
>
> et pleure
> jusqu'à dissoudre ton cercueil. (De Vallejo 1997: 94)

In this poem Georgette portrays herself as a mother cradling Vallejo in her arms, and she presents herself as creating, as it were, a protective wrapper around him. Her attitude towards Vallejo is, on the face of it, positive in the sense that she sees her tears as able to 'dissolve' his 'coffin', but there is a sting here in that Georgette also addresses Vallejo as 'you my misfortune'. The best one can say about this is that it betrays that Georgette had ambiguous feelings for her deceased husband.

Up until this point, I have been describing Georgette as an individual who was publishing Vallejo's poems, plays, essays. She may have been inventing titles, but at least she published them. Now I want to pass to a discussion of the other side of Georgette, the other side of the mask, the darker side, the side that destroyed Vallejo's work. But first I will say a little more about the history of the poems.

When Georgette brought out the facsimile edition of the typescripts of *Poemas humanos* in 1968, she was asked if there were any manuscript versions of the poems. She denied that there were any, despite rumours to the contrary which surfaced over the years. We now know that there *were* 52 autographs which were early versions of the *Human Poems*, and we must deduce that these were among the papers that Georgette found under Vallejo's bed on 15 April 1938. In 1978 Georgette tried to publish these very autographs – whose existence she had repeatedly denied over the years – in Ángel Rama's editorial series but the project fell through because of Georgette's unreasonable demands. Ángel Rama was entrusted with the project on the understanding that he would not take a copy of the poems but he did. Ángel Rama died in 1983, Georgette in 1984. The photocopy sat in Ángel Rama's private safe until discovered by Juan Fló in the early 1990s. But the originals have never been found, and are presumed to have been destroyed by Georgette shortly before her death. (For the edition that Juan Fló and I brought out last year [Vallejo 2003], we had to content ourselves with the photocopies.) Why did Georgette destroy them? A desire to get her own back on the likes of Juan Larrea who had made her life hell over the years? A moment of madness? Perhaps she thought that it was in Vallejo's best interests not to let the poems into the public domain? Even a desire for revenge on Vallejo himself? We will never really know the answer to this question since Georgette took the secret with her to her grave.

If it is any consolation, I believe it is possible to deduce when she destroyed them. It was clearly in the period between when she was negotiating with Ángel Rama (1978–79) and her death (December 1984). I visited the Hogar Clínica San Juan de Dios in April 2003 last year to look for Vallejo's death mask and discovered that it too has been destroyed. Jorge Puccinelli informed me that a rumour went round Lima a year before Georgette's death (i.e. in 1983) that she had destroyed the death mask and it is possible that she destroyed the original autographs at the same time.[3] These autographs were also a type of mask that Georgette had embroidered around her husband's dead face – except that, in this case, they *did* exist. I see the destruction of the death mask and the destruction of the autographs as similar events – what Georgette hath given, Georgette may take away.

---

3 Interview 10 April 2003.

Lastly, what do these manuscripts show us about the creative process in Vallejo's work? They reveal a number of things, but I want to focus on one idea in this essay and this concerns the use of the dialectic. We have very few and far between examples of early drafts of Vallejo's poems from *Los heraldos negros* or *Trilce*, but the examples we do have show that Vallejo – when cleaning up his early draft – would compress, de-contextualise, poeticise his imagery.[4] The *Poemas humanos* autographs, however, show that Vallejo was being much more inventive in the way he composed his poetry. He was inspired, I suggest, by Eisenstein's theory and practice of montage.

Vallejo saw himself as something of an all rounder when it came to art. When writing for Peruvian magazines such as *Mundial* and *Variedades* in the 1920s, Vallejo wrote about the visual arts, music, cinema, drama, and of course literature (novels as well as poetry) – his remit as the Paris correspondent was to keep the middle-class readers back in Lima abreast of the latest artistic currents in Paris. As a result of his dabbling in journalism Vallejo tried his hand at other types of literature – a novel (*El tungsteno*), travelogues (*Rusia en 1931: reflexiones al pie del Kremlin*), and drama (though he was unable to get any of his plays staged or published). Vallejo did not, though, try to make a film.

But what he said about Soviet film suggested that he was, in many ways, ahead of his times. While on a visit to the Soviet Union in the autumn of 1929 Vallejo was taken along by Vladimir Mayakovsky to see Sergei Eisenstein's *The Battleship Potemkin*. The Peruvian writer was clearly impressed by the way in which Eisenstein focused on work as the mainstay of Soviet culture, but just as interesting for my purposes is his enthusiasm for Eisenstein's technique, in particular, what he called the 'scale of images', '*découpage*' and 'compositional caesura' (Vallejo 1997b: 152). Vallejo clearly saw in Eisenstein's use of montage a highly charged way of expressing revolutionary material, for it was able – like no other available artistic style – to express a Marxist and dialectical view of the universe. As Vallejo suggested, Eisenstein's technique successfully expressed not matter but 'the movement of matter (from Heraclitus to Marx)' (1997b: 152). Vallejo was clearly impressed by Eisenstein's ability – rare at the time – to offer an appropriate vehicle with which to express the revolutionary message of communism. It ought to be remembered that committed writers of the 1930s were desperately searching for a new language to express a left-wing vision. Most writers seemed caught between either failing to free themselves from their bourgeois artistic 'roots' (Vallejo's one-time cicerone, Mayakovsky, was, tragically, to fall foul of the Soviet authorities for this very reason, and he was to commit suicide on 14 April 1930) or putting their artistry behind them in order to plunge headlong into the collectivist ethos of socialist realism or political dogmatism (an example is Louis Aragon).

Vallejo seems to have seen in Eisenstein's artistic vision a way out of this impasse. He was particularly impressed by the way in which Eisenstein combined his shots: 'For the first time in the history of the cinema the elemental forces of

---

4   Compare, for example, the earlier version, 'La esfera' with *Trilce* LXI (Vallejo 1997a: 115–17).

economic production and the State apparatus [...] have been captured, created and cut on screen in a surprising cinematic-dialectic effect' (Vallejo 1997b: 154). What is more, Vallejo focuses specifically on the elements that Eisenstein chose to bring together in his cinema, giving no less than twenty-one examples of this Eisensteinian technique. By way of example I cite: 'a freize of tractors, seen from an aeroplane, curling up like a snake on the farmland [...] from the hand milking an udder to the milking machine, the one emerging from the other like a Marxist leap of history [...] the curve of a revolutionary chest achieving its greatest convexity when faced with the execution squad which is about to shoot at him' (1997b: 154–55). A number of these images were to end up in the poetry Vallejo wrote in the 1930s – i.e. there were thematic resonances – but more important for my purpose are the references to Eisenstein's technique which involves the use of conflict between shots in order to bring the audience face to face with the dialectical guts of reality. Vallejo was, indeed, impressed by what he saw as the 'heroic verisimilitude' (1997b: 155, n1) of Soviet cinema, its eschewal of the Hollywood style of film sets and actors, and its attempt to capture the reality of everyday life. It is important to recall in this context that Eisenstein was very much in favour of the notion of art as based on life rather than on art. He is quoted by Vallejo as saying: 'Art has ceased being art and has set out on the road of becoming life itself' (1997b: 156, n1), and this was very much the line of argument pursued by Vallejo in his notebooks, collected under the title of *El arte y la revolucion* and *Contra el secreto professional* (Vallejo 1973a, 1973b). Indeed Vallejo saw his own work – and that of Pablo Neruda – as espousing what he called 'verdad-ismo', or 'truthism', as his notebooks suggest (for further discussion of this, see Hart, 2004). Vallejo also mentions Vertov (spelt Vertof by Vallejo) and also Pudovkin's *Storm over Asia* (1997b: 156, n1), but it is clear that Eisenstein was for Vallejo the Soviet director who was setting the pace.

The autographs show that Vallejo went through a short burst of highly concentrated artistic productivity from 3 September (when he started dating the poems) until 8 December, 1937 (the date of his last dated poem), and, during that period, experimented in a bewildering variety of ways in order to compose his poems. I want to look in detail at one poem entitled 'Quiere y no quiere su color mi pecho...'. This is a difficult (some would say impenetrable) poem, but I believe that its main argument may be summarised thus: 'I want to live, I want to die. I am torn between good and evil. I am divided between communism and capitalism. I am torn between being a philosopher and an animal. I don't know why life is such a bitch. I'm stuck between these extremes and feel paralysed on the road of life'. Because Vallejo is a poet, he does not simply say this, but uses images as a means of conveying the aporia which lies at the root of his world-vision.

Once we have a look at the autograph of the poem we can see that Vallejo clearly used the following procedure in order to write it. First of all he wrote a list of words on the right side of the paper, then he began writing the poem on the left side of the paper and, as he progressed, he made sure that, at opportune moments, he dropped words into the mix of the poem as it was unfolding. Once he had used the word in the main body of the poem, he then crossed the word through.

Our first reaction will be that this is a very unusual way of writing a poem. But I believe that Vallejo adopted this technique in order to capture some of the magic of Eisenstein's pyrotechnics which had impressed him so much in the Soviet Union. By having his poem consist of a list of words on the right of the paper with the poem proper being composed on the left side, and evolving a method of composition in which the poem swings from one side of the paper to the other, Vallejo was – in his own way – seeking to introduce some of the magic of that 'astounding cinematic-dialectical effect' into his own poems. Let's look in greater detail at what this essentially means in the poem:

'My Chest Wants and Doesn't Want its Colour...'

My chest wants and doesn't want its colour,	
along whose brusque tracks I go, **weeping** with a stick,	I weep
trying to be happy, weeping into my hand,	trying
remembering, writing,	honourable*
and riveting a tear into my cheekbone.	
Evil wants its red, good its red reddened	
by the poised **axe**,	axe
by the **trot** of the wing flying on foot,	trot
and man doesn't want, palpably	
doesn't want **that**;	that
he doesn't want to lie abed	
in his soul, with the throbbing of **horn** in his temple,	horn
bimane that he is, the great brute, the great philosopher.	
Thus, I almost don't exist, I come tumbling down	
from the **plough** in which I succour my soul	plough
and almost, in proportion, almost raise myself up.	
For to know why life is such a bitch,	
why I weep, why,	heavy-browed
heavy-browed, awkward, unreliable, I was born	awkward
screaming;	
to know it, to understand it	
after the fashion of a competent alphabet,	
would be to suffer for an ingrate.	
And no! No! No! What prowess or frills?	contest
Anguish, yes, with a yes firm and frantic,	coriaceous
coriaceous, rapacious, wants and doesn't want, sky and bird;	rapacious
anguish, yes, with the whole of one's fly.	anguish
A **contest** between two lamentations,	
theft of a **one and only** bliss,	one and only (solo)
painless road on which I suffer in clogs	
the speed of journeying blind. (Vallejo 1987: 95)[5]	

* = used, then discarded

5 I have used James Higgins' excellent translation of this poem for the discussion; I have adapted a couple of expressions (Vallejo 1987). Translation is, after all, always a type of interpretation. For the original autograph, see Vallejo 2003: 42.

For ease of reference, I have highlighted in bold those words in the poem which can be traced back to the list on the right-hand side of the page. Clearly the act of composition for Vallejo in this particular poem involved moving to and fro from two quite separate arenas of expression in order to arrive at a more enhanced sense of how the two levels come together. It is significant in my opinion that the opening lines of each of the stanzas are reasonably easy to understand ('evil wants its red' [...] 'Thus I almost don't exist'); it is once the thought process for the stanza has been initiated that the poem gets more difficult, abtruse, or, to put it another way, it is once Vallejo starts inserting words from the list that the poem takes on a more complex turn. The fact that the word was integrated into the poem did not necessarily mean that it would last the distance. In this particular poem, for example, the word 'honourable' was used, then discarded, and did not make the final cut.

What this autograph shows us is that Vallejo was trying out different compositional systems in the autumn of 1937 and it also demonstrates where some of the notorious difficulty of Vallejo's poetry originated. It is undeniable that the majority of words on the list – I am thinking especially of 'heavy-browed', 'awkward', 'rapacious', 'coriaceous' – are words with a high register, while those phrases which definitively cannot be traced back to the list – such as 'my chest wants and does not want'; 'evil wants its red'; 'I almost don't exist'; 'to know why life is such a bitch' – and therefore came to the poet while he was in the act of free composition, are clearly easier to understand and, indeed, provided a semantic balance to the poem. It is legitimate, I believe, to look at this evidence and conclude this is where the famous ambiguity and difficulty of Vallejo's poetry comes from. When I presented these findings to an audience in Lima last year, some members of the audience were concerned that – in their view – I was 'laying bare' the soul of Peru's national poet. My view is that it shows how Vallejo was attempting to integrate the Marxist sense of the dialectic into his world-vision and that, in order to do so, he wanted to keep the jolts between levels of experience and levels of word as intact as possible. By shuttling abruptly between different verbal scenes Vallejo, I believe, was seeking to echo Eisenstein's sense of 'art as conflict'. Indeed, his poem, 'My Chest Wants and Doesn't Want its Colour...', as the last stanza suggests, does not conclude on a note of Hegelian synthesis; we are left with a vision of Vallejo journeying on 'the *painless* road on which I *suffer*'.

I want to conclude my essay with a brief tour of those poems which indicate that Vallejo saw the 'I' which is created in his poems as a dialectic between self and mask. Of course many of the poems from *Poemas humanos* seem to describe a world which we recognise as that everyday world in which Vallejo was living in the 1930s in Paris with his wife Georgette. The poem 'The fact of the matter is ...' is a case in point. As the second stanza reads:

> My house, unfortunately, is a house,
> a floor, fortunately, where dwell
> my beloved little spoon with its inscription,
> my dear skeleton now unlettered,

my razor, a permanent cigarette.
Honestly, when I think
what life is,
I can't help mentioning it to Georgette,
so as to eat something nice and then go out,
in the evening, to buy a good newspaper,
to save a day for when there isn't one,
a night too for when there is
(sorry – it's what they say in Peru). (Vallejo 1987: 103)

Here we see Vallejo talking about life's ups and downs, how he's getting ready for the evening meal, and thinking about slipping out to buy a newspaper. But, curiously, even within this apparently anodyne domestic setting Vallejo cannot resist adding a poetic and gruesome twist, for the 'dear skeleton now unlettered' he imagines in one of the corners of the room is none other than his own skeleton, when he has died and is no longer a poet (and therefore 'unlettered'). Here there is what might be called a more toned-down view of the dialectic: it is present in the sense of death always being present in the here-and-now of its opposite, life. Indeed, their unresolved antimony was always present in Vallejo's poetry. He also cannot resist drawing attention to his Peruvianness in the midst of Paris ('sorry – it's what they say in Peru'). It's almost as if it's something that keeps him going.

There are a number of other poems when Vallejo does something similar – bringing his death dialectically into the frame of everyday life – and these moments are often linked to an overwhelming sense of ignorance about what the self really is. It is almost as if he cannot quite believe that he is the person whose name appears at the end of the poem. More particularly, the self begins to feel non-existent, overwhelmed, even vapid, as if caught equidistant between life and death. Here is 'Black Stone on a White Stone', a short poem in which Vallejo 'remembers' his death, as he puts it:

I'll die in Paris when it's raining hard
on a day that's already lodged in my memory.
I'll die in Paris – and I'm not running away –
maybe some Thursday, like today, in autumn.

Thursday it'll be, for today, Thursday, when I prose
these verses, I've put my humeri on
back to front and never as today,
for all my long road, have I ever seen myself so alone.

César Vallejo has died, they all beat him
when he'd done nothing to them;
they hit him with a stick and hard

too with a rope; witnesses are
the Thursdays and the humerus bones,
the loneliness, the rain, the roads... (Vallejo 1987: 79)

This is one of Vallejo's most famous poems. In it he recalls the premonition he had while still in Peru, in Trujillo, in 1920, that one day he would die in Paris. According to his dream which he had in Antenor Orrego's house, he saw himself lying in bed in a hospital in Paris surrounded by people he did not recognise and, in particular, a young woman he did not know (Espejo Asturrizaga 1965: 97–98). An easy speculation is that he 'saw' Georgette. That is why he can say that it is a 'day that's already lodged in my memory'. A few things about the poem; firstly Vallejo did not die on a Thursday, because he died at 9.28 am on a Friday, although it could be argued that this was a Thursday since, on that day Friday, 15 April in Paris, it was in Peru at the time, almost still a Thursday, since there are five hours difference between Paris and Peru. He did not die in the autumn either – he died in the spring in Paris, although the spring in Paris largely overlaps with the autumn in Peru, so in a sense it could be said that Vallejo died Peruvian time on a Thursday in autumn, though I admit this is torturous. The detail I want to pick up in this poem is line 9 in which Vallejo refers to himself as if he were another person, and already dead (one cannot by definition of course describe one's own death). For this is a poetic vein which Vallejo mined with great consistency in his later poetry. And here we have the clearest example of the sense of the self as an elaborately created mask which is left for the sake of others, and possibly for the sake of posterity, while the 'real self' (whatever that might be) makes a quiet departure when no-one is looking. The poem is entitled 'Paris, October 1936':

> From all this I'm the only one leaving.
> From this bench I'm going, from my trousers,
> from my grand position, from my deeds,
> from my number split down the middle,
> from all this I'm the only one leaving.
>
> From the Elysian Fields or the bend
> of the strange alley of the Moon,
> my demise goes off, my cradle departs,
> and surrounded by people, alone, unattached,
> my human semblance turns around
> and dispatches its shadows one by one.
>
> And I'm leaving it all behind, because it's all
> remaining here to serve as an alibi:
> my shoe, its lacehole, its mud as well,
> and even the crease in the elbow
> of my own buttoned shirt. (Vallejo 1987: 89)

Vallejo, we imagine, is sitting on a bench on the Champs Elysées in October 1936 and he is imagining how he will soon be leaving everything around him. The curious feature of the poem concerns the sense in which he will be departing but leaving behind an alibi – made up of his suit (specifically his trousers), his shoes, his shirt with its crease on the elbow. This poem could be read as one indicating that Vallejo – in some strange sense – knew that his days were numbered (he would be dead within 18 months of writing this poem), but it is more important to see it,

I believe, as an indication that Vallejo saw his poetic persona, and particularly his poems which re-create that persona for any number of readers long after his death, as somehow producing a mask, nothing more than an alibi. His poems, Vallejo seems to be suggesting here, are designed to trick us: for what is an alibi but a story designed to convince us that someone was in a place that, in fact, he wasn't. Rather curiously, Vallejo's own sense of his self as a mask – for which is the true self, the individual who died at 9.28 am on Good Friday in 1938 or the self created in the poems? – was echoed by a spin-off of other masks created by Georgette, after his death on 15 April 1938, until her own death on 8 December 1984. The most annoying mask of all, of course, was the lie that there were no manuscript versions of the posthumous poems, exposed to be untrue a decade after her death. Why she clung onto that particular mask so resolutely over a period of 46 years – curiously enough the number is the same as Vallejo's age when he died – we shall never know, since she took that secret with her to her grave.

Works Cited

De Vallejo, Georgette, 1978. *¡Allá ellos! ¡allá ellos! ¡allá ellos!* (Lima: Zalvec).

——, 1997, [1977]. *Masque de Chaux 1938–1977* (Trujillo: Instituto de Estudios Vallejianos).

Espejo Asturrizaga, Juan, 1965. *César Vallejo: itinerario del hombre* (Lima: Mejia Baca).

Hart, Stephen, 1998. 'Vallejo's "Other": Versions of Otherness in the Work of César Vallejo', *MLR*, 26: 710–23.

——, 2004. 'Pablo Neruda's "Verdadismo"', *Hispanic Research Journal*, 5.3: 255–76.

Higgins, James, 1970a. *Visión del hombre y de la vida en las últimas obras poéticas de César Vallejo* (Mexico City: Siglo XXI).

——, 1970b. *César Vallejo: An Anthology of His Poetry* (New York: Pergamon).

——, 1989. *César Vallejo en su poesía* (Lima: Seglusa).

Vallejo, César, 1939. *Poemas humanos (1923–1938)*, ed. Georgette de Vallejo and Raúl Porras Barrenchea (Paris: Les Éditions des Presses Modernes au Palais-Royal).

——, 1967. *César Vallejo [French translation]*, ed. Américo Ferrari and Georgette de Vallejo (Paris: Seghers).

——, 1968. *César Vallejo: obra poética completa*; edición con facsimiles, ed. Georgette de Vallejo (Lima: Francisco Moncloa).

——, 1973a. *El arte y la revolución* (Lima: Mosca Azul).

——, 1973b. *Contra el secreto profesional* (Lima: Mosca Azul).

——, 1987. *César Vallejo: Selected Poems*, trans. and ed. James Higgins (Liverpool: Francis Cairns).

——, 1997a. *César Vallejo: Poesía completa, II*, ed. Ricardo Silva-Santisteban (Lima: PUCP).

——, 1997b. *Rusia en 1931; Ensayos y reportajes completos*, ed. Manuel Miguel de Priego (Lima: Pontificia Univ. Católica del Perú).

——, 2003. *César Vallejo: autógrafos olvidados, edición facsimilar de 52 manuscritos*, ed. Juan Fló and Stephen M. Hart (London-Lima: Tamesis-PUCP).

Vallejo and Democracy

GEORGE LAMBIE

De Monfort University

After a number of years studying and writing about Vallejo's politics and intellectual development (Lambie 1992, 1993, 1999, 2000a, 2000b & 2002), including a speculative essay on the relevance of his ideas today, it occurred to me that one aspect of his thought that has not been considered in depth by any of his critics so far, including myself, are his perceptions on democracy. One could argue that the debate on democracy in the twenty-first century, in the context of elite-led globalisation, is as important as it was in the turbulent inter-war years that witnessed the collision of the big ideologies of the twentieth century. As I have suggested in earlier articles, in his Spanish Civil War poetry Vallejo believed that the popular anti-authoritarian and anti-capitalist struggle he had witnessed in Spain marked the beginnings of a new form of human liberation. The principal actors in this process, he perceived, were not political leaders and intellectuals but the masses themselves who, in rejecting and defeating their enemies, would conceive of a new world built on the values of solidarity, equality and co-operation which they had adopted and internalised in their struggles for freedom. This counter hegemony and dialectical outgrowth of capitalism assumes a perspective on human interaction which falls within a broad definition of democracy, a topic which Vallejo refers to implicitly in his Spanish Civil War poetry.

To understand and explain Vallejo's view of democracy in the context of popular struggle, hegemony and the realisation of the 'will of the people' one must go beyond the mainstream definitions, with their emphasis on procedural form rather than substantive content and seek to identify with more participative notions of democracy. However, it is also important to juxtapose and contrast Vallejo's ideas with those limited definitions and practices of democracy that have underwritten the political legitimacy of capitalism for over 100 years, and today with globalisation exist in a form that is further removed from the influence of the popular will than at any other period in modern times. Nothing could be in sharper contrast than Vallejo's perceptions of a popular, co-operative liberating force conscious of its task to negate the inequalities of capitalism and today's mainstream understanding of democracy in which voters choose to be represented by dominant elite groups who themselves are agents of, or constrained by, global transnational forces beyond their control – a branch of democracy that has been referred to as polyarchy in which populations have very little say in the running of their own countries (Robinson 1996).

Vallejo's Politics and the Spanish Civil War

Even before the Civil War, at the time of the establishment of the Second Spanish Republican government in April 1931, it would seem that Vallejo's Marxist politics were sufficiently developed for him to remain sceptical about representative democracy in a capitalist system. According to his wife Georgette de Vallejo (1977: 125), his reaction to the arrival of the Second Republic was one of 'total indiferencia', to which she adds, 'una revolución sin efusión de sangre – y la experiencia lo demuestra, decía Vallejo – no es una revolución'. While such statements do give an indication of Vallejo's political sympathies at a particular time, they cannot be seen as definitive. Firstly, after Vallejo's death, when this observation was made, Georgette had become engaged in bitter argument with a number of Vallejo's friends and fellow artists (especially the Spanish poet Juan Larrea) who were reluctant to see Vallejo as a political activist or thinker, and this may have led to some exaggeration on her part concerning his left-wing political credentials. Secondly, one must also take into account that the Soviet Union's international arm, the Comintern, which advised Communist parties throughout the world, was still in its ultra-left 'Third Period' when the Second Republic was installed in Spain and consequently condemned the return to democracy as 'bourgeois adventurism', and instructed the Spanish Communist Party (PCE) to remain in total opposition. Vallejo, who was by this time a member of the PCE as well as the Peruvian Communist Party (renamed Communist Party after Mariátegui's death), both of which accepted Comintern leadership, would almost certainly have espoused the Party line even if he did not wholeheartedly agree with it. As I have argued previously, while he was influenced by the socialist experiment in the Soviet Union – indeed it would have been almost impossible for any left-wing sympathiser of the time not to have been so – he did not fully subscribe to its tenets (Lambie 1993). In the two books and numerous articles he wrote on Soviet society, which were mainly based on his three visits to Russia between 1928–31, he does show some sympathies for Soviet communism but he remained sceptical of certain aspects, and especially its attempts to create 'proletarian art'.

Steven Hart (1985), has argued that Vallejo passed through four distinct ideological stages during his sojourn in Europe. These include: 'avant-garde revolutionism' (1925–1927); 'Trotskyism' (1927-1929); 'Stalinism' (1929–1931); and 'Christian communism' (1936–1938). It is further suggested that between 1931 and 1938 Vallejo abandoned mainstream politics. Although this periodisation is useful, it does not take into account the effect of the ideas of the Peruvian Marxist José Carlos Mariátegui on Vallejo's intellectual formation. Mariátegui was neither a Moscow-line communist nor a Trotskyist, but rather a Gramscian-style Marxist with a belief in revolutionary praxis which emphasised class struggle in terms of conscious hegemony rather than scientific stages as espoused by Moscow (Lambie 2000b). In this context it is interesting to note that when Comintern strategy changed in 1934/35 to support progressive democratic 'Popular Front' governments instead of revolution, in an attempt to defend the beleaguered Soviet Union against the threat of fascism, Georgette de Vallejo claims (with reference to the establishment of the *Front Populaire* in France in May 1936) that 'entre otras divergencias ideológicas, Vallejo no podrá admitir un "frente popular", que no es marxismo sino, en aquel momento histórico, estalinismo y por otro lado, socialismo; prototipo cabal: Blum' (1977: 184). Again we have to tread with caution as this might indicate Vallejo's lingering sympathies for Troskyism; however I would also suggest this statement could indicate that he had become influenced by Mariátegui's vision of socialist development, which had little in common with the pseudo 'scientific' interpretations of Marxism put forward by Stalinist communism.

Regardless of Vallejo's precise political sympathies at this time, if indeed he had a clear position, what is notable is that in his Spanish Civil War poetry he demonstrates a strong belief in Mariátegui's Gramscian understanding of revolutionary praxis in which democracy is seen as a process in which the exploited classes form a conscious and organised counter hegemony against their enemies, which extends popular participation and co-operation beyond the limits of bourgeois representation.

In my previous studies of Vallejo's politics (Lambie 2000a, 2000b) I have also analysed his response to the Spanish Civil War, but a résumé is necessary to establish a basis for his perceptions on democracy and the environment in which they were formed. The civil war in Spain, which began in July 1936, occurred principally as a consequence of deeply-rooted internal tensions with long historical precedents. Many of the issues were very specific to Spain and emphasised the country's differences from the rest of Europe, above all its backwardness, particularly in the form of an unresolved peasant question and conflict over the ownership and use of land, and a still-vibrant anarchist movement – anachronisms that in Western European terms belonged to the previous century but which persisted in Spain (Malefakis 1970). As Vallejo acknowledges in his poem 'Himno a los voluntarios de la república', from the collection *España, aparta de mi este cáliz*, the civil war in Spain had to do with 'cosas de españoles' (1978: 222, line 40). The conflict, however, came at a time of profound ideological divisions in Europe – on the one side the rise of fascism in Germany and Italy and on the other the consolidation of Soviet communism. Many of those who fought fascism in Europe saw salvation in the Soviet experiment, and those who feared communism either supported or tolerated fascism as a necessary response to the perceived communist threat. Both these positions gave tacit support to profoundly anti-democratic tendencies.

As indicated earlier, at the time the Spanish Civil War broke out in 1936 the Soviet Union's international strategy under the Third Communist International, the Comintern, was to promote and support antifascist forces, including traditional European liberal democracy. Consequently when Popular Front governments were elected in France in May 1936, under Leon Blum, and in Spain in February 1936, under Manuel Azaña they received approbation from Moscow. In response elements of the anti-Stalinist Left disparagingly voiced the slogan 'Vote Communist to save Capitalism'.

In Spain the Popular Front government represented both an element of wider international politics and part of an ongoing internal struggle to establish a durable, democratic Spanish republic. The civil war that broke out in July 1936 was the result of accumulated tensions between reactionary traditionalism and republicanism. More specifically, it was a battle between nationalism/fascism against progressive liberalism and its Left-wing allies the Communists, and to a lesser extent the semi-Trotskyist *Partido Obrero de Unificación Marxista* (POUM) and the Anarchists.

The civil war attracted considerable international interest because it was regarded as a microcosm of wider European tensions. Although the Popular Front republican government had been democratically elected, other liberal democracies, including its counterpart in France, were unwilling to come to the Spanish government's aid, even though the nationalist insurrection it faced was illegal and antidemocratic. Fearful of becoming embroiled in such an explosive and politically volatile conflict and running the risk of losing support of their middle-class base, who were terrified of communism, the democracies of Europe abandoned the Spanish Republic to its fate. Only the Soviet Union was willing to come to the Republic's aid and in doing so gained enormous prestige among antifascist forces throughout the world, as well as securing control of the war effort, including the organisation and direction of international non-government support for the Republic in the form of the International Brigades.

Besides its military and political control of the Republican war effort, Moscow also encouraged a cultural and intellectual response to the defence of the Republic – one in which Vallejo played a role, both as a member of the French section of the Committee for the Defence of the Republic (of which Pablo Neruda and David Alfaro Siquieros were also members) and as a delegate at the Second International Congress for the Defence of Culture, which was held in Valencia in July 1937 (Lambie 1993: 174–84).

The task at the congress of the few intellectuals – like Vallejo and the French writer André Malraux – who understood the conflict in Spain, was to promote the Party line of liberal culture against fascist barbarism. Given the gravity of the political situation and the predicament of the Republic, pragmatism was vital and this was acknowledged even by those informed intellectuals who had probably parted company with communist strategy or had never accepted it. Most artists and writers who attended the congress were new to 'politics', and gaining their support for the war effort was regarded as more important than squabbling over divisions on the Spanish Left or discussing Soviet style communism. The French writer André Gide, who had questioned aspects of the Soviet system in his book *Retour de L'U.R.S.S.*, was consequently ridiculed by the party apparatchiks.

Besides the official Republican war effort in Spain supported by the Communists, there was also a popular revolution taking place mainly under the auspices of the Anarchists and the POUM, both of which had their power bases in Barcelona, but whose influence combined with that of trade unions spread throughout republican Spain. These popular revolutionaries saw in the defence of their villages and towns not only a chance to fight fascism, but also an opportunity to seize political and economic power and begin to transform society along socialist or anarchist lines. The Communists did not recognise the popular uprising because it threatened their control, and the Comintern at that time rejected revolution in favour of the defence of liberal democracy. Consequently in 1937, just before the Writer's Congress was held in Valencia, the Communists attacked and destroyed the leadership of the POUM and isolated the Anarchists, putting an end to the main thrust of the popular revolution in Spain.

If one wishes to understand the politics of Vallejo's Spanish Civil War poetry, then it is essential to be aware of the distinction between the Republican/ Communist defence against the nationalist anti-democratic insurrection and the revolution that was taking place during the civil war. While acknowledging and praising those who dedicated themselves to the defence of the Republic, it was the popular revolution that Vallejo principally supported and that held for him the greatest socialist and human potential. An indication of his position on this matter is given in an article he wrote after his first visit to Spain in December 1936, 'Los enunciados populares de la guerra española':

> Por primera vez, la razón de una guerra cesa de ser una razón de Estado, para ser la expresión, directa e inmediata, del interés del pueblo y de su instinto histórico, manifestados al aire libre y como a boca de jarro. Por primera vez se hace una guerra por voluntad espontánea del pueblo y por primera vez, en fin, es el pueblo mismo, son los transeúntes y no ya los soldados, quienes sin coerción del Estado, sin capitanes, sin espíritu ni organización militares, sin armas ni kepis, corren al encuentro del enemigo y mueren por una causa clara, definida, despojada de nieblas oficiales más o menos inconfesables. Puesto así el pueblo a cargo de su propia lucha, se comprende de suyo que se sientan en esta lucha latidos humanos de una autenticidad popular y de un alcance germinal extraordinarios, sin precedentes. (1937, 2: 35)

This passage refers not to the formalised Republican war effort, which by mid 1937 had been taken over by the Communists, but the popular resistance of revolutionary militias that existed during the first few months of the war. Vallejo was not the only intellectual to become aware of this extraordinary process; George Orwell joined a POUM battalion and wrote the finest account of the Communist destruction of the Spanish Revolution in his book *Homage to Catalonia*. Referring to André Malraux's response to the popular uprising Vallejo stated, 'los primeros meses, señaladamente, de la guerra española reflejaron [...] un acento instintivo, palpitante de pristina pureza popular, que hiciera exclamar a Malraux: "En este instante, al menos, una revolución ha sido pura para siempre"' (1937, 2: 35). The wave of collectivisations that swept over Spain in the summer and autumn of 1936 has also been described as 'the greatest experiment in workers' self-management Western Europe has ever seen' (BBC 1986). It was the human, political and democratic potential of this popular movement that inspired Vallejo rather than the defence of republican democracy, which although an important pragmatic task at the time, represented simply a variation on capitalist management and not a social transformation.

Vallejo's Understanding of Democracy in his Collection of Poems
España, aparta de mí este cáliz

In Vallejo's Spanish Civil War poetry the central protagonists are the militant workers who, in taking up arms to defend themselves against the nationalist bourgeois insurrection, had begun to unleash a revolutionary process in which they and their lives were being transformed. For him this experiment in worker self-empowerment was a form of living democracy that went far beyond the limits of republican democracy. For instance in his explanation of the background to this revolution in the poem 'Himno a los voluntarios de la república' he states:

> Un día diurno, claro, atento, fértil
> ioh bienio, el de los lóbregos semestres suplicantes,
> por el que iba la pólvora mordiéndose los codos!
> ioh dura pena y mas duros pedernales!
> ioh frenos los tascados por el pueblo!
> Un dia prendió el pueblo su fósforo cautivo,oró de cólera
> y soberanamente pleno, circular,
> cerró su natalicio con manos electivas;
> arrastraban candado ya los déspotas
> y en el candado, sus bacterias muertas ...

The 'day' referred to in the first line, and later in the stanza, is an election day, which one would assume is an allusion to the general election of 16 February 1936, which resulted in the victory of the Popular Front left-wing coalition. This assumption is also based on the use of the word 'bienio' in the second line, which is clearly a reference to the 'bienio negro' which was the term used in Spain to describe the years 1934 and 1935 when the right-wing Catholic party, the CEDA, held the balance of power in the republican government. During this period many of the earlier reforms that had been instigated when the Republic was first established were reversed, and an attack was launched on all progressive forces. The most notable conflict of these years was the general strike of 1935 that culminated with a revolutionary uprising in the Asturias, which, when finally crushed by Moorish troops under Franco, was followed by a wave of right-wing persecution of the political left. The victory of the Popular Front coalition in the February 1936 elections brought fresh hope for some moderates, but the acute political polarisation which had taken place in the two previous years boded ill for the survival of the democratic process and by the spring of 1936 both Right and Left felt that a civil war was inevitable.

The second stanza of the 'Himno' gives an excellent indication of the tensions that preceded the Civil War. For example the image of 'pólvora mordiéndose los codos' suggests a political situation laden with foreboding, and ready to explode into violence. Throughout the stanza Vallejo concentrates on the suffering of the working classes who after enduring 'lóbregos semestres suplicantes' have, he feels, every right to take action against their exploiters. Moreover his reference to 'duros pedernales' in the fourth line may also be a specific allusion to the plight of the agricultural proletariat, many of whom had to till some of the rockiest and infertile land in Europe.

Before the outbreak of the war working class hopes for the improvement of their lot still remained a possibility through the democratic process, therefore the day of the election is seen as 'un día diurno, claro, atento, fértil'. But Vallejo goes on to emphasise that in such a politically charged atmosphere an election was little more than an act of faith, because the seeds of war had already been sown, and more importantly, the pre-conditions for revolution had been fulfilled. The revolutionary undercurrent that made the elections so tentative is indicated in the statement 'un día prendió el pueblo su fósforo cautivo, oró de colera'. The image of lighting a 'fósforo cautivo' suggests that after a period of repression the election provided the first opportunity for the people to express their will, but it also indicates the starting of a fire which, once lit, would have the potential to spread. Furthermore, the people are said to have 'oró de colera' which adds to the feeling conveyed throughout the stanza, that the idealistic hopes for democratic reforms were also permeated by a will to action.

The electoral process itself in these circumstances is seen by Vallejo as an ineffectual means of achieving social change, and this is shown particularly by its association with the term 'circular' which suggests the limitations of bourgeois capitalist democracy. Therefore, while acting in good faith by taking part in the elections, the workers also delayed ('cerró') the true day of their liberation; the Revolution ('su natalicio').

The victory of the Popular Front nevertheless is held to be an indication of the people's aspirations that succeeded in terrifying the ruling classes, who felt they were facing a determined challenge to their power and privilege. Here though, as in the rest of the poem, Vallejo does not refer to the enemy or any of its social and political components by name. They are simply 'déspotas' who are condemned not only for their direct physical exploitation of the masses, but also for their whole ideological domination of society with its profound cultural restrictions that frustrate the creative potential of the masses, therefore the ruling elites also 'matan al libro, tiran a sus verbos auxilares' ('Himno', 228, line 145). It is not the army, the Church, the capitalists or the landlords who are singled out for criticism, but the whole bourgeois capitalist system, which in its entirety is seen as a retrogressive form of social organisation, incapable of bringing about popular democracy and human progress. In this latter sense the 'déspotas [...] arrastraban candado', which suggests that the entire process over which they presided was threatened and it is they who were responsible for sowing the seeds of their own destruction.

It is clear from this perspective that Vallejo, like his principal mentor, Mariátegui, was particularly interested in the influence of ideological hegemony in the class struggle. The ideas of the ruling class therefore are seen as the dominant ideas of society; the class which commands material force also commands the means of intellectual and spiritual coercion, as it produces and propagates the ideas that justify its own supremacy. Bourgeois democracy in this context, administered by the bourgeois state, becomes both an arm of material and ideological coercion, but attempts to achieve this coercion through consent, based on the promotion of its own spurious legitimacy. When this fails, as it did in Spain in 1936, then elements of the ruling classes are willing to abandon the democratic illusion and resort to violence to achieve their ends.

In the final line of the stanza Vallejo further elaborates his image of the enemy, by stating that in the 'candado' with which they are burdened, are also to be found 'sus bacterias muertas'. Anatomical and biological allusions are frequently used by Vallejo in his poetry to point to the natural frailty of the human condition, and by implication also refer to humanity's alienation from itself and the world that surrounds it. Therefore the '*bacterias*' may signify not only the corrosive forces of nature, which are seen to be analogous with the parasitical survival of the ruling classes from the exploitation of the workers, but also indicate the illusory and pervasive character of bourgeois ideology and its quest for legitimacy through limited 'democracy'. However, unlike in an earlier poem from the collection *Poemas humanos*, 'El alma que sufrió de ser su cuerpo', where the 'atrocísimo[s] microbio[s]' were still very much alive, they are now dead, which would suggest that Vallejo felt that even before the outbreak of the Civil War, conscious popular resistance to capitalist exploitation had already begun to turn the tide of bourgeois ideological hegemony. But an indication of the incompleteness of this process is suggested by the ellipsis with which the stanza ends.

Capitalism and Democracy

Despite powerful assertions from neo-liberal intellectuals (Friedman 1962; Fukuyama 1992) concerning the immutable relationship between capitalist markets and democracy and claims that free market liberalism has in practice given substance to their theorising, neither history nor contemporary developments in the international system would suggest that democracy and capitalism are natural bedfellows. In response to these intellectuals Macpherson concludes:

> The liberal state which had, by the mid-nineteenth century in England established the political freedoms needed to facilitate capitalism, was not democratic: that is, it had not extended political freedom to the bulk of the people. When later, it did so, it began to abridge market freedom. The more extensive the political freedom, the less extensive the economic freedom became. At any rate, the historical correlation scarcely suggests that capitalism is a necessary condition for political freedom. (Boron 1995: 9)

It would also seem that bourgeois revolutions did not give priority to the establishment of bourgeois democracy but were much more concerned with the consolidation of economic and political hegemony over the old feudal order. In this sense the commodification of the labour force and the means of production, and the establishment of a liberal state that served bourgeois interests took precedence over democracy. Indeed any democracy that was established had limited franchise because the majority of the population would have probably rejected the new capitalist order. As Boron points out, it was not the emergent bourgeoisie that established democracy but, 'on the contrary, it was the mounting political mobilisation of the subordinate classes, with their demands and struggles, their parties and unions, that forced the democratisation of the liberal state' (1995: 10). To which he adds that many of these democratising forces were influenced by socialist ideas. This leads him to suggest that 'capitalist rule is highly flexible and adaptable, and it is always able to mix quite efficiently with alternative forms of political domination, ranging from bourgeois democracy to fascism' (11).

Although Boron's argument is based on reliable sources, it is clear that his ideological leanings are towards socialism rather than capitalism as a proper environment for the development of democracy and therefore he could be accused of bias. However the same could not be said of Eduardo Silva who balances his argument in favour of capitalist democracy but who similarly concludes that 'the functions of the capitalist state apply equally regardless of whether the state is democratic or authoritarian in form' (1999: 35).

The Development of the Liberal Ideal of Democracy

The roots of modern democracy are often traced back to the Greeks, but it is impractical and perhaps contrived to attempt to seek a democratic continuum from antiquity to the present day; European democracy unlike literature cannot claim a coherent 'Great Tradition'. Between classical times and the emergence of liberal democracy there were long periods when no recognisable form of democracy existed, such as during the European feudal period. Although, as argued earlier, capitalism has a variable and at times contradictory link with democracy, it was during the period of Enlightenment and bourgeois ascendancy that democratic ideals were resurrected, at least in theory. For such thinkers as Kant and Rousseau rationality was seen as a natural endowment of individuals and 'the people' at the political level, leading them to believe that popular authorisation or rejection of government would be founded in reason and legitimacy. This exercise of the 'general will' or popular sovereignty was premised on the availability of opportunities for free public debate in which it was assumed rationality would prevail. However as society became more complex and the masses entered politics such assumptions were deemed to be too idealistic.

This problem was raised by Weber [1864–1920] (1978: II, 1394) who believed that the widening of economic regulation and social citizenship through the expansion of public services would narrow the possibility for the exercise of popular sovereignty and lead to an increase in bureaucratisation. Based on this assumption he predicted that public administration would increasingly be controlled by technical elites who had the levels of expertise required to run modern organisations and systems. Schmitt [1888–1985] took this argument a stage further by claiming that mass politics and the emergence of 'particular interests' (Avritzer 2002: 13) had undermined the value of public discussion, which became reduced to a meaningless façade in parliament, manipulated by political representatives behind which lay a struggle between social and economic power groups.

From a contrary standpoint 'mass society' theorists like Mannheim [1893–1947] (1936) and Ortega y Gasset [1883–1955] (1993), who were concerned with the role of elites and intellectuals in society, argued that the popularisation of politics had served to undermine traditionally powerful groups, with whom they believed resided a higher order of rationality. On a practical level the First World War, although essentially an elite enterprise, had weakened the confidence of liberalism in its own ideology and its ability to permanently control the masses. This view was reinforced by the rise of Soviet Communism with its 'proletarian culture' and Nazism with its ruthless manipulation of working class opinion. For the advocates of elitism the entry of the masses into politics, either as a force acting within democratic structures or as the subject of extensive propaganda and demagogic control, served to weaken the rationality of democracy. In contrast, a leftist group of intellectuals represented by the first generation of the Frankfurt School such as Horkheimer [1895–1973] (1974), Adorno [1903–1969] (1951) and Marcuse [1898–1979] (1992) argued that the erosion of democracy stemmed not from mass participation in politics, but in the way that elites used this popularisation of politics to exert their influence. In particular they saw the extension of elitist control from the public to the private sphere, and a tendency for the commodity form to penetrate into the cultural realm.

By the end of the Second World War all theoretical perceptions of democracy, with the exception perhaps of the ideas that had been developed by Gramsci [1891–1937] (1971) in the 1920s and 30s but which were not available to mainstream debates, concluded that some form of elitist control was inevitable for better or for worse. Democratic elitism in the second half of the twentieth century adopted two main ideas: one that emphasised limiting the scope of political participation, while the other argued that to maintain rationality the role of the masses should be restricted to choosing between groups of elite representatives. Another tendency at that time was for the democratic focus to move away from Europe to the US, partly reflecting the shift in world power from one hegemon (Britain) to another.

An amalgamation of the above factors can be found in the work of Joseph Schumpeter [1883–1950] (1942) and his mass-society theory in which he placed doubt over the notion of popular sovereignty and the Enlightenment belief in the rationality of the 'people'. Referring to the witch-hunts of the sixteenth century and the holocaust in the twentieth century he claimed that those popular forces that could permit such atrocities could not also be trusted with the formation of democracy. His solution to this problem, as he perceived it, was to use popular participation in politics not as a means to exercise the general will, but rather as a mechanism for authorising representative political bodies to take power on behalf of the masses. Assuming that elites would always take positions of control Schumpeter believed that democratic input in the process of selecting governing elites was the only realistic form democracy could take in modern society. This led him to conclude later that 'democracy means only that the people have the opportunity of accepting or refusing the men who are to rule them' (1942: 284–85). This abysmal prospect seems to be completely disconnected from the egalitarian and creative ideals that survived the democratic tradition from Aristotle to Rousseau and have emerged on occasions since, especially when people have sought to push at the limits of their constrained citizenship, as in the Spanish Civil War and the student and worker protests of 1968.

The Schumpeterian proposition that the masses had to be guided and developed by selected elites, which accords with the constructivist model of democracy, was modified by Downs (1956) who, prefiguring the work of Friedman and Fukuyama and the neo-liberal revolution, moved away from the idea of the irrational masses towards the notion of the rational individual. Downs supported this view by applying the economic concepts of utility maximisation and perfect competition to the functioning of the political system, whereby it is assumed that individuals will make choices based on their own needs without regard for others. Because the rational individual is assumed to be motivated by personal material benefits, the role of elite representative groups is reduced to offering and distributing negotiable public goods in an attempt to attract the support of the most individuals. Consequently the public domain itself is de-linked from democracy, because there is no incentive to strive for a wider public or developmental good, simply a need to satisfy the most rational individual consumers. In this context the classical view of popular sovereignty is also a casualty because public debate or any kind of public interaction to express the 'general will' is deemed unnecessary, as the individual can theoretically achieve full political expression through the act of choice associated with voting.

The elitist democratic formula proposed by Downs accords most closely with the rise of free market neoliberal economics, whereby the constructivist tendency of achieving development before democracy (as commonly assumed in the Keynesian post-war period) gave way to a contrary approach in which political democracy becomes a precondition of economic development. This latter formula assumes a fundamental change in the role of the state which shifts from agency of development and elite management to facilitator of the market. In Britain and the US neo-liberal leaders Margaret Thatcher and Ronald Reagan, sought to expose the state to the primacy of markets and individual choice. Reflecting Downs's speculations, through privatisation and compulsory competitive tendering public goods became increasingly exposed to consumer choice. These policies along with tax cuts and other initiatives to promote competition also set a materialist agenda, which obliged elite political groups to compete to win approbation and support from voters based on the material benefits they could offer. Such policies, which were complementary with the opening up of national economies to unrestrained market forces and the whims of the financial speculators (globalisation) were anathema to Keynesians and developmentalists of the post-war era. For contemporary Gramscian theorists like Robinson globalisation consists essentially of 'the transnationalisation of production and productive systems and the transnationalisation of capital ownership, which in turn leads to the rise of a transnationalised bourgeoisie that sits at the apex of the global order' (1999: 15). This form of super-capitalism is served by a mode of democracy or polyarchy of which the main components consist of a near total emphasis on procedural form rather than substantive content, domination by elite political groups closely tied to the economic interests of the transnationalised ruling classes and the promotion of the illusion that markets and freedom are symbiotically linked and provide the only possible formula in which democracy can exist. Polyarchy is promoted by the 'Washington Consensus', the multinational corporations, the transnationalised elites and their political agents at the national level to legitimise the privatisation of public ownership and the transfer of economic and political power to a small group of unaccountable actors who operate in a global market (Robinson 1996).

It would seem, therefore, that modern Western democracy is not a distillation of all that went before into some form of ideal system, but rather a highly com-promised and elitist set of arrangements that have produced little more than a democratic shell devoid of substantive content.

The reason for the exclusion of egalitarian content from the notion of Western democracy and its reduction to procedural form is well explained by Boron (1995: 26–27) who states after questioning the validity of contemporary claims to some form of democratic 'resurgence':

> The abstract reasoning that does not call into question democracy for which class? splits the analysis of the social totality into its economic and political components reifying them as isolated parts, reducing the political to a procedural question and reproducing the world vision consecrated by bourgeois ideology. Capitalist exploitation is conveniently hidden, thus allowing all kinds of benevolent speculations on the future worlds of democracy affecting people in their sole capacity as voters while piously disregarding all the restrictions that originate in the laws of motion of capital and that oppresses people in the name of the free market. The entire rational of this argument is trapped in the ideological universe of bourgeois thought.

It is unlikely that Vallejo would have subscribed to this form of 'democracy' and would have recognised the massive levels of political, material and ideological manipulation that it entailed, not to bring power or even fair representation to the 'people' but rather to deny it from them. The new globalising elites operating through a thin façade of democracy would appear to him no different to the 'despotas' he had identified at the time of the Civil War, and electoral democracy as 'circular' with no hope of providing a channel to express the popular will.

A Peoples' Democracy and the Building of Socialism

As suggested earlier the great motivation for Vallejo in the Spanish Civil War was not the prospect of defending and consolidating republican democracy but rather the process and possible outcome of a true peoples' revolution. The most substantial and interesting sections of his poems in the collection *España, aparta de mí este cáliz* deal therefore, not so much with the injustices of the primitive capitalist order that precipitated the conflict but with the development of a new popular revolutionary consciousness among the masses. The first stage in this process for Vallejo is the birth of this new 'liberator' out of the accumulation of history.

Describing the wretched Spanish peasant, who in much of Spain still lived in semifeudal conditions, Vallejo states: 'Campesino caído con tu verde follaje por el hombre, / con la inflexión social de tu meñique, / con tu buey que se queda, con tu física, / también con tu palabra atada a un palo / y tu cielo arrendado / y con la arcilla inserta en su cansancio / la que estaba en tu uña, caminando!' ('Himno' 224, lines 72–78). Here he recognises the rural backwardness of Spanish society but in revolution the primitive peasant worker, tied to a semi-feudal system that even restricts his ability to express himself in language ('palabra atada a un palo') had, by taking physical action to achieve liberation, begun to change his whole form of existence including his conciousness. From these humble and primitive beginnings ('arcilla'), which are both the source of his oppression and potential liberation, the peasant has embarked on a route to freedom ('caminando').

Comparing the 'miliciano' favorably to the great figures of Spanish history and culture he emphasises the historical conditions that had produced this unlikely champion and class conscious individual: 'Así tu criatura, miliciano, así tu exangüe criatura, / agitada por una piedra inmóvil, / se sacrifica, apártase, / decae para arriba y por su llama incombustible sube' (223, lines 56–59). While continuing to acknowledge the historical backwardness of the worker Vallejo again stresses the dialectical transformation that is taking place in his subject ('agitada por una piedra inmóvil'). The battles for Vallejo are not just acts of war but 'Pasiónes Y pasiones precedidas / de dolores con rejas de esperanzas, / de dolores de pueblos con esperanzas de hombres!' (222, lines 32–34). While he acknowledges that there is a historical process that has brought the workers to this revolutionary moment, this is not just the result scientific 'stages' taking their course, but rather a conscious decision on the part of the protagonists to fight for their liberation. For Marx, Gramsci, Mariátegui and Vallejo, history was important in shaping the revolutionary process, but ultimately it was the conscious volition of human beings that was the spark that set this process in motion and gave it its transformative and creative potential.

Continuing from the notion of 'passion' for change with historical roots, he concludes, 'Tal en tu aliento cambian de agujas atmosféricas los vientos [...]'. As the workers gain in strength he asks '¡en qué frenética armonía / acabará tu grandeza, tu miseria, tu vorágine impelente, / tu violencia metódica, tu caos teórico y práctico, [...]' ('Himno' 224, lines 63–65). Again he alludes to the dialectical and transformative power of conscious revolutionary action. As changes are registered by the 'agujas atmosféricas' it is suggested that conscious beliefs are being realised in action and practice.

As the peasant and worker revolutionaries become aware of their potential Vallejo sees the creation of a new form of popular power and popular culture. Therefore from the corpse of a dead combatant he suggests that 'un libro retornaba de su cádaver muerto' ('Pequeño responso a un héroe de la República' [254, line 2]); and 'poesía en la carta moral que acompañara / a su corazón' (254, lines 12–13). Clearly for Vallejo the revolution was more than simply a struggle for justice and offered the possibility of a transformation of human existence, a view shared by Mariátegui when he states, 'La revolución que será para los pobres no sólo [sic] la conquista del pan, sino también la conquista de la belleza, del arte, del pensamiento y de todas las complacencias del espíritu' (1928: 158). The latter's most fundamental comments on the problems of capitalist democracy are to be found in his essay 'La crisis de la democrácia' which was one of the lectures he gave in the series 'Historia de la crisi mundial' that were delivered to the *Universidad Popular Manual Prada* on his return form Europe in 1923 (1985: VIII, 134–37). In this lecture he stresses the difficulties capitalist democracy and parliamentarianism were facing because of intensifying class struggle between the bourgeoisie and the proletariat as the mode of production evolved in the post-war period, further alienating and excluding the workers from a share in capitalist 'development'. However, his more sophisticated statements that are relevant to the formation of a popular democracy are distributed widely throughout his work, as suggested by the above quotation.

Finally Vallejo envisages the building of a popular participative democracy that might follow a revolutionary victory in which '¡Entrelazándose hablarán los mudos, los tudillos andarán!' ('Himno' 226, line 102). '¡Sabrán los ignorantes, ignorarán los sabios!' (line 105). '¡Constructores / agrícolas, civiles y guererros/ de la activa, hormigueante eternidad: estaba escrito / que vosotros haráis la luz' (224, lines 79–82); 'y al cielo apocalíptico, otro paso / y a las siete metales, la unidad, sencilla, justa, colectiva, eterna' ('Batallas II', 234, lines 91–93). Vallejo is here not attempting to define a future communist or popular society but rather to outline human potential once liberated from regressive and exploitative forms of organisation and free to cooperate in truly democratic and participative ways. Marx and his followers generally avoided speculating about a future communist society because they realised that this could not be a formulaic development that would emerge out of a historical continuum, but rather a conscious transformation of human activity and human relations that could not be predicted. There is not space in this article to explain in detail the concept of praxis as understood by Marx and his followers, but in essence they believed that socialism was not a pre-determined system but a process built in human consciousness. This in turn requires a definition of what it is to be human: human nature. From the Marxist perspective individuals are not seen to be passively determined, either by their biological inheritance (as argued by the right) or their environment and social needs (as argued by the scientific left) but are rather active participants in their own development. This view believes that all human individuals are both influenced by their biological make up and their environment, but their creative potentials can only be realised through social activity. Humans are therefore self-conscious creative beings, social individuals, who are able to consciously intervene to alter the course of their own, and society's, development. Consequently, humanity's potential can only be fully realised if the future is shaped by what people decide to do, not by impersonal forces like the market or the centralised state, and that such decisions are made on the basis of creative interaction between individuals and their accumulation of social experience.

From this praxical notion of human nature attempts to predict the collapse of capitalism and its replacement by socialism through a set of scientific laws can only at best be indicative. Socialism is not a predetermined end in itself because it can only be developed through human interaction and self-realisation. Therefore the significance of the struggle against capitalism is that the workers, in their social and economic conflict to overcome exploitation, will not only begin to realise the transformative power of their combined strength, but also their potential to create a new environment based on their own perceptions of freedom. By transcending the alienation and 'commodity fetishism' engendered by capitalism, humans would have the potential to develop a society which encouraged greater participation and responsiveness to need. It is the social interaction between humans that produce the dynamic for change, not economic laws, and in this dialectical tension between competing hegemonies the ascendant forces will develop an alternative consciousness of how the world should be if it were constructed in their image. Therefore for Marx 'all history is nothing but a continuous transformation of human nature' (1926: 124).

Democracy as a Social Process

In a globalised world in which markets, individualism and transnational forces dominate almost all societies, it is difficult to conceive of a form of popular democracy that represents the will of the people. In a powerful hegemonic environment in which capitalism seems to have reached its highest form and has been equated with the logical 'end of history', it is almost a heresy to imagine an alternative form of democracy to the one that exists – polyarchy. Testimony to this are the plethora of books on democracy and democratisation, that, while presenting different models of democracy, rarely go beyond the notion that it can be any more than a 'system' that exists in separation from the prevailing economic order (Held 1993; *The Global Resurgence of Democracy* 1993). Although there are numerous discussions on participation and citizenship as democratic components, these are usually driven from consumerist perspectives applied to democracy and do not offer any vision of extending citizen involvement in real decision making that could challenge the prevailing order and change people's lives (Croft & Beresford 1992). Even in a region like Latin America in which globalisation has created dramatic increases in inequality despite 'transitions' from dictatorship to democracy, there is little critical study to challenge the prevailing 'democratic' order. For instance, most authors (*Transitions from Authoritarian Rule* 1986; *Democracy in Developing Countries* 1989) advance a narrow institutional definition of democracy in Latin America based on structural functionalism that disaggregates social totalities and sees political change as independent of institutions and economic power.

To find a definition and conceive of a form of democracy that would accord with Vallejo's observations and beliefs in today's rigid ideological environment is not easy, but it is probably one of the most pressing issues that we face in a world dominated by the unaccountable power of transnational capitalist forces em-bodied in the Washington Consensus, global ruling elites, transnational corpora-tions and neo-liberal and 'reformist' state managers. The notion of democracy understood as a process of creative social interaction rather than some form of token involvement in a preconceived system, is suggested by Moore-Lappe who states: 'To work democracy [...] has to be a way of life [...] Citizenship is a lot more than voting [...] Democracy is never fully in place. It is always in flux, a work in progress. Democracy is dynamic. It evolves in response to the creative actions of citizens. It is what we make of it' (1994: 14–15). Clearly for Moore-Lappe democracy is not a predetermined system that can be perfected by following a set of established rules, it is a social process that changes constantly in response to the creative activity of humans. Human nature in this case would appear neither to be determined by innate inheritance or material environment, because whether humans are independent or dependent, they are passive as far as their role within democracy is concerned. Gould, one of the few analysts who considers the importance of human nature in understanding and defining democracy, alludes to an alternative understanding of humans when she states 'neither individuals or social reality are [...] immutable entities whose essence is given once and for all. The only thing given once and for all is the free activity of [those] social individuals who constitute their world and change it' (1990: 132).

Defining humans as 'social individuals' would seem to imply that we are both individually independent and socially dependent, therefore we can only fulfil indivi-dual potentials through social activity. Biological inheritance and social experience do not exit in isolation but are the mutual causation of the other, they are inter-dependent. As individuals we are able to imagine differently, thus imagination and creativity are subjective, but we are constantly influenced by social environ-ments that shape our understanding (consciousness), which in turn leads to new thinking and new forms of creativity. But since we have unique individual poten-tials we will react to, and learn from, social experiences differently. While humans have to adapt their creativity to social constraint to survive, and are influenced in their development by economic, historical and cultural circumstances, they will constantly seek ways to realise their potential, and change can often be effectively achieved through collective organisation and action, based on coincidence of interest. Humans are therefore not only creative and diverse, but also capable of changing their environments, and ultimately even their own nature. Our history becomes a continuous transformation of our nature that is never static. If humans are so, then democracy can only function as a constantly evolving process, and the inflexible systems of representative and constructive democracy are unworkable because they cannot respond to such diversity and change.

Democracy as a social process, rather than a predetermined system, would rely upon building counter-hegemonic institutions to challenge the dominant hegemony. The role and function of elected officials would be to organise, but not determine, social activity. Therefore the notion of representative democracy where elected officials can represent the will of the majority becomes untenable, because there is no sustainable majority common interest to represent. Likewise the idea of constructive democracy – where a political elite seek consensus – also becomes unworkable for there is no sustainable consensus. Under the current democratic principles, what individuals cannot achieve is the realisation of power in the form of their own self-development and the ability to change social conditions, because economic and social life is determined by representative powers who collaborate with non representative powers such as capital, imperialism or the one party state, whose interests often conflict with popular aspirations.

The experience of exercising individual power becomes democratic as it takes place through co-operation, where initially local and diverse groups may interact to achieve change. This experience is 'lived' by the participants and the process of change becomes part of their own self-development and self-realisation. Nevertheless, in this process individuals and groups become aware of what changes imply for others and will have to adapt their demands. Individuals may also pursue more than one cause because they have various roles in life in which consciousness is constituted in different ways. An individual person can be a worker, a parent, a woman, an artist and may seek to influence each of these aspects of their life from diverse perspectives. The democratic process therefore can be carried out at various levels and in different circumstances. Such a form of democracy can only be fostered through participation and requires a government which permits and facilitates a high degree of independence at a local level, and establishes channels of communication and organisations through which the population can express their opposing views and represent their various interests and decide democratically on actions to be taken. Such a form of democracy can, as Vallejo perceived, only take root and flourish in a situation that obliges people to reject and attempt to go beyond the dominant capitalist order with its emphasis on individualism, profits and markets and its restrictions on social development.

As in the mid 1930s when Vallejo wrote his Spanish Civil War poetry, this project of transformation can still best be understood in the context of participative and democractic socialism which has little in common with the authoritarian Soviet communism that dominated the Left for more than seventy years. As a contemporary observer and participant in the process of socialism perhaps the Cuban social scientist Heredia comes closest to Vallejo's vision when he states: 'Socialism is [...] a process of successive upheavals not only in the economy, politics and ideology but in conscious and organised action. It is a process premised on unleashing the power of the people, who learn to change themselves along with their circumstances. Revolutions within the revolution demand creativity and unity with respect to principles and organisation and broad and growing participation. In other words, they must become a gigantic school through which people learn to direct social processes. Socialism is not constructed spontaneously, nor is it something that can be bestowed' (1993: 64).

Despite such observations there is little in today's current historical juncture, dominated by globalisation, that gives much hope for future popular democratic developments. One exception may be the current events in Venezuela when an attempted coup in 2002, led by the Venezuelan elite backed by US support against the popular and progressive President Chávez, was frustrated. Commenting on this event some foreign sympathisers stated:

> Even as the Mighty and their Media congratulated themselves on the 'democratic' coup and celebrated this latest reassertion of their invincibility, another voice was heard.
> The wretched of this earth, residents of the slums of Caracas, whose suffering is the ugly secret of the glossy US Empire, came by the thousands, in from the countryside, down from the hills around Caracas, and with loyalist soldiers they took Venezuela back from the hands of what the CIA boys like to call 'Civil society', and all we can say is this is how the current worldwide empire of lies will end: by just such actions of the ordinary, wonderful, decent people of this world, God bless them. (Baatar *et al* 2002)

Although not as sophisticated and elegant as the descriptions of revolution and worker self-enlightenment in Vallejo's poetry, such observations give one hope that the New World Order is as vulnerable as other elitist empires that preceded it.

Conclusion

While the debate on Vallejo's politics at the time he wrote his Spanish Civil War poetry will continue and further research on the documentation of the period may reveal new and interesting insights, what is clear is that in this collection of poems his vision of human progress and democracy have little in common with the mainstream visions of republicanism or Soviet-style communism. As I have argued, it would appear that his intellectual formation at this time was significantly influenced by a current of Marxism that was extinguished by Soviet hegemony and the deaths of Gramsci and Mariátegui. It is interesting that today the most powerful and convincing analyses of globalisation and its impact on such issues as democracy are coming from the revival of this Gramscian current in International Political Economy (Robinson 1996, 2003; Cox 1987). From this perspective Vallejo had the intellectual tools to conceive of a form of human liberation and democracy that went beyond the notion of 'best' systems or straight power struggles ('dictatorship of the proletariat' etc.). Combined with the practical, emotional and inspiring events of the Civil War, within which took place a popular revolution, Vallejo was able to present a vision of democracy that will hold good as an ideal for as long as capitalism or any other unequal and restrictive system prevails.

Works Cited

Adorno, Theodor W., 1974 [1951; in German]. *Minima Moralia. Reflections from Damaged Life* (London: NLB).

Avritzer, Leonardo, 2002. *Democracy and the Public Space in Latin America* (Princeton: Princeton U.P.).

Baatar, D, *et al.*, 2002. 'Chávez Comeback Exposes U.S. Government and Media Lies', *www.emperor's-clothes.com*, posted 14 April.

Boron, Atilio, 1995. *State, Capitalism, and Democracy in Latin America* (Boulder, Colorado: Lynne Rienner).

Cox, Robert, 1987. *Production, Power, and World Order: Social Forces in the Making of History* (New York: Columbia U.P.).

Croft, Suzy and Beresford, Peter, 1992. *Critical Social Policy*, 12 (2), 20: 44.

Democracy in Developing Countries, vols. I–IV, 1989. Ed. Larry Diamond *et al.* (Boulder: Lynne Rienner).

Downs, A. 1956. *An Economic Theory of Democracy* (New York: Harper).

Friedman, Milton, 1962. *Capitalism and Freedom* (Chicago: Univ. of Chicago P.).

Fukuyama, Francisco, 1992. *The End of History and the Last Man* (London: Hamish Hamilton).

Global Resurgence of Democracy, The, 1993. Ed. Larry Diamond and Platter (Baltimore: Johns Hopkins U.P.).

Gould, C., 1990. *Rethinking Democracy: Freedom and Social Co-operation in Politics, Economy and Society* (Cambridge: C.U.P.).

Gramsci, Antonio, 1971. *Selections from the Prison Notebooks of Antonio Gramsci*, ed. and trans. Quentin Hoare and Geoffrey Nowell Smith (London: Lawrence and Wishart).

Hart, Steven, 1985. 'Was César Vallejo a Communist? A Fresh Look at the Old Problem', *Ibero-romania*, 22: 106–33.

—, 1987. *Religión, política y ciencia en la obra de César Vallejo* (London: Tamesis).

Held, David, 1993. *Models of Democracy* (Cambridge: Polity Press).

Heredia, F., 1993. 'Cuban Socialism: Prospects and Challenges', in *The Cuban Revolution into the 1990s*, ed. Centro de Estudios Sobre América, Latin American Perspectives Series, 10 (Boulder, Colorado: Westview Press), pp. 53–64

Horkheimer, Max, 1974. *The Eclipse of Reason* (London: Continuum).

Hertz, Noreena, 2001. *The Silent Takeover. Global Capitalism and the Death of Democracy* (London: Heinemann).

Lambie George, 1992. 'Poetry and Politics: The Spanish Civil War Poetry of César Vallejo', *Bulletin of Hispanic Studies*, 69: 153–70.

—, 1993. *El pensamiento político de César Vallejo y la Guerra Civil Española* (Lima: Editorial Milla Batres).

—, 1999. 'Vallejo's Interpretation of Spanish Culture and History in the "Himno a los voluntarios de la República"', *Bulletin of Hispanic Studies*, 76: 367–84.

—, 2000a. 'The Effect of the Spanish Civil War on the Politics and Poetry of César Vallejo', in *Identity and Discursive Practices: Spain and Latin America*, ed. Francisco Domínguez (Bern: Peter Lang), pp. 177–207.

—, 2000b. 'Intellectuals, Ideology and Revolution: The Political Ideas of César Vallejo', *Hispanic Research Journal*, 1.2: 139–69.

—, 2002 'Vallejo and the End of History', *Romance Quarterly*, 49.2: 126–43.

Malefakis, Edward, 1970. *Agrarian Reform and Peasant Revolution in Spain: Origins of the Civil War* (New Haven: Yale U.P.).

Mannheim, Karl, 1936. *Ideology and Utopia: An Introduction to the Sociology of Knowledge*, trans. Louis Wirth and Edward Shils (London: Routledge).

Marcuse, Herbert, 1992. *One-Dimensional Man: Studies in the Ideology of Advanced Industrial Society* (Boston, MA: Beacon Press).

Mariátegui, José Carlos, 1985 [1928]. *Ediciones populares de las obras completas de José Carlos Mariátegui*, ed. Sandro Mariátegui *et al.*, 20 vols (Lima: Editorial Amauta); 1: *La escena contemporanea*; 2: *Siete ensayos de interpretación de la realidad peruana*; 3: *El alma matinal y otros estaciones del hombre*; 5: *Defensa del marxismo*; 8: *Historia de la crisis mundial*.

Marx, Karl, 1926. *The Poverty of Philosophy* (London: Lawrence & Wishart).

Moore-Lappe, F. and P. Du Bois, 1994. *The Quickening of America: Rebuilding our Nation, Remaking our Lives* (San Francisco: Jossey-Bass).

Transitions from Authoritarian Rule, 1986. Ed. Guillermo O'Donnell *et al.*, vols 1–4 (Baltimore: Johns Hopkins U.P.).

Ortega y Gasset, José, 1993 [1932]. *The Revolt of the Masses* (New York: W.W. Norton & Co.).

Robinson, William, 1996. *Promoting Polyarchy. Globalization, U.S. Intervention, and Hegemony* (Cambridge: C.U.P.).

—, 2003. *Transnational Conflicts. Central America, Social Change and Globalisation* (London: Verso).

—, and Roger Burbach, 1999. 'The *Fin de Siècle* Debate: Globalisation as Epochal Shift', *Science and Society*, 63.1: 10–39.

Schumpeter, Joseph H., 1942. *Capitalism, Socialism and Democracy* (New York: Harper).

Silva, Eduardo, 1999. 'Authoritarianism, Democracy and Development', in *Latin America Transformed. Globalisation and Modernity*, ed. Robert Gwynne and Kay Cristobal (London: Arnold), pp. 32–50.

Vallejo, César, 1937. 'Los enunciados populares de la guerra española', 2: 35.

—, 1978 [1938]. *España, aparta de mí este cáliz*, in *César Vallejo: The Complete Posthumous Poetry*, ed. Clayton Eshleman (Berkeley: Univ. of California P.), pp. 221–86.

Vallejo, Georgette de, 1977. 'Apuntes biográficos', in *César Vallejo: Obras completas*, 9 vols (Barcelona: Editorial Laia), III, pp. 95–268.

Velez, J. and A. Merino, 1992. *España en César Vallejo*, 2 vols (Madrid: Fundamentos).

Weber, Max, 1978. *Economy and Society*, 2 vols (Berkeley: Univ. of California P.).

A Female Vanguard in Peru: Marginality and Mediation in the Early Poetry of Magda Portal[1]

MELISA MOORE

University of Exeter

When Magda Portal published her first collection of poems, *Una esperanza i el mar*, in 1927 at the age of twenty-four, she was a prominent literary figure in Lima, but her exile to Cuba and Mexico, where she met Haya de la Torre, in the same year, gave her an international profile and impetus to her political pursuits. In many ways then, 1927 was a turning point in Portal's trajectory as an artist and activist. She had already developed a multifaceted portfolio as a poet, short story writer, essayist and editor of several experimental publications.[2] This artistic activity, however, had evolved in tandem with her political action against President Leguía, both coalescing as early as 1923 with her refusal to participate in the ceremony of a poetry competition at San Marcos University, presided over by Leguía, even though she had been awarded first prize.[3]

The significance of Portal as a female literary figure and activist in predominantly male artistic and political fields in Peru has been underestimated by critics until recently. This contrasts with the strong acclaim she won during her early lifetime at home and abroad, not least from José Carlos Mariátegui who was the first to signal her importance as a 'poetisa' (1972: 322), situating her in what he saw to be an emergent female poetic tradition in Latin America. Mariátegui's positive appraisal of Portal was followed by Estuardo Núñez's, whose study of Peruvian poetry, like Mariátegui's, attempted to incorporate male and female avant-garde works into the national literary canon.[4] This, however, contrasts with later studies, such as Luis Monguió's, which failed to recognize female poetry as a

---

1 I would like to thank the British Academy for generously funding a research trip to Peru last year to collect material for this article.

2 For Portal's account of her involvement in these magazines see Portal 1980.

3 Portal was awarded first prize for three poems called *Nocturnos*. For an account of this episode see Reedy 2000: 63–64. For a résumé of Portal's literary output and political activity, which included participating in student-worker rallies, organized by Mariátegui, and, from 1927, in Apra, see Reedy 1990.

4   Núñez's classification of female poets of the day as 'neo-impresionistas' (1938: 93) may seem limiting, but his inclusion of them in the canon is important.

distinct genre in Peru, or Latin America, and which, though mentioning Portal's work, diminished its aesthetic value by defining it as 'poesía social' (1954: 133–34). The latter is, unfortunately, how Portal's poetry has tended to be viewed since then, a perception strengthened by her increased political activism from 1927.[5] It is only since the 1980s that a reevaluation of Portal's work and position in the Peruvian literary canon has taken place, bolstered by the recent publication of three books on the avant-garde by Mirko Lauer (2001a, 2001b, 2001c). In these, she appears not only at the centre of avant-garde production in Peru in the 1920s, but also fully engaged in critical debates about it.

The ambivalent image of Portal assembled from these studies typifies the ambiguous position of the female intellectual in postcolonial societies undergoing change, where discontinuities and continuities with a colonial past both facilitate and impede women's entry into the public sphere. Antonio Cornejo Polar (1994) has suggested that heterogeneity, or mixed temporalities and spaces, became a permanent feature of the Peruvian landscape from the early 1900s, when modernization led to the expansion of cities and the subaltern classes. Portal's early years were marked by this heterogeneity, making her occupy both centre and periphery of social, cultural and political fields, or a position in-between. As Nelly Richard (1993b) has identified, the dual centre-periphery position of subaltern women in postcolonial Latin America confirms their condition of marginality, or alterity.[6] In many ways, it is this heightened experience of the margin that Portal inscribed onto her early poems, thereby creating a space for the negotiation and contestation of modernity in 1920s Peru.

Modernity and its Discontents in 1920s Peru

Modernization in Peru, radiating from Lima, stratified an already fissured post-colonial, or semi-colonial, society, accentuating ethnic and gender differences between and within social classes. Leguía's 'Patria Nueva' marked the culmination of a project of national reconstruction initiated after the Pacific War (1879–1883) by a 'Civilista' oligarchy driven by increasingly anachronistic Positivist ideas. It is during his 'Oncenio', from 1919 to 1930, that the contradictions and divisions of modernization came into clear focus, a process which ultimately led to the redrawing of the social and political map of Peru after 1930.[7]

5 Between 1927 and the mid 1940s Portal seems to have devoted most of her time to politics. As she distanced herself from Apra (she broke with the party in 1948), however, she took up poetry again, publishing *Costa Sur* in 1945 and *Constancia del ser*, her last volume, in 1965.

6 Richard 1993a highlights that the centre-periphery dichotomy emerged in the nineteenth century due to the uneven process of modernization, that is, the unequal distribution of resources legitimized by Liberal ideology. The dual, or in-between, position of women is synonymous with alterity since the female subject does not belong completely to either side and is thus exiled from both (Richard 1993b).

7 Leguía promoted a new class of coastal landowners and entrepreneurs, the latter heavily dependent on US loans and investment (Kristal 1991: 177–80). Some of the contradictions of modernization during his rule are highlighted by statistics. According to Steve Stein, the

The female experience of marginality in Lima during the 'Oncenio' cut across class and ethnic lines. Any leverage within and between the public and private spheres, provided by new opportunities in the fields of work and leisure, was regulated by the rigid and pervasive ideology of patriarchy. Towards the end of the nineteenth century, the latter had become strongly inflected with the Positivist language of science. María Emma Mannarelli (1999: 31–65), a Peruvian social historian, has uncovered the extent to which gynaecology and hygiene regulated women's lives at this time, reinforcing and controlling their reproductive functions. Education was another mechanism of exclusion from the public sphere. Mannarelli (1999: 117–64) reveals how female intellectuals coincided with male gynaecologists in their biologist readings of women's roles, morality and medicine being used to emphasize monogamy and reproduction respectively.[8] Any advantages gained by work and education were thus paradoxically undermined by those who most promoted them. In a fractured society undergoing reconstruction, female biological roles, and an elision between Family and Nation, were endorsed by men and women alike across class and ethnic lines. Despite, or because of, economic and social changes, patriarchy combined with Positivism and nationalism to enforce new forms of social and sexual control, keeping women outside the public sphere, or at least on the fringes of it.

The internalization of a patriarchal discourse and the deployment of mechanisms of control by men and women, reveals the latter's construction of a symbolic system, or 'habitus' (Bourdieu 1994a). This ideological conditioning has, for Bourdieu (1994b), ambivalent implications for social actors, simultaneously denying and granting them agency. In the Peru of the 'Oncenio', the radicalization of subaltern actors in the workplace and their affiliation to new political parties reveals this agency and a growing opposition to oligarchic rule, led by Mariátegui and Haya de la Torre.[9] Underscoring the latter's opposition was an ideological revolt against Positivism and its emphasis on scientific rationality. Whilst Mariátegui led the way with his fusion of political and aesthetic critique of left-wing ideology and the avant-garde, provincial and not so provincial intellectuals and artists saw these as a means to challenge the political and artistic centralism of Lima. Their voices were heard in national newspapers and magazines, but soon they began to splinter into specialized publications.[10] New spaces, therefore, in the form of

---

subaltern classes grew by 200% (1986: 14), while Flores Galindo and Burga reveal that only 5% of the population had franchise (1979: 126).

8 Fanni Muñoz Cabrejo (2001) shows how physical education for women also acquired importance at this time.

9 These new parties were the Socialist Party, formed by Mariátegui in 1928, and Apra, created by Haya de la Torre in 1924.

10 Yazmín López Lenci (1999: 171–73) has identified no less than forty-five of these circulating between 1920 and 1930, with those from provincial centres, such as Arequipa, Puno, Cusco and Huancayo, outnumbering those from Lima. Some, such as Mariátegui's *Amauta,* succeeded, for a brief time, between 1926 and 1930, to give cohesion to this group both within and beyond Peru. For more on the regional and continental dimensions of *Amauta* see Flores Galindo 1991: 97–104.

political parties and the press, allowed social actors to contest received notions of politics and the arts, and remodel the social imaginary into one which was plural and non-hegemonic. Subaltern female activists and artists, such as Magda Portal, contributed to this from their decentred position and, in so doing, came to influence its form and content.[11]

Margins and Mediations in *Una esperanza i el mar*

If modernization in Peru during the 'Oncenio' reinforced divisions between centre and periphery, both within and beyond Lima, and pushed subaltern men and women onto the margins of 'civilized' society, these divides gave rise to a consciousness which called into question the ideological bases of the 'Patria Nueva'. In her essays on cultural theory, Spivak speaks of the need for the subaltern subject to intervene in the 'structures of violence and violation' (1990: 72), constructed by Western liberalism and patriarchy, in order to negotiate a position between them. By occupying both centre and periphery within the framework of power, s/he can bring each into crisis, particularly the former (1990: 156). Spivak emphasizes that these should not be dismantled completely, however, as they provide a framework in which and against which to operate, heightening consciousness and giving agency, particularly to subaltern women (1990: 166).

Portal's immersion in the prevailing political and aesthetic systems of her day, namely Liberalism, or Positivism, and Modernism, can be seen in her early and active contestation of them and her contribution to the modelling of alternative ones. In 1927, she was actively engaged in aesthetic debates about Modernism and the avant-garde in Peru. As Lauer (2001c: 15–16) points out, she endorsed the latest avant-garde expressions in Peru and abroad, and countered any skepticism about their innovativeness, such as that voiced by Vallejo and Mariátegui.[12] Portal's involvement in these debates, however, is ambiguous for whilst she actively participated in them, she did so sporadically and briefly.[13] This reveals her dual, or peripheral, position in the cultural field, one which, through poetry, she transposed into a female space of negotiation, or mediation.

The collection of poems *Una esperanza i el mar*, published in 1927 (Portal 2001), reveals an exploration of the poetic subject, self, or selves, in relation to the other/s, or the personal in relation to the social, some poems accentuating one over the other, others giving emphasis to both. This ontological exploration may be seen as a search for unity, therefore, between divided aspects of the self, or between the individual and society, in other words, an attempt to overturn the

---

11 Many women, with experience of work and unions, participated in the new political parties, consolidating a female line of opposition from the early decades of the twentieth century. Unfortunately, from 1928, rivalry between these parties and the appearance of a new party, the Unión Revolucionaria, shortly after split and weakened this opposition (Villavicencio 1992: 167–68; 186–88).

12 For Portal's contributions, 'Andamios de vida' and 'Réplica', see Portal 1927a, 1927b.

13 Lauer (2001b: xxix–xxx, xxxix) highlights that beneath the new ideas of many *vanguardistas* lay conservative attitudes and conducts.

condition of solitude, exile, marginality, or alterity, which stems from duality. The exploration of the self and the search for unity, or at least dialogue, takes place within spatial and temporal frameworks whose coordinates and lines have become displaced, allowing for new notions of self to be modelled. These ideas suggest themselves through Portal's imagery, which may be placed into two broad groups, reflecting an overarching, gendered nature/culture dichotomy: images from a natural (female) and cultural (man-made, or male, urban) landscape are contrasted with each other. The natural images of water (the sea), associated with sunlight and denoting the female, are, for example, counterpoised with those of earth, land and shadows (male).[14] From these a raft of associations and juxtapositions is built up, each image evoking a spatial and temporal framework: imagination, senses vs. rationality, logocentrism; private vs. public sphere; non-western, periphery vs. western, centre; cyclical vs. linear time; (eternal) present vs. past etc. The former all suggest fluidity and flux, the latter, that which is fixed and finite.[15] The juxtaposition of images and frameworks establishes a duality, or dialectic, what Mariátegui described as 'agonía' (1972: 325), through which a new spatial and temporal framework is negotiated and within this, new notions of self and being.[16] As images, such as sea and land, are contrasted, their spatial and temporal coordinates become displaced and ultimately overlap, giving rise to a new spatial and temporal framework of simultaneity and plurality.[17] The dialectical interplay of opposites is particularly significant for the female subject since it gives her agency and enables her to model a sense of self which challenges fixed notions of the (passive) female and the sphere she inhabits. Thus water/earth and light/dark imagery gives way to images denoting a frontier or twilight zone where lines and shapes are blurred. This is reflected in, and reinforced by, colour imagery, with bright and dark colours offset against each other and giving way to opaque tones (López Lenci 1991: 192). The variegated, textured quality of the poems reflects, therefore, the exploration and remodelling of the self/selves through the other/s, symptomatic of a divided self and society in transition. The intermediate space-time zone created through the interaction of concept-images reveals the heterogeneity of such a transition and its process of simultaneous deconstruction and reconstruction.

If the nature-culture imagery deployed by Portal reflects and accentuates the ideas of the poems, the same is true of other poetic techniques. As seen, the

14 Daniel Matthews (1994: 38) makes the connection between the sea, daylight and the female in Portal's work. The inversion of traditional associations (sea and female with night and moon) reveals Portal's reworking of a symbolic order. Daylight is no longer equated with rationality, logocentrism and masculinity but with imagination, or sensory perception and representation, and the female.

15 These associations are reproduced in the overarching nature (sea, sun, female)–culture (land, shadows, male) juxtaposition mentioned previously.

16 Matthews (1994: 36–37) and López Lenci (1991: 197) have both identified the importance of this dialectic, or in the words of López Lenci, 'tensión agónica'.

17 Again, Matthews (1994: 42) and López Lenci (1991: 185) both emphasize the importance of spatial and temporal simultaneity in Portal's poems.

emphasis given to light and colour, or lack of them, accentuates the visual dimension of the imagery. This is compounded by the physical appearance of the letters and words on the page, with the unexpected capitalization of letters and spaces between the latter fragmenting the form of the poems and their words. Underscoring this concretist approach is the desire to undermine the primacy of rationality and logocentrism, and engage the senses, in this case sight. Through vision, subjective modes of knowledge and meaning can thus be activated. If the visual representation of fragmented poems, stanzas and words mirrors the idea of division and transition, deconstruction and reconstruction, this is reinforced by the dual linear and cyclical structure of many of the poems. These mark a linear path within a cyclical framework, the latter assembled through the repetition of words and images, which in turn builds up the rhythm.

These ideas, images and poetic techniques can be seen in three poems in the collection, each representing in different ways a meditation on, and a mediation of, space and time, as the poetic subject configures a sense of self. The first poem, 'frente a la Vida', depicts this through the themes of migration, exile, or marginality, and communion, or unity.[18] The poetic subject is depicted as a migrant, or immigrant, who is rootless, 'NO TENGO PROCEDENCIA', and alienated from the oppressive society s/he lives in.[19] Separated from both his/her past and present worlds, s/he is forced to inhabit a narrow space between the two. If the poem traces the passage from exile, or separation, to communion, or unity, and back again, the suggestion at the end of the poem is that although the poetic subject is irrevocably exiled, this passage gives rise to a consciousness through which a new sense of self can be modelled.

This is captured at the end of the poem through the imagery, which is introduced at the beginning of the poem. Sea, waves and sun are juxtaposed with land (city), 'rejas' and shadows. The poetic subject is located on the coast, between sea and land, facing the sea. Sea and land are associated with contrasting conditions: joy ('sonrisa') and freedom ('alegría del cielo') vs. sorrow ('tatuado de tristeza'), imprisonment ('esclavos', 'argolla') and fragmentation, or refraction ('vidrios rotos', 'arcoiris'). The poetic subject is both like other men, imprisoned and alienated, having no belongings ('todo es prestado') and living in the past, and separated from them. His/her position in-between is symbolized by the 'roja manzana'. The colour of this image is important for red is both light and dark, associated with life and death, and thus denotes duality. This colour is mirrored in the sea, which also reflects the sky, tinged with the dying light of the sun. This gives the sea ambivalent connotations, captured through the oxymoron 'alegre tristeza' and the image of 'rojos dedos libertarios', both suggesting gain and loss, and highlighting in turn the dual position of the poetic subject at the end (and beginning) of the poem. The biblical associations of the apple are also important and help to

---

18 This poem does not formally have a title. The words 'frente a la Vida' come from the first line of the poem.

19 Myriam González Smith (2002: 218) points out that in many of the poems, such as this one, the poetic subject is not always clearly identified as female.

identify the poetic subject as female[20] and understand her duality. The apple represents desire and unity, and transgression and exile. It also represents a medium for knowledge, or consciousness, the implication being that the female subject gains knowledge of herself and the other/s, of her duality, although the latter holds this new self (unity) in limbo. This condition of duality, or of being in-between, is reflected visually in the poem through typography. The breaking down of the polarity between sea and land, light and dark, is denoted by the breaking up of words, with the spacing out of letters, such as in 'A L E G R I A', and of lines and stanzas, with spaces and hyphens between words. This also captures the sense of separation experienced by the poetic subject on the coast, or margin. As seen at the end of the poem, exile, or marginality, is a timeless condition marked by ambivalence. The sense is that the spaces may separate but they also allow for the interaction of diverse signifiers and the construction of a new spatial framework for the exploration and modelling of the self.

If the first poem of the collection sets up a series of binary oppositions (sea/ land, light/dark) and dismantles them, configuring an intermediary space-time in which the poetic subject can negotiate the condition of exile, other poems, such as 'Pacific Steam', start with this intermediary space-time, revealing its hetero-geneity through contradiction and simultaneity. Unlike 'frente a la Vida', which telescopes the shifting nature of spatial coordinates, 'Pacific Steam' brings tem-poral indeterminacy to the fore, making the poetic subject explore exile and marginality through a meditation on, and mediation of, time. The poetic subject, clearly female this time ('una niña de cabellos largos'), experiences time as both a transition from night to day, past to present and future, and as simultaneity as she travels from one point in time (and space) to another and back again.[21] There is a sense, as in the earlier poem, of transition as contradiction, or ambivalence, bringing both anguish and relief, the 'grito destemplado' of the night juxtaposed with the silence ('sin palabras') of the morning, both ultimately experienced simultaneously. Simultaneity, or the mixing up of past, present and future, thus provides a new framework, however fraught, in which the poetic subject may manoeuvre. The description of the female subject as 'arrinconada' and 'como una niña', despite her 'veinte años', suggests separation (exile), or stunted growth, associated with the night and past, but the rising sun and present-future which are evoked in close succession, indicate that this condition will be overturned. The passage from night, past, to day, present-future, is never completed, however, for it takes place within an atemporal framework, which mirrors the non-spatial context of the previous poem. The contradictions, or 'balanceo embriagante', of this transition, which threaten to destabilize the poetic subject, however, are offset by the 'armonía de lo silencioso', an intermediary time of simultaneity or timelessness, produced by the opening out of the contours delineating night, past, and day, present-future, like those of the sea and land in the earlier poem.

---

20 González Smith (2002: 188) highlights the association between the poetic subject and Eve in this poem.

21 In both poems time and space are inextricably linked but are not given equal emphasis.

This flat and silent landscape provides a temporal framework for the mobility and growth of the poetic subject, if not for a reversal of the condition of exile itself.

The atemporal framework is conveyed, as in the previous poem, through colour imagery and, unlike the previous poem, the juxtaposing of scenes from different periods of time. The darkness of the night ('noche vientre negro') gives way to the 'color del jersey' of dawn, re-emerges in the darker hues of dusk, evoked by the colour red ('el rojo capitán') and the 'siluetas', before yielding to light again ('viajeras pálidas', 'mañana'). The apparent progression from dark to light and back again suggests a cycle or timelessness, the latter reinforced by the intercalation of scenes from different periods of time which produces a cubist or montage effect of simultaneity, particularly in the fourth stanza:

> cortando el trasatlántico el presente
> enarboladas manos de adiós–
> > gritaban las gaviotas
> pañuelos inútiles –sin respuesta

The disintegration of temporal coordinates and lines revealed through the use of colour and temporal juxtaposition is accentuated by the sense of silence ('sin palabras –armonía de lo silencioso') and obscurity ('ojos anestesiantes'), hearing and vision no longer capable of measuring distance, whether spatial or, as in this case, temporal. If the previous poem made strong use of colour imagery to reveal spatial indeterminacy and ambivalence, *Pacific Steam* cuts between different times, as mentioned, and mixes up tenses to achieve the same in temporal terms. Present and present continuous tenses give way to the past historic and imperfect at the end of the poem but, as seen in the fourth stanza, the sense is one of simultaneity rather than linear progression. The notion of timelessness is reinforced at the end of the poem by evoking a sense of transience. The implication, conveyed by the use of past tenses, is that light (day) and the present will give way to dark (night) and the past, suggesting either cyclical time or the dissolution of time altogether. This, as mentioned, and as seen in spatial terms in the previous poem, has ambivalent implications for the poetic subject, bringing both union (proximity, light, present-future) and separation (distance, darkness, past), thus confirming her condition of exile. The latter is illustrated through typographical features as in the previous poem. Whilst there are fewer spaces between letters, words and lines than in the first poem, and less use of hyphens, the absence of these reinforces the thematic emphasis on time rather than space, whilst the occasional use of them and the breaking up of lines, such as in the fourth stanza and at the end of the poem, reinforces the idea of temporal fragmentation and indeterminacy. Whilst the first poem ends without punctuation (no full-stop), this one concludes with a hyphen, dispelling any suggestion of closure that could arise from the use of the past tense in the last line. In fact, the use of a hyphen not only suggests openness, but immanence. This reinforces the sense of temporal succession, however non-linear, in the poem which, as in the previous poem, provides a framework within which the poetic subject can explore and model a sense of self.

Both 'frente a la Vida' and 'Pacific Steam' represent a transitional, or emergent, female poetic subject in a reconfigured ontological framework, but each gives greater emphasis to either the spatial or temporal dimensions of the latter. One of the last poems in the collection, *Film vermouth*, however, emphasizes both in the poetic subject's search for unity and a new sense of self. In this poem, the poetic subject is both clearly female (as in the second poem) and divided, or exiled, as in both poems, and the distance between her and the object, or the other, is measured in both spatial and temporal terms. Unlike the previous poems, however, the spatial distances in this poem are reduced: the presence of the object is more palpable, s/he is conceived as 'TU' and interacts directly with the 'yo'. As in the other poems, however, this negotiation, or union, is conflictive, the presence of 'TU' unbalancing the 'yo' by provoking doubt and uncertainty (division), captured by the images of the 'cuerda tezante' and 'equilibrista', which echo the idea of 'balanceo embriagante' in the previous poem. This interaction is now, however, explicitly erotic and fully engages the senses (vision and touch). Despite its conflictive and asymmetrical nature, there is, as in the first poem, a strong sense that this encounter, or union, gives agency as the poetic subject chooses to submit to the other, as indicated in the last line of the poem: 'YO TE BESO LAS MANOS–', and finds pleasure. As in the first poem, this experience is not unambiguous since it is mixed with pain, the latter induced by the continued presence of the 'TU', as the penultimate line of the poem reveals ('ilusionista de mi angustia'). Ambiguity (doubt or uncertainty) is thus replaced only by ambivalence, and spatial proximity leads also to separation, or alienation, reflecting the shifting nature of the spatial coordinates framing the female subject.

This sense of the non-spatial both stems from and determines the temporal framework of the poetic subject. As in the previous poems, particularly the second one, a chiaroscuro setting conveys an intermediary time between past and present-future. This atemporal context is captured by the words 'vermouth' in the title, signifying an early evening film performance,[22] and 'crepúsculo'. This image of twilight is compounded by a reference to impending night, 'la procesión de la Noche', whilst the absence of any other temporal references suggests a permanent transition between night and day, past and present-future, which can also be seen as a cycle, or as an 'eternal present', as in the second poem.[23] In fact, as the temporal references end, the references to eyes, a source of vision and thus light, which mark both the spatial and temporal distance, or passage, between subject and object, become more prominent. In other words, the spatial and temporal coordinates of the ontological framework for the 'united', or remodelled, self become fused in the image of the eyes.

The eyes in this poem measure and bridge the distance between the self and the other by establishing a reciprocity between them. As the poetic subject observes

22 González Smith (2002: 204) reveals that 'vermouth' was the name given to the early evening (7pm) screening of films in Lima in the 1920s.
23 Matthews (1994: 48) emphasizes that the notion of an 'eternal present' becomes a means of countering linearity and logocentrism for Portal.

the 'TU', she sees herself reflected in the latter and vice versa. This idea is reinforced by the word 'film' in the title of the poem, since it too conveys the visual
interaction between subject (viewer) and object (viewed), and suggests another
image, or medium, for dialogue and the projection, or remodelling, of the self: the
mirror. Although the latter, like the sea, is not explicitly evoked in this poem, the
fluidity or malleability of it is captured in the plasticity of film and vision. This
fluidity and plasticity, necessary for the remodelling of the self, is reflected in the
spatial (cinema) and temporal (twilight) context of the poem, which, as in the
previous poems, suggests an intermediary zone between light and darkness, past
and present-future, centre and periphery etc (the idea of twilight is reinforced by
the image of the inside of the cinema). Although the distance between these
opposites shrinks within this zone, as in the previous poems, it is never bridged
completely, evidenced by the contradictory sentiments awakened in the poetic
subject. The suggestion is that moments of union between the self and the other
both dissolve duality, exile or marginality, and confirm them. The added implication, however, is that this interaction and ambivalence gives agency and the
latter is significant for the female subject in particular if she is to remodel herself.

The sense of female agency in this poem is conveyed not only through the
image of the conflictive relationship between the self and the other, which brings
union and separation, but through a consciousness of the need to choose, and the
subsequent choice to submit, captured through the image of falling: 'Yo quisiera
gritarme / "cáete de una vez"'. This agency reverses the image of the female as
passive object, or viewed; she becomes an active viewer, or subject, instead, – this
point is highlighted by González Smith (2002: 207) – gaining a new sense of self. As
in the first poem, this self is revealed through biblical imagery which associates
the female poetic subject with Eve and the Fall, conveyed in this poem by the
words 'caer' and 'cáete', and the repetition of the word 'bajo' ('bajo tus ojos
centinelas / bajo tus manos'), which in turn are associated with sex, a gaining of
knowledge and exile. This biblical image of the female is heightened by other
religious images alluding to impending martyrdom or death: 'martillazos',
'procesión' and 'sangre', which are framed by the reference to an early evening
performance suggesting the Angelus. Portal's mixing of the religious and the
profane (references to puppet theatre, a circus, a magic show and sex), the tragic
and the comic, however, gives the poem a range of tones, enhancing its texture
and reinforcing the ambivalent condition of the female subject. As in the previous
poems, this ambivalence is highlighted through light imagery and tenses. Instead
of using colours (except for red, 'sangre', as in the first poem, and dark blue,
'pavonar'), and a combination of tenses (the present tense prevails), space and
time are conveyed through the interplay of light, eyes and vision, and dark, or lack
of vision ('Con mis ojos atravesados de aceritos de miedo'), suggesting less a
passage from one to the other than a permanent transition between the two. As in
the second poem, the limited use of typographical features such as spacing (there
is no spacing between letters and words, but the lines at the beginning and end of
the poem are truncated) and capitalization (this only features twice, in the word

'TU' and in the last line of the poem), suggests a greater emphasis on temporal rather than spatial indeterminacy. This, however, is countered by the use of hyphens which, as in the previous poems, reveals both the non-spatial and atemporal nature of the ontological framework within which the poetic subject is, or can be, remodelled.

Conclusions

These three poems by Portal reveal the ways in which the female poetic subject explores and remodels herself from a marginal position through a mediation of space and time. Bourdieu (1994b) has explained how social actors interact with and within the social field by negotiating positions and meanings in it, a process through which they create a symbolic order. Spivak (1990) in turn has highlighted the structures of power underpinning this interaction and emphasized the need for the subaltern female subject to find a position in-between them in order to contest them and acquire agency. In Latin America, Nelly Richard (1993b) sees these structures of power in terms of a centre-periphery dichotomy which gives women a framework in which to validate their position on the periphery. In her early poems, Portal reveals how a position on the margin also constitutes a position in-between, allowing the self to negotiate, or mediate, the spatial and temporal distances, or divisions, brought about by unequal relations of rule. At the time she was writing, these unequal relations were being reinforced and reconfigured by Leguía and the uneven process of modernization in Peru. The latter had ambivalent implications for female actors, simultaneously allowing and denying them entry into the public sphere. Whilst their positions may have remained marginal, as social historians have shown, Portal's political activism and poetry reveal that this marginality could be a source of mediation and agency. In this way, alternative identities and roles could be imagined, and patriarchal mindsets and hierarchical relations of rule negotiated and contested.

If negotiation, or mediation, gives female subjects agency, both ultimately depend on consciousness if they are to be sustained. In Peru, Vallejo and Mariátegui saw the potential of avant-garde art to articulate and awaken this consciousness or, in Vallejo's words, 'nueva sensibilidad' (2001: 184). As Lauer (2001c: 28–41) points out, however, both men criticized avant-garde artists in Peru for failing to convey it in their work, letting their concern for technique override the need for a new way of thinking. Vallejo and Mariátegui were able to identify and emphasize this need in Peru because of their experience in Europe in the inter-war years, when the artist's role in society was being redefined. Between 1932 and 1933, T. S. Eliot (1964) gave a series of lectures on modern poetry and criticism in which he equated the development of the former with the poet's awareness of his/her feelings and their social dimensions, namely a critical perspective. In many ways, these ideas echoed those of the Futurists twenty years before. When Vallejo and Mariátegui were in Europe they were being revived by left-wing ideology, but both men would find it difficult to promote them in a Peru still in the throes of Modernismo (Lauer 2001a: xxix).

The Peru of the 1920s still bore the weight of an all too heavy oligarchic legacy but, as Flores Galindo (1999: 49) points out, new socioeconomic forces were beginning to threaten its foundations. This decade, therefore, can be seen in terms of a transition or, as Lauer (2001b: xxvii) suggests, as a conflict between Hispanists and 'Indigenistas', or centre and periphery. What is clear is that the centre was losing ground, reflected in the change of perspective in intellectuals and artists of the time. The self-conscious taking up of a decentred position may have begun in the provinces, but migration and ideology transported it to the capital. Regionalism mixed with left-wing ideas and the avant-garde became a means of challenging the old order rooted in Lima. Portal's early poetry reflects this decentred perspective and attempts to create, through mediation, a new space between centre and periphery. Female marginality, and the concept of the margin, become metaphors in her work for a new spatial and temporal framework in which the self can be explored and reimagined. Within this framework, however, the self, seen in terms of union, can never fully be realized, thus mediation and remodelling are held in limbo, or they become continuous processes. Mariátegui's idea about 'agonía' (1972: 325) comes to mind here, but so do the consciousness and agency which derive from it and which in turn validate the female subject's position on the margin. The concept of the margin as a locus for female agency in Latin America is one that Richard (1993b), building on Sarlo's (1988: 28–29) ideas about the periphery, has endorsed and can also be seen in the metaphor of the border in the work of Chicano writers and artists in Mexico and the US. This image denotes a space of heterogeneity and a time of transition, both of which have ambivalent implications for female identities and roles. If Portal imagined her own identity and role in terms of marginality and mediation in Peru during the 1920s, many women writers and artists would argue that the female condition in Latin America can be viewed in much the same way today.

Works Cited

Bourdieu, Pierre, 1994a. 'Structures, *Habitus* and Practices', in *The Polity Reader in Social Theory* (Cambridge: Polity Press), pp. 95–110.

——, 1994b. 'Social Space and Symbolic Power', in *The Polity Reader in Social Theory* (Cambridge: Polity Press), pp. 111–20.

Cornejo Polar, Antonio, 1994. *Escribir en el aire. Ensayo sobre la heterogeneidad socio-cultural en las literaturas andinas* (Lima: Editorial Horizonte).

Eliot, T. S., 1964. *The Use of Poetry and the Use of Criticism* (London: Faber & Faber Ltd).

Flores Galindo, Alberto, 1991. *La agonía de Mariátegui* (Madrid: Editorial Revolución).

——, 1999. *La tradición autoritaria. Violencia y democracia en el Perú* (Lima: SUR/APRODEH).

——, and Manuel Burga, 1979. *Apogeo y crisis de la República Aristocrática* (Lima: Rikchay Editores).

González Smith, Myriam, 2002. *Re-evaluando la vanguardia: la poesía y la política de Magda Portal* (unpublished doctoral thesis, Univ. of California, Santa Barbara).

Kristal, Efraín, 1991. *Una visión urbana de los Andes. Génesis y desarrollo del indigenismo en el Perú 1848–1930* (Lima: Instituto de Apoyo Agrario).

Lauer, Mirko, ed., 2001a. *9 libros vanguardistas* (Lima: Ediciones El Virrey).

——, ed., 2001b. *Antología de la poesía vanguardista peruana* (Lima: Ediciones El Virrey/Hueso Húmero Ediciones).

—, ed., 2001c. *La polémica del vanguardismo 1916–1928* (Lima: Fondo Editorial de la Univ. Nacional de San Marcos).

López Lenci, Yazmín, 1991. *La poesía de Magda Portal. Tránsito del postmodernismo a la vanguardia* (unpublished BA dissertation, Pontificia Univ. Católica del Perú).

—, 1999. *El laboratorio de la vanguardia en el Perú* (Lima: Editorial Horizonte).

Mannarelli, María Emma, 1999. *Limpias y modernas. Género, higiene y cultura en la Lima del novecientos* (Lima: Centro de la Mujer Peruana Flora Tristán).

Mariátegui, José Carlos, 1972. 'Madga Portal', in *Siete ensayos de interpretación de la realidad peruana* (Lima: Biblioteca Amauta), pp. 322–27.

Matthews, Daniel Alfredo, 1994. *Magda Portal. Entre la palabra y el silencio* (unpublished MA thesis, Univ. Nacional Mayor de San Marcos).

Monguió, Luis, 1954. *La poesía postmodernista peruana* (Berkeley: Univ. of California P.).

Muñoz Cabrejo, Fanni, 2001. *Diversiones públicas en Lima 1890–1920: la experiencia de la modernidad* (Lima: Red para el desarrollo de las ciencias sociales en el Perú).

Núñez, Estuardo, 1938. *Panorama actual de la poesía peruana* (Lima: Editorial Antena).

Portal, Magda, 1927a. 'Andamios de vida', *Amauta* (Lima), 5: 12.

—, 1927b. 'Réplica', *Amauta* (Lima), 7: 28.

—, 1980. 'Una revista de cuatro nombres', *Hueso Húmero*, 7: 101–04.

—, 2001. 'Una esperanza y el mar', in *9 libros vanguardistas*, ed. Mirko Lauer (Lima: Ediciones El Virrey), pp. 165–90; first published in 1927 as *Una esperanza i el mar* (Lima: Editorial Minerva).

Reedy, Daniel R., 1990. 'Magda Portal (1903–1989)', in *Spanish American Women Writers. A Bio-Bibliographical Source Book*, ed. Diane E. Marting (London: Greenwood Press), pp. 483–92.

—, 2000. *La pasionaria peruana. Biografía intelectual* (Lima: Centro de la Mujer Peruana Flora Tristán).

Richard, Nelly, 1993a. 'Alteridad y descentramiento culturales', *Revista Chilena de Literatura*, 42 (August): 209–15.

—, 1993b. *Masculino/femenino: Prácticas de la diferencia y cultura democrática* (Santiago: Francisco Zegers Editor).

Sarlo, Beatriz, 1988. *Una modernidad periférica: Buenos Aires 1920 y 1930* (Buenos Aires: Ediciones Nueva Visión).

Spivak, Gayatri Chakravorty, 1990. *The Post-Colonial Critic. Interviews, Strategies, Dialogues*, ed. Sarah Harasym (London: Routledge).

Stein, Steve, 1986. 'Los contornos de la Lima obrera', in *Lima obrera 1900–1930*, I, ed. Steve Stein (Lima: Ediciones El Virrey), pp. 13–28.

Vallejo, César, 2001. 'Poesía Nueva', in *La polémica del vanguardismo 1916–1928,* ed. Mirko Lauer (Lima: Fondo Editorial de la Univ. Nacional de San Marcos), pp. 183–84; first published in *Favorables-París-Poema*, No. 1, Paris, July 1926.

Villavicencio F., Maritza, 1992. *Del silencio a la palabra. Mujeres peruanas en los siglos XIX–XX* (Lima: Centro de la Mujer Peruana Flora Tristán).

Dove sta amore? Writing, Passion, Space, and Surface in the Work of Jorge Eduardo Eielson

WILLIAM ROWE

Birkbeck College

One could begin with something that recurs in Jorge Eielson's poetry: a chair, an empty chair, or a chair with only trousers and a shirt upon it, an object in space which is a word, a word in space which is an object. The theme is the generation of space by language and the generation of space by objects, and the various ways in which these intersect. 'Una silla vacía', he writes, is an 'emblema' of melancholy (218).[1] An emblem can be defined as a traditional sign-object, where the visual form of the object and its segmentation of discursive meaning are found to be symmetrical. Melancholy, according to the poem I quote, although it involves the other organs of the body, comes from the heart. That is its passional location and standing. And yet the heart is another word-object, whose occupation of space depends upon a similar symmetry. It is described metaphorically as 'La amapola de la carne que adormece / Nuestra vida'. And so with the rest of the poem: the word-objects generate the space they inhabit – there is no other type of space to be called upon. Or perhaps better to say, there are other spaces which the poem recalls but none that it chooses to inhabit.

The other types of space include those of Christian or Romantic interiority, which would make the empty chair into a piece or segment of the self, where self has already been constituted as a special domain, protected from the full inter-fusion of organism and environment. (The work of Michel Foucault on techno-logies of the self has shown how the Christian self is learned; of the numerous critiques of the Romantic self, Rimbaud's 'JE est un autre' is one of the most famous).

In 1950, at the beginning of the decade when Eielson wrote the majority of the poems I discuss in this essay, the American poet Charles Olson wrote a critique of the effects of humanism on language, in which he identifies 'the suck of symbol' as where things are drawn in to 'the universe of discourse', as opposed to that other, physical universe from which each human being selects according to his or her nature. Symbolism, which he takes back to the etymology of comparison (*symballein*: to throw together, to compare) (Olson 1997: 410) diminishes that

---

1 All references are to Eielson 1998.

selection which the organism is capable of making from the environment. Olson is working with a 1950s inheritance of gestalt, phenomenology, and cybernetics, but his focus is language: the way a discursive habit, of very long duration (he places it with Plato and Aristotle), stands in the way of openness to the environment, and how poetry might be able to respond to a post-humanist epoch. The long term consequences of the latter question involve finding out whether an alternative modernity might be possible, one which does not abstract its definition of the human from physical environment, i.e. does not define the human in such a way as to permit destruction of environment and manipulation of human beings by unaccountable power.

How though does Eielson's poem titled 'Cuerpo melancólico' relate to Olson's critique of symbolism if it calls 'an empty chair' an 'emblem' of melancholy, a proposition that recalls Dürer's engraving called 'Melancholy', which is crammed with comparisons between subjective states and objects? It does so insofar as it insists upon the relationship between language and physicality, if we take physicality to be the same as what Olson means by environment or universe. The question then arises, according to what type of segmentation or division of physical space do Eielson's comparisons occur? (I leave aside the question of what type of space Dürer is working with, except to note that it conforms to what Olson calls humanism).

The kinetic dimension of writing, i.e. its relation to the movement of the body in space, is a relatively neglected area of contemporary poetics. The kinetic does not refer, in the first place, to gesture, where the body's movement is equivalent to a sign structure, but to physical displacement, whether internal or external to the skin. Maps and geometry presuppose this movement, but do not include it in their modes of representation. That way of reading which eliminates the body-in-movement from writing, renders insensible the actual economy of time – the time in which bodies move – the time which capitalism needs to turn into capital, which societies of control need in order to exercise control. Eielson's poetry recaptures the movement which is the body, but as pure bliss, prior to the pain of loss or to the symbolic narrative of melancholy.

As a theme, melancholy depends upon attributing a certain sense to time. Dürer's engraving is full of references to the pathos of time passing. Eielson's empty chair, highly iconic through its echo of Van Gogh, seems to refer to absence as an occurrence of loss – loss of the other, perhaps a beloved other. And a comparison is implied in that reference: empty chair = suffering. And yet the poem, and the book it belongs to, called *Noche oscura del cuerpo*, insist upon the physical body: the physicality of the body which underlies and exceeds all comparison or symbolism.

Starting with its title, *Noche oscura del cuerpo* throws the physicality of the body against the universe of discourse. The act of reading is led through a continuous alternation between things as *physis* and things as symbols. Language is words in space just as the parts of the body are objects in space, but at the same time the words and the parts of the body become symbolic:

> Sentado en una silla
> Con los ojos y las manos en pantalla
> Veo pasar el río de mi sangre
> Hacia la muerte (224)

'Sangre' becomes 'río', as in Jorge Manrique's meditation upon death, but by a Heraclitean ambiguity also becomes pure movement that carries away words too. At other times the symbolic dimension is entirely emptied out and becomes pure surface without meaning:

> Mi cuerpo es humo materia indiferente
> Que brilla brilla brilla
> Y nunca es nada (223)

All comparisons fall away.

The effect is rather like the use of the solo clarinet in Harrison Birtwhistle's *Melencolia 1* (1976), where the clarinet begins as a type of voice, heard against a dense and unthematised orchestral background, and expresses recognisable cadences of pathos, but then produces extremely long sustained notes, which cease to refer, and the clarinet ceases to be a voice and becomes pure sound. This is like the way in which 'suffering', in the poem, becomes 'el brillo del dolor', a surface which shines. And that offers not loss, but the gaining of loss. After works like Malevich's *White on White* and similar uses of surface by abstract expressionists, it is easier to grasp the joy of a pure visual surface as a place of emergence than it is to understand a similar effect in writing, although this type of effect can be traced back to Mallarmé's fascination with nothingness. In Eielson's poetry, it has to do with the alternation between affirming and repelling the symbolic, which in turn relates, at a more fundamental level of language, to a movement that crosses backwards and forwards between meaning and non-meaning. The interrelation of verbal and visual effects, within this context, is the main concern of this essay.

First, though, I would like briefly to extend my earlier statemement about the relationships between interiority, pathos, and sound. In Eielson's early book, *Reinos*, written in Peru, sound served to interiorise pathos: 'Amo todavía aquello que habla lejos, como los astros / De terciopelo, al oído del viento' (1998: 59). The wind is given the inwardness of a self, an inner space which consists of inner sound. And this process is accompanied by the sound-patterns of the words; the relation between the hollowing-out of inner space and the way a reader can organize the sound-patterns of the words is symmetrical. As a book, *Reinos* hovers between two different types of poetics. The writing drifts between the saturated sounds ('los astros / De terciopelo, al oído del viento') and colours ('rojos campos labrados por el cielo azul') of late symbolism and the dispersal of the symbolic and negation of the sacred into a mid-twentieth-century environment and sensibility: 'un agua pura / Pensando por nosotros contra un árbol de dolor' (59). If the tree, like an emblem, marks pain with the symbolic (*em-ballein*: to insert symbolic marks in the manner of a badge), the water offers the possibility of pure physicality, though the word 'contra' remains the index of a relation which is ambiguously symbolic and physical.

In Eielson's book *Doble diamante*, the last to be written in Lima, there is a crisis in the relationship between the lyrical self and nature. He writes in a poem called 'Habitación en llamas': 'he de llorar acaso / Ante los fríos ciclos naturales, como ante un ciego, / Vasto, inútil teléfono descolgado?' (1998: 115). Instead of reflecting and symbolising human feeling, the environment has become 'fríos ciclos naturales'. Nature does not respond to inner suffering. Instead of sound which makes an inner space, there is a useless telephone. The change is related in literary terms to Eielson's abandonment of Symbolist poetics and of the traditional lyrical self, but I want to focus on the relation between passion and environment as types of space and surface.

The title poem, 'Doble diamante', can be read as an approximation to the language of *Noche oscura del cuerpo*. It begins by addressing the body as 'esfera de la noche', a phrase with cosmological echos which calls up the dark side of the object of knowledge:

> ¿Conoces tu cuerpo   esfera de la noche
> Esfera de la noche
> Huracán solar   conoces tu cuerpo
> Conoces tu cuerpo   conoces
> Tu admirable cabeza tus piernas moviendo
> El centro miserable
> De mis ojos de oro
> De mis ojos de oro de mirarte
> De oro de soñarte
> De llorarte? (116)

Is the dark side the knower or the known, the reader or the read? When reading is about to settle upon an identifiable object ('Tu admirable cabeza tus piernas moviendo'), the place (syntactical, typographical) occupied by the object is replaced by a seeing ('mis ojos') which becomes surface ('oro') and subject of passion ('soñarte'). Reading-seeing then travels through the physical defiles of the body ('caigo / Como un rayo fácilmente en tu garganta. Contigo / Sólo silencio placa de horrores sedimentos'). The poem finally turns the relation between space and passion inside out. What was previously folded inwards – the 'velvet' of the stars inside the 'ear of the wind', as a voice speaking inwardly – ceases to be the inner volume of a body:

> Rotación de mi cuerpo
> Hazme volver a mi cuerpo
> Destrúyeme los ojos en el acto
> [...]
> Conviérteme en silencio.
>
> Deja rodar mis lágrimas [...]
> Sobre la viva   atroz   remota   clara
> Desnudez que me disuelve
> [...]
> Sobre tantísimo cielo y tanta perfección enemiga
> Sobre tanta inútil hermosura

Tanto fuego planetario
Tanto deseo mío. (117–18)

Desire is now the outside – not attached to nouns/objects, but is the whole scope of an outside which includes the cosmos. The habit or mechanism whereby external objects become symbols that function by segmenting and constituting (the discourse of) an internal self has ceased, or at least been interrupted. In other words, there is a sense in which the *modus operandi* of the Freudian or Jungian unconscious has been interrupted. I say interrupted because it seems to me that it is not a question of abolishing that unconscious but of producing a temporary halt in its symbolisation of experience by dissolving its theatre of interiority into 'silence'. What dissolves the 'me' of the poem, throws off the ultimately oedipal geometry and causes the symbolic operations that would capture it to bounce off. Instead of capture by the symbolic, by the language which divides into subjects and objects, a different language, one which ceases to resonate inwardly like a self in the world. Its redundancies, its guarantee of meaning, will no longer be subordinated to inward subjectivity. The result is an approximation to a figure which has neither inside nor outside, but only one surface, like a möebius strip.[2] But so strong is the habit of separating inner spaces from the outside that access to this other type of space is only occasional, and occurs in states of euphoria.

What are the relationships between writing and space, if space is not conveniently cut up, like syntax, into nouns, adjectives, verbs, and so on? For a test case of the relation between syntax and space, consider the use of the noun 'arena' in its function as a syntactic segment in the following poem by the Argentinian avant-gardist poet Oliverio Girondo published in *Persuasión de los días* (1942):

ARENA,
y más arena,
y nada más que arena.

De arena el horizonte.
El destino de arena.
De arena los caminos.
El cansancio de arena.
De arena las palabras.
El silencio de arena.

Arena de los ojos con pupilas de arena.
Arena de las bocas con los labios de arena.
Arena de la sangre de las venas de arena.
Arena de la muerte
De la muerte de arena.

¡Nada más que de arena! (Girondo 1968: 307)

2 It would be interesting to compare Eielson's language with Deleuze and Guattari's idea of the schizo walk in Chapter 1 of *Antioedipus,* which replaces the representing unconscious with the productive unconscious, where all breaks (segmentations) are also flows. In both, segmentation into subjects and objects dissolves. The key difference would be that Deleuze and Guattari do not work out their ideas in terms of visual surfaces.

Grammatically, sand is ennunciated as subject, then as predicate, then as both at once. It begins its life in the poem as a sign that signals selection. By that logic, out of all the things in the world sand has been selected, in order to stand for certain other things in the world. Even if the poem states everything is sand the logic is that most things are not sand but can be thought of as sand. But two things happen as the poem continues: the first statement ('nada más que arena') becomes 'literal' and not figurative, not emblematic; and the selection ceases to be selective by including everything. In the process of what the poem does with language (more strictly, with our relationship with nouns) we have moved from one arena to another: from a written space segmented by nouns to a continuous surface where language and physicality converge.

It is also a question of the effect of statements that break rules of assertions 'about' a theme; for example, of using the material of what the statements are about in order to make statements about it. The inside (the place where the statements are made from) and the outside (what the statements refer to) collapse into each other. Does this not make a figure which is pure surface, since sand in the end could be any other thing in the universe? Has the semantic (syntactic) become physical, though not physical as in positivist scientific discourse?

These questions are to an important extent mathematical (the poem moves from a set of subdivisions to a set of sets), but I do not have the competence to answer them in mathematical terms. What is clear to me though, is that in terms of the theory of poetry, i.e. poetics, Girondo's poem, like Eielson's work of the 1950s, exemplifies a break with formalism and the invention of an alternative. The result is the abolition of the 'inside' of language.

I will outline the formalist position and then show how Eielson's work breaks it down. Formalism is summed up in Roman Jakobson's formulation: 'The poetic function projects the principle of equivalence from the axis of selection into the axis of combination' (Lodge 1988: 39). Selection, in this context, means the choice of one word as opposed to another according to how they divide the referential field. Combination consists chiefly of sound-patterns, i.e. of syllables in patterns of rhythm, pitch, and timbre. The result is that these patterns produce metaphoric effects of a particular type. An inner meaning is continuously displaced, along the lines of combination patterns, from one term or segment to another: a meaning which is felt simultaneously to be inside the words and inside the self, causing these two interiorities to resonate with each other and to seem to be identical.

Curiously, however, the whole idea of selection (the division of the real) becoming combination (patterns of words) depends upon the assumption that any segmentation of the real by language is arbitrary: in the words of Ducrot and Todorov, 'the slicing of extra-linguistic reality into linguistic units would not be inscribed, filigree-like, within things but would manifest rather the free choice belonging to language' (1981: 135). Eielson's poetics break both with the assumption that segmentations of 'extra-linguistic reality' by language are arbitrary and with Jakobson's definition of the poetic as selection becoming combination.

A key effect of Eielson's poetry is to undo the aura of metaphoricity – or interiority of language – by throwing us back onto the axis of selection, and this is accompanied by the characteristic I have already referred to in relation to Girondo's poem 'Arena', which is the use of the material of the referent as materiality of the statement. Consider Eielson's poem 'Piazza di Spagna', which begins with the question: '¿Quién ha dicho que el cielo / no es sino un viejo tambor / completamente inútil / y sin sonido?' (182) A metaphor, apparently: the sky as a drum. As the poem proceeds, taking us up Bernini's marble stairway, a series of metaphors, about the environment as sound, is added: the sunset is a trumpet, the clouds violins, the fountains a harp, etc. If we respond to these only as metaphors, or as metaphors on only one level, we have a poem that plays, like the baroque, with metaphors whose content is, endlessly, metaphors. But supposing these metaphors enact a process whereby the whole environment is becoming sound, a forgotten or secret sound, and that this sound is the material of cosmological intuition, as in Anaximander's theory that the universe is a drum? Then the environment as sound is both the material of the metaphors but also their referent, their 'vehicle' but also their 'tenor'. We – or the world – *are* the drum, the body *is* the soul, or, as Kerouac said, what we see *is* ... paradise. This surely is similar to what John Cage proposes with the idea of abolishing the difference between noise and sound. The result is non-selection, the outside becomes the inside.

Non-selection, in relation to meaning, approximates to vision, if vision is a name for ecstatic knowledge which may, but need not, take an eidetic form. There is this statement in HD's novel, *Bid me to Live*: 'Past the danger point, past the point of any logic and of any meaning, and everything has meaning' (1960: 88). The poem 'Piazza di Spagna' has, as its concluding sound, 'una divina melodía / que ya nadie recuerda', a sound which comes from two poets, 'ambos ingleses y puros / niños poetas que la eternidad ha encerrado / en un mismo crepúsculo latino'. The allusion, of course, is to Keats and Shelley, who first appear, in the west, as two lesser but more luminous suns. So that the poem gives us a series of metaphors, whose material is the scene (the piazza, the sunset, etc.) but which are playfully emptied out or filled up – the result is the same – until (as the poem fulfills itself in the imagination) their content ('voces y melodías que ya nadie escucha') becomes the frame and not the content of the scene. I say 'frame', but perhaps the word 'surface' could also be used. The result is a topological joy, a euphoric hearing and seeing. The final word of Eielson's novel *El cuerpo de Giulia-no* is 'euforia'.

'Piazza di Spagna' is from the book *Habitación en Roma* (1952), and it is interesting to note that what Eielson begins to do with space and language in this book intersects and is to some extent symmetrical with the ideas that he had started to develop in his visual art during the same decade. Before saying more about that, his first European book, *Tema y variaciones* (1950),[3] needs mentioning. The poems of *Tema y variaciones* initiate a series of experiments with language which move towards abstraction, in the sense that the formal processes of meaning – as opposed

3 Strictly speaking, his first writing published in Europe was the short piece 'Primera muerte de María'.

to the 'empirical' content – are brought into the foreground. 'Impromptu' begins with a statement about the body of the other, the beloved most likely: 'este es tu cuerpo o nada / una nube o una rueda / un caballo o cinco dedos / qué alegría estoy vivo / o la lluvia [...]' (151) and so on into a long series of predicates ('un ruido de tijeras / cuatro pasos', etc.) all of which repeat the initial movement ('este es tu cuerpo o nada') from the overinvested statement ('This is my body') to its emptying out. This is semiotic joy, a relationship with language which becomes symmetrical with the relationship with the body of the other.

The formal process of language itself, in this case its segmentation by predicates, becomes attachment of affect to semiotic surface and not symbolic depth. This is Eielson's great discovery. It bears some similarity to Julia Kristeva's notion of the semiotic, with its relation to the kinetic body of the 'chora' (Kristeva 1997: 32–69).[4] Both extend the exploration of language by the Modernist avant gardes, especially Mallarmé. The key difference is in Eielson's concern with a visual poetics, where the bliss of semiotic surfaces subverts the gaze of possessive individualism.

'Verbos', from the same book, uses its title, which can be taken as a delimiting frame, to draw attention to a particular type of language segment. Here once more the method is the substitution of particular parts of a sequence, which causes the act of reading to move along the 'axis' of selection; the substitutions foreground the syntactical relations called 'verb' and 'noun' (both included in the term 'verbo' in Spanish), and not the referential dimension of the language, not its pointing to 'things' assumed to be 'there'. The final verb is 'escribir':

> escribir un poema
> no escribir un poema
> escribir otro poema
> no escribir nada   (150)

At one level, the repetition of *escribir*, if you follow the diminution of the referential, causes the verb to fall back onto itself, becoming a purely language event. The substitution of *escribir* with *no escribir*, introduces a paradox, which causes a jump to another level: from semiotic joy (joy in the productivity of language), to the emanation of that joy (whose embodiment is writing) as having a name ('nada') which empties the category of names. A dangerous joy because it lacks nothing.

This is where, it seems to me, some of the practical consequences of Eielson's particular non-formalism can start to be grasped. The return to the axis of selection is accompanied by the exposure of naming to the light of the outside. Just as the energy/information from a star is registered as a line on the page in 'Esta vertical celeste' from *Poesía visual*, the investment of any identificatory inwardness in language – any interpellation, if you like – falls flat on its face. There is no inner surface of language which is not also outer surface. Interpellative agencies – Father, Nation, God – collapse.

4 This discussion of the symbolic and the semiotic is part of Kristeva's longer work, *Revolution in Poetic Language*.

The abstraction that *Tema y variaciones* is moving towards has to do with language actions as shaping world, rather than with any particular empirical content attributed to world. It is like taking the outsides of words, as shirts and trousers we inhabit, and then looking at what they do to space, similarly to empty chairs and the empty shirts and trousers that may be upon them (for reproductions of these visual works see Eielson 2004: 92–107).

The space implied in the question: What do these objects do to space?, can be understood as corporeal in a particular way. The relationships between objects, Poincaré (1952: 79) notes, cannot produce the notion of space as a continuum. Only the human body, insofar as it is capable of movement, can do that. It can move through the Roman Forum, for instance, and fulfil the monumental intention of that created space. The monumental intention slows time, and the continuum of framed space subjugates time. In the literature of ruined monuments, time is pathos. Broken columns become the undifferentiated dust of time, available for contemplation by writer and reader. But the place of contemplation remains intact, because the spatial continuum remains.

Eielson's poem 'Foro romano' does its work differently. The regularity which gives the ground of subjectivity ('todas las mañanas me despierto / el sol arde fijo en el cielo / el café con leche humea en la cocina' [178]) stops being a meaningful sequence ('yo le pregunto a quien me acompaña / ¿cuántas horas he dormido? / pero nadie me responde'). Something has happened to the frame which gives meaning to these regularities of life. I say something has happened to the frame, but the frame is held in place by the punctuation or segmentation of experience. The sun, and coffee, mark the segments (as phrases do in language). And on top of them, other meanings can be erected. They work as a surface of inscription. But if the time elapsed between these markers becomes uncertain and there is no answer to the question '¿Cuántas horas he dormido?' then the regular space becomes warped. In Eielson's later visual work space becomes knotted, the surface of inscription becomes knotted, as in the series titled 'Codice sul volo degli uccelli e sugli annodamenti di Leonardo', which consists in complex knottings of cloth imprinted with Leonardo da Vinci's handwritten codex.[5] In 'Foro romano', the effect is an acceleration of time and a replacement of continuous space by evanescent objects.

The punctuation of what is called experience breaks down because it loses its grip upon the material, it can't mark it properly any more. Experience can't be processed into a subdivided continuum and thus, in some ways, it does not make sense. Two facts remain, memory and the body of love:

> ¿mi memoria es quizás tan inmortal como tu cuerpo
> cuando te desnudas ante mí
> tú que no eres sino un pedazo de mármol
> montaña de polvo
> columna

---

5 Eielson 2004: 199, 228–29. On Eielson's knotting of space as a practice of visual art, see Verner and Boi 2002.

> reloj de ceniza
> hueso sobre hueso que el tiempo avienta en mis ojos?
> ¿no recuerdo acaso las últimas horas de la noche
> cuando te besaba enfurecido sobre mi catre de hierro
> como si besara un cadáver? (179)

I have called this the body of love, because it is not the empirical body, held in place by regularities of time and place and their accompanying segmentation of experience. It is not the body, therefore, of classical science. Nor is the memory mentioned by the poem the classical art of memory. The Roman Forum, with its statues and arches is an ideal theatre of memory, as in the classical practice. But the actual forum, like the lover's body, is becoming dust.

A poem in two parts, 'Albergo del Sole', places love, seeing, drawing, skin, reading, and writing all on a single surface: we don't need to think of anything underneath this surface, or of a point of survey above it. The first part needs quoting in full:

> dime
> ¿tú no temes a la muerte
> cuando te lavas los dientes
> cuando sonríes
> es posible que no llores
> cuando respiras
> no te duele el corazón
> cuando amanece?
>
> ¿en dónde está tu cuerpo
> cuando comes
> hacia dónde vuela todo
> cuando duermes
> dejando una silla
> tan sólo una camisa
> un pantalón encendido
> y un callejón de ceniza
> de la cocina a la nada? (190)

The first question (¿tú no temes a la muerte [...] ?) is about where are the feelings. The terms of the possible answer are given in the question; i.e. the premisses dictate the form of the answer, so that whether the answer is yes or no it will still have the same form, a form which depends on the possession of a self, and of memory as location of feelings. The feelings attributed to the beloved are *about* love: they speak of the relation between lover and beloved, a relation which is located *inside*, inside the self as the body inside language. (Don't I love a self, and thus have a self that loves a self?) These are the premisses, which of course involve both space and language.

The second question ('¿en dónde está tu cuerpo?'), however, changes the premisses. It is not about the empirical body, which is the location of the self, but the body loved. The body loved has no location within the terms of the first type of location. So a different type of space is involved. What is the light that emanates from the trousers? (see 'Blue Jeans', in Eielson 2004: 100). Spatially, we have an invitation to the physical itself rather than the segmented continuity implied by nouns.

The transition in Eielson's poetics extends out of a mid-twentieth-century epistemic shift. If the answer to Cavalcanti's question, *dove sta amore?*, is that love resides in memory, as 'a fine thing held in the mind' (Ezra Pound's phrase) (Pound 1960: 159),[6] then that is a Modernist position, which locates the poetics of affect inside an individuation which separates the individual from the mass, a position often labeled with the not very useful term elitist. If love is not in the memory, is not 'a fine thing held in the mind', and feelings and physical objects occur in the same space, then mind is immanent in nature, an epistemic shift to be found in Bateson, Deleuze, and Negri, among many others, and in the poetics of Olson, Prynne, and Parra for example.

I now offer some speculations about the type of space that Eielson's body of love implies. Certainly, this is not the homogeneous empty space of Newtonian physics. Poincaré shows that it is only through the body, in the sense that it has muscles and moves, that we are able to correlate displacements and produce homogeneous space:

> we distinguish two categories of phenomena: – the first involuntary, unaccompanied by muscular sensations, and attributed to external objects – they are external changes; the second, of opposite character and attributed to the movements of our own body, are internal changes.
> We notice that certain changes of each in these categories may be corrected by a correlative change of the other category. (Poincaré 1952: 63)

He adds: '*The laws of these phenomena are the object of geometry*' (Poincaré 1952: 63) which means that without this corporeal basis geometry is impossible.

Nevertheless, this is not of itself a sufficient characterisation of the type of space the poems of *Habitación en Roma* imply. When Poincaré writes 'we notice' that internal and external changes can be correlated, the process is not conscious: if it was, we couldn't move, or hit a target. The process is part of a physical unconscious (Bateson 1973: 114–15), which is engaged in an 'enactment' of space (to use Francisco Varela's word).[7] This physical unconscious is something that yoga and Zen are concerned with, and that too is part of the poems.

The question '¿en dónde está tu cuerpo?' includes the place, materials, and surfaces of writing itself. Eielson tends to place these on the same plane as the content of language. His novel, *El cuerpo de Giulia-no*, includes a rapturous appreciation of *quipus*, as an embodiment of 'las Grandes Letras No-Escritas proce-

---

6 Pound points out that Cavalcanti's assertion that love resides 'dove sta memoria', 'is Platonism', which he combines with 'the conception of the body as perfect instrument of the increasing intelligence' (1960: 152).

7 'Enactment' describes an interrelation of organism and environment out of which surface, colour and other basic elements of the visual are formed. See Varela 2002, Chapter 5.

dentes de la Vía Láctea' (Eielson 1971: 120). 'Quipus' are letters without literature, torsions of space made by the hand which are gestures, figures, algorithms, geometrical forms, poems: 'en la brillante desnudez de aquellos gestos latía la unidad fundamental de lo creado' (122–23). The novel was written in the mid 1950s, shortly after the poems of *Habitación en Roma*, one of which, called 'Escultura de palabras para una plaza de Roma', finds an echo in the visual work 'Piramide de Stracci' (Eielson 2004: 115) which consists of clothes left by bathers on a beach made into a sculpture. The poem displays inside itself the sculpture made of the phrases 'te amo' and 'escultura de palabras':

> sólo existes
> porque te amo
> te amo
> te amo
> te amo
> te amo
> te amo
> escultura de palabras
> escultura de palabras
> escultura de palabras
> escultura de palabras (198)

A sculpture requires a continuous surface but in the case of the word sculpture this continuity is not made either of syntax or of phonic substance:

> apareces
> y des   apareces
> dejando un hueco encendido
> entre la a y la s
> un vacío entre los labios
> una gota en la retina (198–99)

The substance (of the statue) that the lips kiss is also an emptiness, the gap between letters – a joy in the gaps or differences that cut through language at the minutest level of meaning. So where is the continuity that makes the surface of the sculpture? What is its nature? To make a contrastive comparison, celuloid film stops and starts in the 'gate' of the projector with sufficient speed for retinal retention to make a continuity. If you cut film at the level of the frame, it ceases to be image that moves. But with Eielson's poem, the cut at the level of the letter produces the real without divisions: 'macho y hembra confundidos / sol y luna en un instante' (199).

However, that still does not fully answer the question about continuity. Poincaré writes: 'If [a physical continuum] can only be subdivided by cuts which themselves are continuous, we shall say that [it] is of several dimensions' (32). At the cuts between letters, Eielson's whole sculpture appears and disappears. It is therefore difficult to think of the cuts as continuous, or, as a consequence, of the sculpture as having volume. Where therefore, in what type of space, does the sculpture exist? I think the answer may be that it exists as 'an algorithm of the heart', to use Bateson's phrase, which makes possible 'the unity of the created', including the light of Alfa Centauri. It is not a physical continuum because it exists and does not exist ('eres y no eres' [200]), is sound and silence, white and black. But it has a surface, which arises at an intersection between the form of information and love.

Works Cited

Bateson, Gregory, 1973. *Steps to an Ecology of Mind* (London: Paladin).

Ducrot, Oswald, and Tzvetan Todorov, 1981. *Encyclopaedic Dictionary of the Sciences of Language* (Oxford: Blackwell).

Eielson, Jorge Eduardo, 1971. *El cuerpo de Giulia-no* (Mexico City: Mortiz).

—, 1998. *Poesía escrita*, ed. Martha Canfield (Bogotá: Norma).

—, 2002. *Nudos y asedios críticos* ed. Martha Canfield (Madrid and Frankfurt: Iberoamericana Vervuert).

—, 2004. *Jorge Eielson*, Galleria D'Arte Niccoli (Parma: Illva Saronno).

Girondo, Oliverio, 1968. *Obras: Poesía* (Buenos Aires: Editorial Losada).

HD, 1960. *Bid Me to Live* (New York: Grove Press).

Kristeva, Julia, 1997. *The Portable Kristeva*, ed. K. Oliver (New York: Columbia U.P.).

Lodge, David, 1988. *Modern Criticism and Theory: A Reader* (London: Longman).

Olson, Charles, 1997. *Collected Prose* (Berkeley: Univ. of California P.).

Poincaré, Henri, 1952. *Science and Hypothesis* (New York: Dover).

Pound, Ezra, 1960. 'Cavalcanti', in *Literary Essays of Ezra Pound* (London: Faber), pp. 149–200.

Varela, Francisco J., 2002. *Conocer: Las ciencias cognitivas: tendencias y perspectivas. Cartografía de las ideas actuales* (Barcelona: Gedisa).

Verner, Lorraine, and Luciano Boi, 2002. 'Enlazar arte, ciencia y naturaleza', in Eielson 2002, pp. 185–98.

'Trance de poder':
¿poema o relato?

RICARDO SILVA-SANTISTEBAN

Pontificia Universidad Católica del Perú, Lima

Es difícil, en una primera lectura, clasificar el género a que pertenece 'Trance de poder' de Martín Adán (1908–1985). ¿Cuento, relato, poema en prosa, ficción? Es sabido que cuando una obra proviene del ámbito poético, poco le importa a su autor en qué rubro clasificarlo. Si nos atenemos a los hechos, 'Trance de poder' pertenece al libro de poemas ¿y prosas tal vez? desconocido hasta el presente, titulado *Aloysius Acker*, compuesto por Martín Adán hacia 1930/31.[1]

Es el propio autor quien menciona a 'Trance de poder' como perteneciente a la colección de poemas *Aloysius Acker*[2] que apareció primero, curiosamente, traducido al francés firmado con el seudónimo de un tal Nemo en la revista *Front*, en 1931 (305–07). Solo diecisiete años después aparecería el original castellano en la revista *Las Moradas* (1948: 115–16) que dirigía Emilio Adolfo Westphalen. Este conocimiento del lugar que ocupa en *Aloysius Acker* nos lleva, ineludiblemente, a la conclusión de que la concepción de 'Trance de poder' fue la de un poema en prosa. Es decir, un texto situado en un plano intermedio entre el verso y la prosa pero que posee características que lo singularizan y lo diferencian del verso y de la prosa, y hasta de la prosa poemática. Ya se sabe que el tono, el ritmo y la acentuación coexisten en la prosa, en la poesía y en el lenguaje hablado, pero en el poema en prosa se busca enfatizar ambos, logrando la intensidad del poema. El poema en prosa es, pues, una composición capaz de poseer algunos o todos los rasgos de la lírica, salvo que se despliega en la página como prosa aunque ésta no sea su esencia. Difiere de la prosa poética en que es más breve y compacta, del verso libre en que carece de las rupturas lineales del verso; de un corto pasaje en prosa en que, por lo general, tiene un ritmo más pronunciado, mayores efectos sonoros, gran acumulación de imágenes y densidad de expresión. Generalmente su extensión

---

1 Ver la introducción a mi recopilación 'Fragmentos de *Aloysius Acker*' (Silva-Santisteban 1993).

2 En el *Catálogo y transcripción Colección Arbulú* 1990 puede leerse el documento bibliográfico preparado por Martín Adán para la revista *Mercurio Peruano* cuando obtuvo el Premio Nacional de Poesía correspondiente a 1946 en el que apunta: 'En *Front* en 1929 o 1930 (?) aparece *Agonie de Pouvoir*, trozo de *Aloysius Acker* [...]'.

ocupa de media página hasta tres o cuatro, es decir la extensión promedio de un poema lírico. La finalidad del poema en prosa, en última instancia, es verter en ella la Poesía.

Sabemos que Martín Adán, en un momento en que se hablaba de la muerte de la novela,[3] se movió muy libremente en el ámbito narrativo. Ahí está para comprobarlo el ejemplo admirable de *La casa de cartón* (Adán 2000), un texto muy difícil de calificar pero al que podemos considerar una narración vanguardista en la que prima el aliento lírico.

Debe recordarse que en la década que va del 20 al 30 la novela, y la narrativa en general, sufre una crisis provocada principalmente por la implosión en ella realizada por los propios narradores hastiados de narrar en la forma tradicional por medio de un producto literario convertido en rutinario. Esto puede verse con claridad en las novelas de Joseph Conrad, Marcel Proust o de James Joyce. Así, la superficie narrativa tradicional se triza con el advenimiento de una nueva novela a la que ya no le basta la arquitectura y los elementos usados en el pasado. La vanguardia literaria como que elude la novela en su camino de busca de insólitos medios de expresión mediante el uso de nuevos recursos técnicos.

La búsqueda de originalidad y el desaire por el relato tradicional conlleva una serie de rupturas de carácter formal: del tiempo cronológico, del espacio, múltiples narradores desde distintos puntos de vista, etc. Como estos experimentos atentan contra la esencia misma de la narrativa tradicional, ésta se convulsiona y, o se agosta y se extingue, o produce ejemplos hipertrofiados. La nueva forma de narrar se encuentra, por otra parte, lejos de los mercados de producción editorial y solo aparecen como ejemplo de la tenacidad de sus creadores. Ahora, con la perspectiva del tiempo, solo contemplamos, leemos y gozamos las obras más características con olvido de los grandes y prolíficos fracasos 'de una época que sobrevive a la belleza' para usar la frase de Stéphane Mallarmé.

Por su parte la aparición del poema en prosa, poco ejercido en la prosa castellana del siglo XIX, floreció espléndido en grandes ejemplos de la poesía francesa de la misma época. Luego de Aloysius Bertrand y Maurice de Guerin, se vertió con características distintas en los grandes poetas de la modernidad: Charles Baudelaire, Stéphane Mallarmé, Arthur Rimbaud, el Conde de Lautréamont. Solo tardíamente se ofrecerá en castellano en un libro de importancia capital como *Platero y yo* (1914) de Juan Ramón Jimenez. De todas formas, la literatura española de fines del siglo XIX y comienzos del XX hasta la década de los 20, es la que proporcionaría al joven Martín Adán un ejemplo en que apoyarse respecto a su prosodia y a su apetito de lector. Así Martín Adán confesará en uno de los trozos de *La casa de cartón*:

Nosotros leímos a los españoles, a nadie más que a los españoles. Sólo Raúl hojeaba libros franceses, ingleses, italianos, en traducciones de un tal Pérez, o de un tal González de Mesa, o de un tal Zapata Zapater. Así, nosotros teníamos, a pesar de Belda y Azorín, una imagen pintoresca de la literatura universal.

---

3 'La novela ha muerto, que viva siempre la novela', firmada por Harry Crosby, Stuart Gilbert, Eugène Jolas, Théo Rutra y Robert Sage, seguida por una glosa del poeta Xavier Abril a esta declaración, en *Amauta* 1929: 69-70.

Nosotros, menos Raúl, nos ateníamos a la olla podrida literaria española y americana. Porque, como en la Ínsula Barataria, es manjar de canónigos y ricachones. (2000: 61)

Después de un largo párrafo, (que no cito por su extensión), menciona a Jacinto Benavente, Fernán Caballero, Emilia Pardo Bazán, Pérez Galdós, Ramiro de Maeztu, Julio Camba, el Padre Coloma, Pío Baroja, Azorín, Valle Inclán y Zamacois, y concluye en forma irónica: 'Todo, todo, así, como venga, como caiga, pero sin inhumanidades [...]' (2000: 61–63).

Muy joven, aún colegial, Martín Adán comienza a componer los pequeños cuadros que se unirán para formar *La casa de cartón*. Su autor, que se sabe poeta, advierte perfectamente que no está escribiendo una novela sino una 'obra', un 'texto' que tampoco es un poema en prosa sino algo cercano a su interés primordial: la poesía. Por otra parte, alguna vez Martín Adán declaró: 'Lo escribí para ejercitarme en las reglas que el profesor de gramática castellana, Emilio Huidobro, nos daba' (2000: 11).

Quizá sea la densidad y la intensidad lo que más separa a la poesía del arte más dilatado que conlleva la narración. Por eso Martín Adán no solo escribe poemas en verso sino también prosas que en realidad son poesía. Ese es, indudablemente, el caso de 'Trance de poder'.

Ahora bien, ¿por qué me atrevo entonces a dudar con relación a 'Trance de poder' sobre si trata de un relato y no de un poema en prosa? En primer lugar por su presentación objetiva. Me parece que en 'Trance de poder' se ofrece, como en ningún otro texto de Martín Adán, un ejemplo narrativo directo y sin digresiones de un tenue hilo argumental que suplanta al simple aliento lírico de otras de sus prosas de *Varia invención* como 'Hora' y 'Mandolina monocorde'. No se trata, por supuesto, de un relato tradicional para el cual Martín Adán parece haberse sentido no solo poco dotado sino, sobre todo, poco entusiasta. Por otra parte, bien se ve que no le preocupaba tanto mezclar la prosa y el verso en una colección.[4] No existía para él, pues, un distingo especial entre estos dos tipos de expresión literaria. Para Martín Adán lo que primaba era la Poesía ya fuera en prosa o en verso.

Pero esto solo podemos verlo analizando brevemente el contenido de 'Trance de poder', de otra forma solo nos quedaríamos en lo externo del mismo.

El Iluminado, personaje principal de esta ficción, constituye, además, un arquetipo en el que se configura la imagen del hombre o de la humanidad. El hombre, que se sabe pegado y unido a la tierra donde sus pasos se sustentan, consciente de saberse forjado del polvo que pisa y al que ha de volver cuando el azar lo decida, el hombre, que intuye vano todo tipo de conocimiento, encuentra en el fuego, materia purificadora, la respuesta a sus preguntas y el vehículo a su postrera ascensión. ¿Por qué? Porque el hombre ya se consumió en la llama de la vida: '¿la felicidad es un hombre que arde [...] apagado?' se pregunta el narrador. El

---

4   El libro de poemas *Aloysius Acker* sería un ejemplo de ello ya que 'Trance de poder' podría no haber sido el único texto en prosa de dicha colección. Poco antes de su publicación en *Front*, en la revista *Bolívar* 1930: 5, se anunció en las notas sobre los colaboradores lo siguiente: 'Martín Adán ofrece desde el Perú — como un regalo de Pascua — *El niño y la mosca (prosa y verso)*'.

Iluminado lo ha perdido todo al irse consumiendo en el discurrir de su propia vida. Ha llegado al momento en que, como los personajes de Samuel Beckett, se encuentra cercano al momento de sumergirse en su propia inmovilidad. ¿Qué ha perdido este hombre al consumirse a través del fuego de la vida? Ha perdido su posesión más preciada: su yo verdadero. El hombre cambia con el transcurso del tiempo. No solo pierde su vitalidad sino que se convierte en otro. Se trata de un muerto en vida en cuyo fondo solo existe un impulso vital soterrado sin posibilidades de manifestación física. Es un ser predestinado al sacrificio para poder elevarse desde ese sacrificio, al abolir su yo, a la unión donde se realiza su iluminación. Por eso clama en su plegaria:

> ¡Eh, vosotros todos, venid y comprobadme! Muerto está el fuego y la llama, pues, ¿qué soy sino la necesidad misma de fuego, la intención de llama, auténtico fuego y auténtica llama? Yo que nací y viví para arder, elevarme y consumirme siempre, estoy frío, sentado e íntegro junto a mi gorda esposa. Miradme aquí vosotros todos, sabedme aquí miserable con todas las miserias, sin desear nada de mi alma, de mi llama. Compadecedme todos, lloradme todos, constante y humano. ¡Movedme, arrastradme, heridme, matadme al fin! ¡Devolvedme el fuego que han tenido vuestras manos, fulgurante y que sin embargo no os enciende! ¡Hice mal en abandonaros un alma, una llama, que no os sirve de nada! ¡Eh! qué me importáis vosotros... ¡Devolvedme mi alma, mi llama! Se han apagado entre vuestros abrazos viles. –¡Sí!–. ¡Dejad pues que surja un nuevo fuego, un alma nueva en mí: frotadme contra la tierra, como se frota la yesca contra el pedernal y el aire elevará mi yo de llama! Me siento pronto a todo dolor, a toda vida. ¡Escuchadme!: yo tú él mesa silla Wirrklickheit es happiness merde merde merde.

Efectivamente, el hombre se traslada hacia las cosas y se transfunde con ellas para convertirse en estulticia. Pero todo este acontecer se realiza en un mundo que permanece insensible a su llamado aunque el hombre puede ser capaz de perder la razón: 'Todo sin embargo está en el mejor de los órdenes posibles, todo según la calle', como afirma su autor.

El fuego, en la ficción de Martín Adán, es un elemento que posee varias funciones. Primero como símbolo de la ya lejana vida activa del Iluminado en cuyas aras se ha sacrificado; luego, como símbolo de purificación '¿que soy –se pregunta el Iluminado– sino la necesidad mismo de fuego, la intención de llama y auténtico fuego y auténtica llama?'

El Iluminado ha llegado a un límite y ahora tal vez va a envolverlo la llama de la muerte que Martín Adán expresa con una hermosa y eficaz metáfora: 'Bendita sea la llama de sombra que inflama al esposo'. Pero al impasible mundo circundante, como ya dijimos, le importa poco la muerte del hombre y de los hombres. A traves de un lindo y sonoro animalito, como es el canario, el mundo lanza su canción de júbilo, en la frase final de 'Trance de poder', impasible al acontecer humano.

En la ficción de Martín Adán observamos una lucha de tensiones entre lo eterno y los objetos domésticos, entre la relación divina del trance del Iluminado y una esposa vulgar incapaz de penetrar en la agonía que destroza las ligaduras carnales de un ser humano. 'Trance de poder' es el primer testimonio directo y amplio del misticismo de Martín Adán y un producto notable de inventiva y densidad imagística: el desgarramiento existencial del poeta en el fuego purificador de la existencia se desarrollará luego, más insistente y con mayores alcances, en el prodigio de su poesía y en el drama de su intelecto.

'Trance de poder' se escribió en un momento de desapego y hasta de agresión contra los géneros tradicionales, de ahí la inconsistencia de su aspecto formal y la dificultad para encasillarlo en determinado género literario. Esto no atenta, sin embargo, contra su designio que vacila entre el poema en prosa y el cuento. De ahí quizá también de haberlo citado varias veces, casi sin darme cuenta, con el rótulo más amplio de ficción aclimatado con tanta solvencia en nuestra lengua por Jorge Luis Borges. Su género, pues, es ambiguo y, por lo tanto, más rico y sugerente que si solo pudiera encasillárselo en un determinado aspecto genérico. De todas formas, constituye la creación más fascinante de la narrativa de Martín Adán, luego de *La casa de cartón*, y la más honda y desgarradora de su prosa creativa, tanto más notable por cuanto instaura una de las fases características de su obra poética futura.

Obras citadas

Adán, Martín, 2000. *La casa de cartón. Varia invención*, edición e introducción de Ricardo Silva-Santisteban (Lima: Adobe Editores).

Amauta,1929. 27, noviembre-diciembre (Lima).

Bolívar, 1930. 12, 12 de julio (Madrid).

Catálogo y transcripción Colección Arbulú de documentos de Rafael de la Fuente Benavides (Martín Adán), 1990. Edición de Luis Vargas Durand (Lima: Biblioteca Benvenutto, Univ. del Pacífico).

Front, 1931. 4 (La Haya).

Las Moradas, 1948. 5, julio (Lima).

Silva-Santisteban, Ricardo, 1993. 'Fragmentos de *Aloysius Acker*,' en *La casa de cartón de Oxy* (Lima), 2: 19–27.

PART II
Narrative and Social Orders

Virtual Genocides: Modernization and *mestizaje* as Images of Cultural Improvement and Social Development[1]

RAÚL BUENO

Dartmouth College / Universidad Nacional Mayor de San Marcos

This work deals with the literary representation of the – to us absurd and anti-historic – desire for racial and cultural homogeneity in Latin America. In other words, it deals with the persistent dissatisfaction towards the profound hetero-geneity of the area, a heterogeneity traditionally perceived in hierarchical terms, with a particular race – the white race – persistently positioned at the top of the scale while the rest remain in various and meticulously differentiated degrees of inferiority. It is true that this desire no longer promotes the open and systematic extermination of the racial and cultural Other – a practice performed in different parts of the Americas under slogans such as the 'proceso civilizador', 'conquista del desierto', 'expansión de fronteras', and even 'cacería de indios' – and accepts perhaps as irremediable the fact that intermarriage is so profuse that it is already a distinctive trait of the area – *la América mestiza*. However, it is also true that, based on that acceptance, it surreptitiously fosters a *better mestizaje*: one that can be positioned on the upper levels of the hierarchy, while concealing another type of extermination, this time a virtual one, which seeks to eliminate from the scopes of desire and literary discourses the races and cultures that the hierarchical tradition has positioned at the lower end of the scale. In this article my task is to make visible this type of literary genocide.

1. *Mestizos*, **Yes; Indians, No**

Racial *mestizaje* is perhaps Latin America's most visible trait. This fact has been the basis of all ideologies about *mestizaje* in the area, to the point that every attempt at defining Latin American reality and identity has included it in some form. A negative current, articulated by authors such as Domingo Faustino Sarmiento, in

---

1 Published in Spanish in *Identidad(es) del Perú* (forthcoming 2005); for a preliminary study see Bueno 2000. Translated from the Spanish by Sarah Grow and the author.

his less well-known book *Conflicto y armonías de las razas en América* (1883), or Alcides Arguedas in *Pueblo enfermo* (1909), finds the root of Latin American incompetence and backwardness in a *mestizaje* that encompasses the worst of the white and indigenous parent races. A positive trend, initiated long ago by Garcilaso Inca de la Vega, in his *Comentarios reales* of 1609, 'Libro Nono', Ch. XXXI, and which continues with the – arguably positive – works of José Vasconcelos (*La raza cósmica* [1925]) and his followers, seeks to understand *mestizaje* not only as the dissolution of the tensions initiated by the colonization of peoples distinct from the colonizers, but also as the promise of a humanity that brings to the fore the best of each parent race. Unfortunately, this positive line of reasoning ends up by surrendering itself before a hierarchicalizing racial ideology that situates all types of *mestizo* peoples in intermediate degrees between white and native (or black), such that the best *mestizo* is always the one with the lighter skin. This explains why Sarmiento proposes selective immigration – specifically Caucasian – to Argentina: in order to correct a *mestizaje* 'que absorbió en su sangre una raza prehistórica y servil' (Sarmiento 1900: II, 415).[2]

Distinct ideological formulations of Latin American *mestizaje* have served historically – and continue to serve – not only to articulate notions of identity, nationhood, culture, history and, as has been seen recently, including even projects for Latin American *development*, but also to reject, deny or condemn the Indian and the black to a certain extent: in sum, to remove them from the sphere of social esteem and desire. Thus the scale that the ideology on *mestizaje* adds to the basic racial hierarchy ranges from a sympathetic, but rather condescending, attitude, in the manner of Clorinda Matto de Turner,[3] to a frank repudiation of the indigenous peoples, in the manner of the early works of Alcides Arguedas,[4] including intermediate positions of pseudo-humanitarian domination, evident in Alcides Arguedas' later works. The latter speaks through the character Suárez, justifying this benevolent domination by means of a supposed natural incapacity of the indigenous groups of South America (henceforth referred to as Indians) to

2 I was unable to find a first edition of *Conflicto y armonías de razas* (1883), but was, however, able to consult a rare 2-volume 1900 edition at Dartmouth College. I did not find in them the shocking racist statements cited by Roberto Fernández Retamar (1971), quoting from Jaime Alazraki (1965): 'la historia de América son "toldos de razas abyectas"; '[...] no son más que unos indios asquerosos'. I wonder if these historical inconveniences were expunged from this particular edition. I noted, however, that in the second volume Sarmiento highlights what he believes to be the real conflict for Argentina: the political chaos that stems from its colonial heritage and the inability of the Republican institutions to solve the problem of its defective *mestizaje*.

3 Peruvian writer and novelist (1804–1809) one of the initiators of the Indianist movement, celebrated for her novel *Aves sin nido* (1889) which denounces the exploiters of the Indian as well as the vices of the village priests, and proposes to develop the indigenous peoples by way of Western education.

4 Bolivian novelist and essayist (1879–1946), author of *Pueblo enfermo* (1909), a controversial book about the Bolivian reality which explains the backwardness of the Andean country in terms of a *mestizaje* that inherits the worst of both the Spanish and the indigenous races, and the novel *Raza de bronce* (1919) that is included in the Indigenist movement.

govern themselves. Even the joyful discourse on the future racial unity of Latin America, which seeks to dissolve flagrant differences and establish a harmony based on *mestizaje* – I refer to José Vasconcelos's *La raza cósmica* – does nothing more than relapse into racial hierarchicalization, although supposedly annulled by the blanket of a vague and contradictory ethnic utopia which promises all races a qualitative jump towards 'un quinto tipo étnico superior' (Vasconcelos 1974: 340) only to prostrate the Indian and the black at the undesirable bottom of the scale. Which provides enough evidence to postulate here that the insistent recourse to hierarchicalization implies much more than a stubborn Eurocentric vision of the Latin American ethnic reality, the necessity of keeping alive the ideological sustenance of conquest and colonization as a conceptual instrument for domination and exploitation.

It will become evident in this discusson that the texts under consideration contain one of the following 'solutions' to the problem of the Indian – and the black eventually – in Latin America: 1) benign: to confine the Indians to the civil minority and tutelage; 2) intermediate: to maintain them in a sort of indigenous reservation with masters (the *hacienda*), where, with humane treatment, the Indians can be steered towards productive work; and 3) malignant, although dressed in benignity: to eliminate the races reputed to be inferior, among them the indigenous peoples, through its systematic absorption by a *mestizaje* that would cover and replace them. This last position, as I will explain later, is a sort of literary genocide, which seeks to eliminate the undesirable races by diluting them into a mixed race of alleged superior degree and universal tendency: 'la raza cósmica'. It is a race that, as it is presented by the discourse that promotes it, incorporates the abundant values of the white culture, without its disadvantages, plus a collection of the scarce, more or less vague and non-explicit values of other races.

2. Heterogeneous Heroes: Almost White

Until the appearance of Mariátegui's essay on 'El problema del indio', which focused on the indigenous question from an economic viewpoint and in relation to the regime of land tenancy,[5] all literature that defended the indigenous peoples contained a condescending, though somewhat humane attitude, while assuming the pre-eminence of the white race, Western culture, and the metropolitan centres of Latin America. Nevertheless, these defences do not stand up to analysis, and soon reveal base prejudices, a biased scale of values, and an attitude towards the Indians that we can typify as racist. This occurs in degrees ranging from moderate to frankly intolerant, yet without introducing a belligerent tone.

---

5 For the Peruvian social thinker José Carlos Mariátegui (1894–1930) the problem of the Indian is economic, and starts when he is stripped of his land. The racial question, that argues an inferiority of the indigenous, would serve as a way of justifying the regime of dependence and exploitation into which the indigenous see themselves forced by being dispossessed of their land (Mariátegui 1980).

In works such as Matto's *Aves sin nido* (1889), Arguedas's *Raza de bronce* (1919), and Jorge Icaza's[6] *Huasipungo* (1934), there is a clear intention to denounce the deplorable situation of indigenous peoples, so weighted down by oppression and exploitation, including suggestions on how to correct the situation. Unfortunately, the denunciation and its suggestions originate in the Centres of Power and emphasize the cultural values and organizations of the white sectors of the country, such as Christianity, Western education, and the move to the most Euro-peanized centres of Latin America. The attitude contains two views. First, that the values of the vernacular races and cultures are neither apt nor sufficient for a humanizing and modernizing project of the indigenous peoples' own condition. Second, that Western values and systems not only possess that capacity, but also stand in a hierarchical preeminence that allows them to validate or discredit the systems and values of Latin America's oppressed races.

It must be noted that an equivalent literary devaluation has occurred at the same time when dealing with the black race, even when blacks are included in Latin American literature as important protagonists in certain literary plots, as we shall see in what follows. Despite their separation by a period of one hundred years and a process of independence, two Spanish-American novels that denounce the horrors of the slave system present a common scheme of prejudices and similar adaptations in order to make inter-racial love affairs less shocking, namely *Sab* (1841) by Gertrudis Gómez de Avellaneda[7] and *Matalaché* (1928) by Enrique López Albújar.[8] *Matalaché*, in addition, was written seven decades after the abolition of slavery in Peru (1854), with the clear project of attacking racism and creating a 'negrista' novel in Peru. It ended up reproducing, on the level of composition, the same picture of intolerance and prejudice that characterizes the society that it represents. Thus, in both novels, the masculine hero is a black man, enamoured by the beauty of his white mistress, a love that is eventually reciprocated. In both cases, however, the black hero is plagued by white traits, which in a systematic way negate the blackness of the protagonist. In both, in effect, the 'black' lover (Sab, José Manuel) turns out not to be black, but *mulatto*, and not just any *mulatto*, but rather a handsome, light-skinned one who, in the case of the first novel, could even pass for white. He is, in addition, the son of a prominent white who, in Sab's case, even secretly watches over his unrecognized son. In both cases, the slave lover is made more acceptable not only for his intelligence and knowledge – elements appreciated by Western cultural standards –, but also for his own values and conduct that are even superior to those of his white masters. This whitening makes aesthetically acceptable that which would otherwise be inadmissible and abominable, namely the relationship of a slave with a white mistress. But at the same time, it reveals a rejection of black traits, which accentuates itself as the

6 Jorge Icaza (1906-1978), Ecuadorian Indigenist writer.
7 Cuban poet and novelist (1814–1873).
8 Enrique López Albújar (1972–1866) was a Peruvian narrator connected to the Indigenist movement. Most of his short stories were based on his experience as a provincial judge and journalist.

indirect recognition of the pre-eminence of the standards of white society increases.

Returning to the indigenous race, we see that for the narrator of *Aves sin nido* the Indians of Kíllac, like those of 'todos los pueblos pequeños del Perú', need to leave ignorance behind, receive education, and separate themselves from the savageness in which they live. In short, they need to culturally whiten themselves, or to use the expression of the novel: they must 'civilizarse', especially those Indians that already acknowledge certain markings from contact with the whites. This is the case of Margarita, the young daughter of Marcela, who is not the daughter of the Indian Yupanqui, rather of the bishop Claro; for this reason she is beautiful[9] and inspires this comment from her god-parents: 'esta niña debe educarse con esmero'. In other words, in their view, she should be educated in one of the centres of true civilization ('verdadera civilización'), which proves to be the city of Lima. It is evident that for the narrator, indigenous values, even if they are estimable, are insufficient, being ostensibly inferior to those embodied by the people who arrive from the great Capital. Criticism has shown that Margarita and her sister Rosalía are a metaphor for the indigenous race: wild flowers that not only require education, but also an appropriate living environment. With this symbolic value, it becomes clear that the Indians, in order to overcome their problems, need to receive an education different from their customs and live in a cultural environment that is foreign to them. That is to say, they need to cease to be Indians, assume values of the dominant groups, and convert themselves into a humble version of grateful and serving Westerners. Matto de Turner's proposal, then, is to overcome the indigenous situation by incorporation into the Western civilization that is already installed in the 'advanced' centres of the country, without discussing the cultural loss, the racial disadvantages, nor the alienation that the process brings about.

3. With Friends Like These, Who Needs Enemies?

The proposal in Alcides Arguedas' *Raza de bronce* is less edifying. It could be no other way, since the novel incorporates the concepts of Arguedas' earlier essay *Pueblo enfermo*, where he argued that although the Indians are better than the *mestizos*, who inherit the worst parts of the Indian race and the white man, they cannot even remotely compete with the superiority of the European, especially the non-peninsular European. Even earlier, in 1905, in a shockingly racist position, the same Alcides Arguedas had written that when we demand of the Indians 'cosas que le exigimos al caballo y al perro, no es porque sea más inteligente que estos animales, sino porque es más bruto'. Also, that the Indians had to be eliminated just like dogs, with 'bocaditos de pan con estricnina dentro'.[10] If

---

9 What seems to be at the base of the construction of this character is the racial value: white is beautiful, just as Indian is not beautiful.

10 See Juan Albarracín Millán: *Alcides Arguedas: La conciencia crítica de una época* (1979). The cited newspaper article by Alcides Arguedas is from 1905.

Alcides Arguedas abhors the *mestizo*, something that is seen in the disquisitions of *Pueblo enfermo* and in the representation of the 'half-breed' characters in *Raza de bronce*, it is because in the background he abhors the contact between the races, and because, in secret, he celebrates discrimination and 'apartheid'. For him, *mestizaje* is not the solution to any racial problem, but the contrary. The Indians count, based on their own values, traditions, knowledge and customs being solidified by time, and, because of this, being impossible to remove. Therefore, in contrast to Matto de Turner's proposal, Alcides Arguedas does not postulate a change in the indigenous cultural system, nor much less does he postulate an elimination of the regime of exploitation of the Indians. What he proposes is expressed by his most human character, Suárez, who ends up saying: 'si yo tuviera una hacienda, sería el primer amigo de mis colonos' (Arguedas, A. 1984: 207).[11] In other words, his proposal is to leave the Indians as 'pongos' or serfs, in the place that corresponds to them: *the hacienda*; for they, by nature, are inclined to vice and are repulsive to Western sensibility. According to his novelistic representations, being part of the Indian race is about being ridiculous (1984: 163), deformed (189), abominable (196s), alcoholic and drooling (195), therefore the best thing for Indians is to remain in their appropriate scene of action – the *hacienda*, a sort of ghetto or indigenous reservation – and to be submitted to a regime of controlled labour, in accordance with minimal humane treatment and similar to that which a civilized master dispenses to his work animals.

More or less similar is the proposal of *Huasipungo*. I insist that Icaza proposes to denounce the oppression of the indigenous people, but never reaches solidarity with the Indians. Scenes abound which link the Indians with filth, evil, and cowardice, and whose traits acknowledge an animalized condition that makes merely instinctive and reflexive conduct stand out, just like their monosyllabic and poorly articulated communication. The narrator refers to the shouting, savage indigenous masses with a term that in the Andean world is charged with contempt: the 'indiada'. Let us not be mistaken; the polemic in this novel, as in *Raza de bronce*, is not in favour of the Indians, rather it is against their customs, and, simultaneously, against the bad masters who, by striving for the exploitation of their Indians, engage in excesses that do not honour their claimed status of civilized and superior men.

In synthesis, the heterogeneity in these pieces of literature is lived inside a rigid and highly hierarchical system, in which it is understood that the culture or race that occupies the high positions of the social hierarchy has a 'natural' right to govern the lives of the rest. It is not the dependence of the Indians that is called into question, but rather extreme, dehumanizing oppression and exploitation that converts masters into beings who are unworthy of their social position. In the presence of a defence that does no more than temper the oppression at the same time as it reinforces the ideology of the pre-eminence of one race, the offended, if

---

11 All quotations from this novel are from this edition. 'Colonists' in this line refers to indigenous serfs and forced labourers.

they could speak on an equal footing, surely would wield the old Peruvian expression: 'mejor no me defiendas tanto, compadre'.[12]

4. Toward a 'Superior Ethnic Type'

Pierre Macherey (1978) and Barbara Herrnstein Smith (1988) have shown how to read texts against the grain of their evident contents and despite their explicit ideological projects, paying attention to the discursive silences, to suppositions and assumptions, and to the significant nature of the enunciative system. Applying this lesson, a reading of the implicit ideology in the Mexican writer José Vasconcelos' essay 'La raza cósmica' ignores the author's apparent ecstatic praise for the Iberian-American *mestizaje* and instead sets afloat appraisals that tend to degrade and prejudge, offering sentiments which are generally negative towards the races of the continent that, in his words, 'pudieran ser consideradas como inferiores' (1974: 334).[13] Vasconcelos refers to the Indian and black races, which are fundamental components of the Latin American population, and not to the white race, which is explicitly saved because, in his view, significant contributions are still being awaited from them:

> Por lo que hace al blanco y a su cultura, la quinta raza cuenta ya con ellos y todavía espera beneficios de su genio. La América Latina debe lo que es al europeo blanco y no va a renegar de él [...] Sin embargo, aceptamos los ideales superiores del blanco, pero no su arrogancia (333s).

Vasconcelos' work is illogical and plagued by scientific errors (for instance, the essay moves the arrival of the human species forward by 200 million years, and assumes that Atlantis was real and its inhabitants constructed Chichén Itzá). It attempts, however, to be an act of faith in the *mestizaje*, a product of the spiritual effusion that follows a predominantly peasant and *mestizo* phenomenon: the Mexican Revolution.

Nevertheless, that affirmation of *mestizaje* does not succeed in impairing the old prejudices, nor does it really adhere to the principle of racial equality and abolition of all discrimination that it proclaims. It states that '[e]l atraso de los pueblos hispanoamericanos, donde predomina el elemento indígena'[14] is due to the fact that the *mestizaje* 'de factores muy disímiles [...] se suspendió antes de que acabase de estar formado el tipo racial, con motivo de la exclusión de los españoles, decretada con posterioridad a la independencia' (327). Even if positively viewed, this sequence is a cosmetic way of repeating population ideologies from the second half of the nineteenth century, favouring the selective immigration of people of European origin, which candidly justified itself (and is still justified)

---

12   This expression contains roughly the same meaning as the title of this section.

13   All quotations from 'La raza cósmica' are from the Ripoll edition (see Vasconcelos 1974).

14   In this way, the discourse that is postulated as praise of mestizaje is not far from scorn for the *mestizo*, which implicitly is accused of engulfing the indigenous element as a factor of backwardness, nor is it precisely the opposite of the phenomenon of degradation of *mestizaje* that worried José María Arguedas (1975).

with the idea: 'para mejorar la raza'. From this perspective, the European immigration is seen as a necessary factor not only for an improved and cosmetic *mestizaje*, but also for a sustained social development. For Vasconcelos, on the other hand, the expansion of the white civilization 'llegó hasta las playas olvidadas del continente americano para consumar una obra de recivilización y repoblación' (330). In the presence of such affirmations, it is perhaps fitting to ask oneself, by whom are these beaches to be forgotten? And also, what necessity was there to re-civilize them and re-populate them? There is no doubt that Vasconcelos first nullifies the aboriginal civilizations (of forgotten beaches); he then ignores the historical fact of the colonizing violence that extinguished races and peoples altogether; and, as if all of this were not enough, he accepts the argument that a mission to save, a sort of manifest destiny, drives the European race to 'consumar una obra' that, we know, was nothing less than a great genocidal wave and a formidable machine of exploitation and oppression.

Vasconcelos believes that the white predominance, which is supposed to be temporary, can be warded off with love, a contribution of our *mestizaje*, and that 'si la quinta raza se adueña del eje del mundo futuro, entonces [nuestros] aviones y ejércitos irán por todo el planeta educando a las gentes para su ingreso a la sabiduría' (333). But what need does a civilization founded on love have for aeroplanes and armies? And even if on the other hand Vasconcelos insists that the fifth race does not exclude any of the others, he does not fail to emphasize that by no means can he disregard the contribution of the white race, because '[q]uizás entre todos los caracteres de la quinta raza *predominen los caracteres del blanco*' [my emphasis] (334) – here, at last, the truth comes forth. And also: '[s]i no queremos excluir ni a las razas que pudieran ser consideradas como inferiores, [which? we ask in passing] mucho menos cuerdo sería apartar de nuestra empresa a una raza llena de empuje y de firmes virtudes sociales' (334). There is no room then for mistakes: the fifth race will be the dominant one – (remember the power established in the centre, from where the armies and aeroplanes of the new civilization radiate), – not because the white race lacks energy and creative power, but rather because the fifth race has pigmentarily infiltrated, based on 'relaciones sexuales interraciales' (325) so favoured by the 'circunstancias actuales',[15] and also, of course, on the love that glories in being signalled as the sublime attribute of the cosmic race.

15 Vasconcelos maintains that 'las circunstancias actuales favorecen el desarrollo de las relaciones sexuales interraciales' (325). He refers to such circumstances as education, modern communications, the elevation of the economic level of all men; but he forgets that in the past, power, abuse, slavery, the regime of servitude and rape favoured interracial sexual relations even more than in our times. The civil and economic order can bring respect towards the other races and cultures, something that has still yet to be seen, and can impulse actions towards equality of rights, but there is no proof that a good understanding between citizens favours interracial sexuality more than before, during the colonial period and the opening of the republics, when unpunished abuse and rape were the norm. In passing, I should note that Vasconcelos speaks of sexual relations, as opposed to interracial matrimonial relations, which seek to propose a selective 'breeding,' an 'élevage' that assures the pigmentary whitening, more than the cultural Westernization of our nations.

Vasconcelos says that he discards 'la dominación de una sola raza' (337), but thereafter affirms the contrary, when he signals that 'las cuatro razas funda-mentales [white, red, black, yellow] consuman su misión y en seguida *desaparecen* [my emphasis] para crear un quinto tipo étnico superior' (340). The interesting part of this is that his racial outline 1) ostensibly privileges the contribution of the white race; 2) inwardly desires to make the four basic races (the white race, much to his dismay, I suppose) disappear; and 3) transfers the qualities of the white race to the *mestizo* race that he represents, which, in his way, is a sort of ideological whitening similar to that which we have seen function in the most representative novels of the Andean primitive Indigenism.[16]

This reading of 'La raza cósmica' invites one to understand Vasconcelos' underlying racial vision as the desire for the extinction of the Latin American Indians and blacks, by way of including them in a fifth, hypothetically universal race that renders itself heir and beneficiary to the best contributions of the white race. It is in this sense that I speak here of a virtual genocide, that by limiting itself to the instance of desire and to the margins of the page, I prefer to designate as a literary genocide.[17] On the other hand, this reading also invites one to understand Vasconcelos' *mestizaje* as a sort of transaction, which looks to redeem an undesirable racial fact by way of the addition of indigenous blood that stands out, but does not impede the appropriation and the nostalgic maintenance of an indigenous past and tradition that are undeniably estimable.

Things being understood this way, we can say that the *mestizaje* proposed by Vasconcelos is an ideological recourse of undeniably racist affiliation, deceitfully redressed in a celebratory rhetoric of *mestizaje*. It is an intellectual weapon compelled to dissolve the dark skins of the nation by way of nourishing the desire for lighter skin. It is also a sort of philosophical argumentation tending to justify and foment the programmes of racial politics that already had been seen to function in Latin America in the previous decades, such as selective immigration, concession of territories, eviction, and even uglier, the hunting of Indians in the extreme South.

16 'Indigenism' is an intellectual and aesthetic current which rose in the bosom of the Latin American Creole bourgeois culture at the end of the nineteenth century in order to understand the Indian and to positively value him. In its first manifestation it is known as 'Indianismo' (Matto de Turner, Abraham Valdelomar), because it assumes a superficial or exterior understanding of the indigenous reality. The true Indigenism (Ciro Alegría, José María Arguedas) would come in the middle of the twentieth century with a profound understanding of the indigenous reality, which then would be expressed 'from inside'. The most recent criticism (Lauer 1997) observes that Indigenism did not truly attempt to understand the Indian, but rather attempted to amplify and redefine the contents of the Creole culture through the incorporation of a peripheral theme in its literature and art.

17 I refer to it elsewhere as 'un genocidio blando' (Bueno 2004: 22) because it would be made on the base of selective sexual relations and not by arms and cremation ovens.

5. Summary and a Call to the Readers

In the preceding discussion, we have seen distinct forms of racism (yes, it must be called by its name) in Latin American literature: racism of diverse tones, which even filters through the discourses that sincerely seek to defend the oppressed cultures and races of Latin America. What is in the forefront of these discourses is an incurable Eurocentric vision that promotes the colours and values of Western, Judeo-Christian civilization, and from this starting point establishes a profuse descending hierarchy.[18] This truly harsh and stubborn hierarchy is sometimes sweetened by an almost sacrificial generosity and paternalism, as in *Aves sin nido*. At other times, it is redressed by the arrogance of assigning oneself the duty of 'humane' and supposedly dignifying control of the system of domination of the inferior races, as in *Raza de bronce*. In other cases, the hierarchy postulates an ameliorating racial philosophy, based not on the self-improvement of the species, but rather on the general and beneficial diffusion of a superior genetic package, as is amply suggested in 'La raza cósmica'. And other times, according to what we have seen, it is shown to be openly intolerant and racist, such as in the early essays of Alcides Arguedas and in the worst moments of *Huasipungo* and *Raza de bronce*.

In any case, it is about hierarchical visions that astutely imply their own justifications. After all, as the defendants of the condescending position would say, it is the superior cultures and spirits that have a Franciscan vision of reality, that extend ties of brotherly love and comprehension towards God's poor creatures, just as they do to the poor little animals in the forest or the elements of the Cosmos. After all, those who sustain tutelage-based domination would say, there is a greater right that leads the stronger cultures and races to control the destiny of the weaker ones. After all, the promoters of a genetic philosophy most suitable to a stable would say, the quality of all the undesirable races can be raised by inoculating them widely with the desired traits (and the superior culture goes in the same package). After all... the dark pigments can be condemned to the ghetto and to the inferior levels of the social scale, one can resort to eviction and sterilization, rebellion can be transformed into a genocidal war, and the inferior can be thrown 'bocaditos de pan con estricnina dentro'.

Those of us who dedicate ourselves to reading the literary and cultural discourses of Latin America have the mission of revealing the true ideological nature of these discourses. It is not just a mission, but rather a moral duty and a political necessity, especially when these discourses are about issues such as race, culture and class that directly or indirectly can serve as a justification and a perpetuation of distinct colonizations, even if their levels of explicitness sustain a

---

18 This is a vision taken from reality. It is, in effect, clear that in our countries, the presence of a detailed scale of values, in which the colour of one's skin – exactly the small variations of pigmentary tone – establishes insurmountable social gradations and unmistakable roles. C. L. R. James (*The Black Jacobins* [1938]), Aimé Césaire (*Discours sur le colonialisme* [1955]), José María Arguedas (*Los ríos profundos* [1958]) and Julio Ramón Ribeyro (*La palabra del mudo* [1973]), among others essayists and narrators, have occupied themselves with this social and racial anomaly.

benevolent ideology and a revindicating project. It is a special necessity in the fight against the colonization and its most efficient recourse, racism, because they always find a way of filtering themselves through the cracks of better intentions. Our work obligates us to remain alert: to discover where the enemy is hiding. Only in this way will we be able to contribute to the preparation of the necessary antidotes to deactivate anti-historic and anti-humane projects. This has been, at the very least, the intention of this present work, even if it has been necessary, for purposes of illustration, to repeat topics that have already been expressed or are being expressed in other places. I appeal, then, for the right of insistence.

Works Cited

Alazraki, Jaime, 1965. 'El indigenismo de Martí y el antiindigenismo de Sarmiento', *Cuadernos Americanos*, mayo-junio.

Albarracín Millán, Juan, 1979. *Alcides Arguedas: la conciencia crítica de una época* (La Paz: Ediciones Réplica).

Arguedas, Alcides, 1910 [1909]. *Pueblo enfermo*, 2nd ed. (Barcelona: Vda. De Luis Tasso).

——, 1984 [1923]. *Raza de bronce*, 8th ed. (Buenos Aires: Editorial Losada).

Arguedas, José María, 1958. *Los ríos profundos* (Buenos Aires: Editorial Losada).

——, 1975. *Formación de una cultura nacional indoamericana* (Mexico: Siglo XXI).

——, c.1978. *Deep Rivers [Los ríos profundos (1958)]*, trans. Frances Horning Barraclough, introd.. John V. Murra, afterword Mario Vargas Llosa (Austin and London: Univ. of Texas P.).

Bueno, Raúl, 2000. 'Ideología racial y literatura latinoamericana: el mestizaje como imagen de desarrollo', in *Crisis, apocalipsis y utopías*, ed. Rodrigo Cánovas & Roberto Hozven (Santiago de Chile: Instituto de Letras, Pontificia Univ. Católica de Chile / Instituto Internacional de Literatura Iberoamericana), pp. 360–66.

——, 2004 [1996]. 'Sobre la heterogeneidad literaria y cultural de América Latina', in Raúl Bueno, *Antonio Cornejo Polar y los avatares de la cultura latinoamericana* (Lima: Fondo Editorial de la Univ. Mayor de San Marcos), pp. 19–35; first published in *Asedios a la heterogeneidad literaria y cultural de América Latina. Homenaje a Antonio Cornejo Polar*, ed. J. A. Massotti & Ulises J. Zavallos Aguilar (Philadelphia: Asociación Internacional de Peruanistas), pp. 21–36.

Césaire, Aimé, 1972. *Discourse on colonialism [Discours sur le colonialisme (1955)]*, transl. Joan Pinkham (New York: MR).

Fernández Retamar, Roberto, 1971. 'Vida verdadera de un dilema falso', in *Calibán. Apuntes sobre la cultura de nuestra América* (Mexico: Orígenes).

——, 1989. *Caliban and Other Essays*, trans. Edward Baker, foreword Frederic Jameson (Minneapolis: Univ. of Minnesota P.).

Garcilaso de la Vega, Inca, 1976 [1609]. *Comentarios reales de los incas*, prólogo, edición y cronología, Aurelio Miró Quesada, 2 vols (Caracas: Biblioteca Ayacucho).

Gómez de Avellaneda, Gertrudis, 1993. *'Sab' and 'Autobiography'*, trans. N. M. Scott (Austin: Univ. of Texas P.).

——, 1997 [1841]. *Sab*, ed. José Servera (Madrid: Cátedra).

Icaza, Jorge, 1991 [1934]. *Huasipungo* (Barcelona: Plaza & Janés).

Identidad(es) del Perú en la literatura y las artes, 2005. Ed. Fernando de Diego, Gastón Lillo, Antonio Sánchez & Borka Satler (Ottawa: Univ. of Ottawa / London: Goldsmiths College, Univ. of London).

James, Cyril Lionel Robert, 1989 [1938] *The Black Jacobins; Toussaint L'Ouverture and the San Domingo Revolution* (New York: Vintage Books).

Lauer, Mirko, 1997. *Andes imaginarios: discursos del indigenismo, 2* (Lima: Sur Casa de Estudios del Socialismo).

López Albújar, Enrique, 1928. *Matalaché: novela retaguardista* (Piura, Peru: Talleres de 'El Tiempo').

Macherey, Pierre, 1966. *Pour une théorie de la production littéraire* (Paris: Maspero).

——, 1978. *A Theory of Literary Production* [*Pour une théorie de la production littéraire* (1966)], transl. Geoffrey Wall (London: Routledge and Kegan Paul).

Mariátegui, José Carlos, 1971. *Seven Interpretive Essays on Peruvian Reality*, trans. Marjory Urquidi (Austin: Univ. of Texas P.).

——, 1980 [1928]. 'El problema del indio', in *7 ensayos de interpretación de la realidad peruana*, 43rd ed. (Lima: Biblioteca Amauta), pp. 35–49.

Matto de Turner, Clorinda, c1994 [1889]. *Aves sin nido*, prólogo Antonio Cornejo Polar. (Caracas: Biblioteca Ayacucho).

Ribeyro, Julio Ramón, 1973. *La palabra del mudo*, 2 vols (Lima: Milla Batres Editorial).

Sarmiento, Domingo Faustino, 1883. *Conflicto y armonías de las razas en América*, Tomo 1 (Buenos Aires: Tuñez).

——, 1900. *Conflicto y armonías de las razas en América*, 2 vols (Buenos Aires: Mariano Moreno).

Smith, Barbara Herrnstein, 1988. *Contingencies of Value* (Cambridge, Mass., Harvard U.P.).

Vasconcelos, José, c1925. *La raza cósmica; misión de la raza iberoamericana; notas de viajes a la América del Sur* (Paris: Agencia Mundial de Librería).

——, 1927. *Indología. Una interpretación de la cultura ibero-americana* (Paris: [n.p.]).

——, 1974. 'La raza cósmica', in Carlos Ripoll, *Conciencia intelectual de América. Antología del ensayo hispanoamericano* (New York: Eliseo Torres & Sons), pp. 325–41.

El caldero de Babilonia: la mística del espacio de la soledad en *Cien años de soledad*

SARA CASTRO-KLAREN

Johns Hopkins University

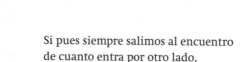

> Si pues siempre salimos al encuentro
> de cuanto entra por otro lado,
> ahora, chirapado, eterno y todo,
> heme, de quien yo penda,
> estoy de filo todavía. Heme!
>
> César Vallejo, *Trilce* (1973: 66)

En este trabajo me propongo explorar la constitución y dinámica del espacio de la soledad en *Cien años de soledad* (1963).[1] Como se verá en lo que sigue, parto de la idea de haber encontrado en la articulación del discurso de la soledad en la novela de García Márquez una fuerte y determinante, aunque a veces invertida raíz, que se remonta hasta los eremitas del siglo tres de nuestra era en los desiertos de Egipto. La figuración de la soledad se entierra en las capas más profundas de un discurso filosófico y una práctica subjetivizante muy antigua que nos llega al presente a través de los discursos católicos hagiográficos y disciplinas de la subjetividad y subjetivización.

Se trata pues de un trazo genealógico, en que las líneas se rompen, se cruzan, se evaden, se hunden bajo suelos movedizos para después volver a flor de tierra. El objetivo final de esta exploración es calar en la relación entre la genealogía de las prácticas subjetivizantes que articulan el discurso de la soledad y la conducta política de la familia Buendía en *Cien años de soledad*. Se trata de problematizar la indagación que la novela misma propone en cuanto a las tecnologías de la

---

1 Este trabajo se basa en unas ideas y un texto que presenté en una ponencia sobre el tema de la soledad en *Cien años de soledad* (1963) de Gabriel García Márquez y que leí en varias ocasiones entre 1979 y 1983. Esa ponencia se titulaba 'The Space of Solitude in *One Hundred Years of Solitude*' y es la ponencia que cita Julie Hudson en su tesis doctoral presentada a la Universidad de Texas en mayo de 1999. Mi trabajo actual representa un ahodamiento sobre el discurso eremita y místico que rige en la psicología y la política de la familia Buendía como una revisión de los temas y conclusiones del texto de 1979.

constitución de saberse ser.[2] Aunque el impulso original de esta indagación no partiera de la obra de Michel Foucault sino de la lectura de *Cien años de soledad* y el reconocimiento de una tradición familiar en América Latina, no puedo dejar de notar el hecho de que el tema del asceticismo haya recibido un gran aporte y goce ahora de un nuevo interés en la academia Norteamericana debido a *The Use of Pleasure* (Foucault 1990). La mirada teórica de Foucault informa este trabajo. Me ha sido de particular utilidad su discusión de la antigüedad greco-romana y su relación con el cristianismo y las disciplinas del ser. Pero quiero desde ya apuntar que la genealogía de Foucault hubiera sido más aguda y clara si hubiera tomado en cuenta la formación egipciaca de los eremitas del desierto como clave a la formación de las prácticas subjetivizantes del cristianismo. Con esta lectura genealógica de la soledad en García Márquez creo corregir la omisión de Foucault y con ello demostrar que la soledad, en cuanto parte de un complejo ascético, es una práctica de subjetivación cuyas raíces nos devuelven al más temprano cristianismo, y poco o nada tienen que ver con la alienación moderna. Estas prácticas aparecen en García Márquez en cuanto legado de una tradición antigua, densamente rica y vigorosa en América Latina que obviamente se trasladan a través de la colonia.

En este trabajo doy por sentado que es a través de los discursos de subjetivización de la Iglesia Católica, en su *operación colonial*, que tal tradición eremítica encuentra sus filtraciones en la imaginación cultural que articula *Cien años de soledad*. No creo que llame la atención apelar a esa tradición hagiográfica y mística, siempre viva en los sermones, los conventos, los colegios y las consejas de viejos, como también en los cuentos de las abuelas, tías y sirvientes. Se trata de una transmisión tanto escritural como oral ampliamente constatada.[3] Sin ir más

2 Aunque el impulso original de esta indagación no partiera de la obra de Michel Foucault sino de *Cien años de soledad* y su evidente conexión con la psicología de los discursos hagiográficos, no puedo dejar de notar el hecho de que el tema del ascetismo es de gran importancia en la obra última de Foucault. Con ella se ha puesto de moda en la academia Norteamericana el estudio del asceticismo y su imbricación con la formación de sujetos pero en general se ignora la raigambre popular del discurso ascético en el discurso y las prácticas del mundo católico. Así pues la mirada teórica de Foucault informa la revisión de este trabajo originalmente emprendido en 1980 desde la lectura de García Márquez en su ámbito cultural católico. Me ha sido particularmente útil la discusión de Foucault sobre la antigüedad Greco-romana y su relación con el cristianismo. Noto en ella, sin embargo, la ausencia de la ruta egipciaca por la cual Foucault debió haber pasado para establecer el lazo entre Grecia y la Europa cristiana de los dos últimos milenios. Foucault dice que sería un error pensar en una línea directa entre Sócrates y el discurso cristiano sobre las prácticas sexuales y la espiritualidad del individuo. Propone más bien pensar en un complejo temático de la antigüedad y de larga duración en la cristiandad europea. El paso que le falta a Foucault es justamente la formación ascética de los eremitas en el desierto Egipcio los que con la obra de San Antonio establecen el discurso cristiano de la soledad en cuanto espacio privilegiado para el ejercicio y constitución del ser. Este problema genealógico lo retomaré, pero no constituye el tema modular de mi investigación. Creo que precisamente porque Foucault no toma en cuenta a los padres de la iglesia en Egipto encuentra difícil establecer la conexión entre Sócrates y la cristiandad. Verse Foucault 1990: 21.

3 En *The Use of Pleasure* Foucault propone y estudia una serie de topos que le permite establecer una genealogía del discurso greco-romano y cristiano sobre el hombre en cuanto 'desiring

lejos, la más apresurada lectura de las memorias de García Márquez, *Vivir para contarla* (2002), deja amplia evidencia del contacto íntimo del autor con las tradiciones letradas y orales de la hagiografía católica en los colegios en donde cursó sus estudios en Colombia. Es más, si otras pruebas de ello fueran necesaria bastaría con citar los más recientes estudios sobre monjas, santos y conventos en la colonia hispanoamericana para reconstruir las fuentes de la vida diaria por las que circulaba y continua operando la tradición mística y hagiográfica[4] que las formaciones coloniales rehicieron a su propio modo y saber. El énfasis reposará aquí en el rehacer y constitución de un saber local y colonial. La evidencia que aquí presentaré será pues primordialmente textual. El propósito es orientar la discusión de la soledad en García Márquez hacia la idea de una genealogía que desde ya, por su factura colonial, se entrecruza y enrevesa.

El espacio de la soledad

Desde sus comienzos Macondo aparece en función de un lugar del deseo, del deseo en cuanto huída de algo espantoso. El viaje que emprenden José Arcadio y Úrsula es más un auto-exilio que una respuesta a un afuera que llama o interpela. Es por eso que Macondo carece de previa existencia en los mapas y los derroteros de la

man' (1990: 5) y aquí hay que entender varones ya que este discurso, para Foucault, no incluía a las mujeres. Esta mínima genealogía le permite ir y venir entre el discurso cristiano, en sus diferentes etapas y rupturas, y sus antecedentes greco-romanos sobre el deseo sexual. Es importante hacer aquí una referencia al capítulo titulado 'Enkrateia' o la problematización moral de los placeres (63–93). Mi objetivo aquí no es repasar los volúmenes de Foucault sino poner su estrategia como ejemplo para así asumir yo una genealogía del pensamiento monástico en que un complejo temático sobre el cuerpo — austeridad sexual, la regulación de la vida corporal, el matrimonio como institución, la institución del aislamiento como medio de acceso a la divinidad — distinto del que propone Foucault para la antigüedad, me permita una discusión amplia de la experiencia y figuración de la soledad en García Márquez. Aquí hay que hacer una importante corrección a Foucault en cuanto a la cuestión de género porque una de las vidas ejemplares que la iglesia recupera para modelo de la subjetividad cristiana es la de María la Egipciaca, mujer que vivió durante el siglo cuarto de la era cristiana, la misma época y el ambiente de los eremitas en el desierto de Egipto. Hugo Magennis (2002) dice que la vida de María la Egipciaca constituye una de las primeras narrativas de conversión de la prostitución a la santidad debida a la respuesta individual a un llamado privado de dios bajo la intervención de la Virgen María (7–10). Originalmente narrada en griego por su contemporáneo, el eremita palestino Zosimo, cuyo encuentro milagroso con María en el desierto da comienzo a la autobiografía de María (61–83), *La Vida de María Egipciaca* circuló ampliamente en varias versiones latinas en ambos lados de la cristiandad. Las múltiples versiones vernáculas del texto indican su amplia difusión (12–13) por toda Europa. Desde el siglo octavo la vida de María la Egipciaca ha sido incluida regularmente en sermones y referencias a las vidas ejemplares de los santos. Recuerdo haberla leído en el colegio en que me eduqué en el Perú. García Márquez (2002) deja amplia evidencia de familiaridad de los estudiantes y profesores de su colegio con la hagiografía católica.

4 No es mi propósito en este trabajo presentar una bibliografía exhaustiva sobre el tema. Valgan sólo la mención de unos cuantos estudios seminales: verse Gruzinski 1993, Mesa y Gisbert 1982, Millones 1993, McKnight 1997, Arenal & Schlau 1989, Cervantes 1994, Paz 1982.

exploración y/o la imaginación. Macondo se perfila como lugar a manera de substituto del lugar de origen en donde la pareja Buendía conoció el 'pecado' — la culpa por la trasgresión de las reglas — y el tormento de no poder librarse del 'remordimiento'[5] o la presencia del sentimiento de culpa. Esta huída del mal, del tormento, inherente en la trama y el roce que constituye la sociedad humana, se repetirá en Macondo en varias generaciones. Lo que prima en este deseo de mitigar el sufrimiento apartándose del lugar del pecado, fracaso o remordimiento es la tendencia a la insularidad. Macondo, sea un lugar en el desierto o en la selva, es en cuanto lugar una isla. La casa de Úrsula funciona a manera de ínsula y las varias viviendas de los José Arcadios, los Aurelianos y las Remedios son territorios escogidos y mantenidos para que aíslen a sus habitantes del resto de la sociedad macondina, es decir de los otros.

Y cuando el aislamiento físico no es posible o suficiente la familia Buendía practica el silencio, la otra forma de huir de los demás, y en especial de vicio de la lengua, tan temido entre los eremitas. Graham Gould (1993: 151–64) nos recuerda que vivir en silencio es una manera de evitar las tentaciones y los pecados de las malas relaciones con los otros: 'Silence, the answer to many difficult problems of relationships, is promoted in many sayings as something to be gained by effort and discipline' (164). No hay lector de *Cien años de soledad* que pueda olvidar la férrea disciplina con que Rebeca practica el silencio una vez que decide encerrarse a piedra y lodo en su casa.

El sueño pertinaz de José Arcadio de los cuartos que se repiten en una serie infinita grafica la idea del espacio cenobítico que parece ordenar la casa de Úrsula:

> Cuando estaba solo, José Arcadio Buendía se consolaba con el sueño de los cuartos infinitos. Soñaba que se levantaba de la cama, abría la puerta y pasaba a otro cuarto exactamente igual, con la misma cama de cabecera de hierro forjado, el mismo sillón de mimbre y el mismo cuadrito de la Virgen de los Remedios en la pared del fondo. De ese cuarto pasaba a otro exactamente igual, cuya puerta se abría para pasar a otro exactamente igual...hasta el infinito. (1963: 124)

Los cuartos infinitos y exactamente iguales con los que obsesivamente sueña José Arcadio se parecen a la arquitectura de un espacio cenobítico en el cual las celdas que aíslan a un monje del otro son exactamente iguales en diseño, tamaño, disposición y arreglo interior. Cada celda consta de dos salas vacías en que el eremita pasa su tiempo en contemplación, oración o trabajo manual. El afuera de este espacio de la soledad es un jardín interior que el monje cultiva. Nada aquí difiere del espacio que al final Aureliano se construye para abundar en el silencio del aislamiento en que se entrega a producir los pescaditos de oro sólo para fundirlos y labrarlos otra vez ocupando así el tiempo que entrega a matar el

---

5   Más adelante comentaré el lenguaje de García Márquez en la construcción de la subjetividad de los personajes. Por el momento sólo quiero notar que 'pecado' y 'remordimiento', pertenecen a los circuitos lingüísticos de *Cien años de soledad*. Este es un lenguaje que pertenece a la psicología que maneja la Iglesia Católica en el catecismo, el confesionario, la hagiografía. Es claro que se distingue del lenguaje del psicoanálisis, es decir de la medicalización del discurso psicológico.

tiempo y la llamada del mundo ilusorio en que antes luchara en un torbellino sin fin de guerra y política.

Al respecto, cuando se fundan las prácticas eremitas, los primeros monjes, digamos Macario, Sisoes, Antonio, huyen no sólo del mundo sino también de la iglesia en el mundo a sus cuevas o celdas en un acto de defensa. Graham Gould dice que los padres del desierto huyeron a sus celdas al encuentro de una 'solitude in which a monk could, if he wished, defend himself from harmful contacts with others' (150). A los eremitas de los primeros siglos del cristianismo se les recomendaba que se fueran a sentar en su celda, ya que la soledad y el reposo de la celda les enseñarían todo lo que precisaban aprender para librarse de la tortura del deseo, para combatir el caldero de Babilonia. Sentarse en la celda es extremadamente difícil. Es el Lugar donde combatir con uno mismo, con todo el devenir de la consciencia porque 'it is a place of compunction, a place of refuge for a monk that fears the temptations that beset him in his relations with others or his involvement in things of the world. But it is also a place of encounter with God' (Gould 1993: 151). Por sobre todas las cosas, de acuerdo a los Padres del desierto, un eremita no debe nunca caer en la tentación de salir de su celda. Aguantar la soledad de la celda es el único camino para alcanzar el orden interior y librarse del desorden del caldero de Babilonia o infierno del desorden de los deseos. Gould cita a Arsenio aconsejando a los eremitas del desierto: 'Let your thought think what it likes, but do not let your body out of your cell' (151). Al decir de Thomas Merton el monje 'is a man who has been called by the Holy Spirit to relinquish the cares, desires and the ambitions of other men, and devote his entire life to seeking God' (1957: vii) y para eso le es imprescindible la soledad de su celda ya que se trata de un proceso de desnudamiento y des-cubrimiento del ser encubierto y desfigurado por las ambiciones de otros hombres.

El primer paso a darse en la celda es el aislamiento para así proceder al segundo estadio de la purificación. Merton añade que el monje:

> [He] leaves the world with its false freedom, and by renouncing the weakness of will that drives him to obey every impulse and satisfy all his passions, he disciplines himself in obedience to the will of God, strengthens his soul in love, which brings him to a purer knowledge of God, unites himself more closely in pure charity with his brethren until his soul rests in the tranquil peace which is the sign that there is no longer any significant obstacle to frustrate his desire for truth. (1957: 26)

La imagen de los cuartos infinitos del recurrente sueño de José Arcadio representa ese primer paso, la entrada en la soledad de la celda. Vivir amarrado al castaño del patio desvariando es también un modo de aislarse, de vivir en una celda al aire libre a penas si asistido por la caridad de los demás. La celda, el patio son el umbral del camino a la purificación que propicia el encuentro con Dios para los creyentes, o con la verdad para los ateos como Aureliano o Rebeca. En la huida y aislamiento de San Antonio el Grande, Macario, María la Egipciaca, Thomas Merton y Aureliano opera pues de la misma maniobra: el rechazo de las ambiciones de *otros* hombres. Ambiciones que hayan invadido el interior de la subjetividad del individuo hasta apoderarse de ella en un proceso que, como una liana, ciega y ahoga, sujeta y subjetiviza nefastamente, un proceso que pretende conferir verdad a lo falso e ilusorio. La celda y su silencio es el único camino hacia la verdad. El error en la huida de Úrsula y José Arcadio es haber pensado que juntos podían huir y refundar un espacio pre-lapsario. Los objetivos de la huida son completamente tergiversados con la llegada de los gitanos. Con ellos no sólo se instaura el deseo de las ambiciones de otros hombres sino que también se abre un nuevo espacio de intercambio de hablas, lenguas y lenguajes. La corrección al error de haber dejado que los gitanos trajeran 'el mundo' con ellos llega cuando Aureliano y los otros solitarios deciden que únicamente en la soledad absoluta es posible empezar en el camino de la paz o de la verdad.

El solitario Buendía no falla en dar, finalmente, con su isla, con su cuarto, con su solitario castaño (1963: 83), con su casa cerrada a piedra y lodo, con su costurero. Rebeca 'cerró las puertas de su casa y se enterró en vida, cubierta de una costra de desdén que ninguna tentación terrenal consiguió romper' (119). Seguros en su celda establecen finalmente las fronteras impregnable que los separan del tiempo — pasado y futuro — y de los espacios físicos y sociales a su alrededor — familia, res política. Finalmente se encierran en el silencio para no caer en la tentación de la nostalgia. Hasta su corporeidad emblematiza la llegada de la soledad. En el Coronel se le empezó a notar en el endurecimiento de la línea recta de sus labios, la marca en sí de la meditación solitaria y la decisión implacable (82).

Macondo funciona desde un comienzo, tal como el desierto egipcio funcionara para los primeros eremitas, a manera de refugio de los malos tiempos, de la guerra, de las tentaciones, de los fracasos del alma. Los estudiosos del primer movimiento monástico de la cristiandad coinciden en que 'the first Christian Anchorites were refugees who sought safety in the desert from the persecution launched against the Church by the imperial government under Decius and Diocletian. Others have argued that the movement resulted from the softening of the moral fibre of the Christian community after Constantine had given peace to the Church in 313' (Lawrence 1984: 1). A pesar de la distancia en el tiempo y el lugar, es inevitable observar que José Arcadio Buendía, Melquíades, el Coronel Aureliano Buendía, José Arcadio Segundo, Rebeca, echan mano de algo para ellos familiar, conocido y a la mano. La búsqueda de la soledad se pone de manifiesto junto con el reconocimiento del fracaso y de la problematización del deseo que acompaña esta iluminación en la conciencia de los Buendía.[6] La búsqueda de la

6 Poniendo de lado el hecho de que Foucault está primordialmente interesado en las conductas sexuales masculinas y 'homosexuales', se podría sin embargo estar de acuerdo con el teórico francés cuando propone la idea 'general' de que 'the problematization of sexual behaviour in Antiquity could be regarded as a first chapter in a general history of the techniques of the self' (11). Esa problemática y las técnicas del ser individual del deseo desemboca en la búsqueda de la soledad en García Márquez. Pero la vertiente que yo expongo aquí es el discurso de la soledad de los monjes cópticos y no la problemática griega del hombre y su deseo por los mancebos aunque pudiera ser precisamente de ese deseo por los mancebos, definitivamente prohibido por San Pablo, del que huyeran los jóvenes conversos cristianos alejandrinos. Para más detalles sobre la huida del mundo en el mundo romano y en el presente véase 'Solitude: The Causes of Flight' (Gould 1993: 157–62), y Merton 1957: vii–xiv.

soledad es algo que habita los pliegues de la cultura macondina. Todos la conocen, saben cuál es la conducta que corresponde al estadio y al deseo de la soledad. La experta en reconocerla y diagnosticarla es Úrsula. Cuando, después de los desengaños que la búsqueda obsesionada de los deseos les brinda, los Buendía localizan un territorio capaz de ofrecerles aislamiento. Casi a ciegas, como guiados por un qué hacer acostumbrado, dan con el refugio, el respiro, el lugar que permite el descanso del desgaste del devenir del tiempo.

La novela acusa una espiral en descenso en cuanto al tamaño del espacio vital que cada individuo ocupa. De las grandes exploraciones por tierras ignotas, y de los planetarios recorridos con los gitanos, pasan los hombres de la familia de Úrsula a movilizarse en territorios más restringidos. Las informes trayectorias de la guerra, empiezan a perder fuerza y a contraerse en las ruinas circulares de batallas más y más pequeñas e insignificantes. Para parar su peripatético ejercicio de la guerra, el coronel tiene que hacerse trazar un círculo de tiza a su alrededor, en sí una movida que anticipa el deseo de la celda que constriñe y resta el movimiento. Ni Úrsula puede atravesar esa línea de alteridad impregnable.

Las marcas visibles en el espacio *detienen* la serie de actos sin fin en la ilimitable coordinada del tiempo. De allí desembocan en el regreso a Macondo. Los que vuelven de los placeres de marinero, de la 'embriaguez del poder' (146) las guerras civiles, de los placeres en Europa, regresan 'extraviados en la soledad de un inmenso poder' (17) y para recuperar-*se*, como diría Thomas Merton, se encierran en la casa de Úrsula, de Santa Sofía de la Piedad. Pasan finalmente al laboratorio, al cuartito de atrás, al asiento al pie del solitario castaño, al costurero de Amaranta (142), al propio dormitorio (142) aún al lecho de un erotismo sin fin.

La iconografía del espacio de la soledad

El deseo de apartarse de lo que la Iglesia llama 'el mundo' lleva a los Buendía, al igual que a los eremitas del siglo tercero, al refugio de un territorio mínimo en que la mirada se revertirá del afuera hacia el interior del ser así refugiado y protegido de 'cuanto entra por otro lado' (Vallejo 1973: 66). Ese es el deseo inicialmente conocido por el eremita. La interioridad que el cristianismo inaugura, precisamente con los monjes cópticos, con la biografía de San Antonio el Mayor (c.250–356) escrita por Atanasio (c.296–373), el patriarca de Alejandría,[7]

---

7   En el año 356 de nuestra era el cóptico San Antonio el Grande (Saint Anthony the Great) (c.251–356) murió. Atanasius (c. 296–373), patriarca de Alejandría, escribió una biografía en griego. Circuló ampliamente en el mundo de habla griega. A los pocos años se tradujo al latín. Ver Atanasius 1950. Lawrence (1984: 4) explica que el término 'eremita', viene del griego *eremos* que significa 'desierto'. San Jerónimo (331–420) es una de las figuras centrales en la diseminación de las ideas de los padres del desierto. Tanto en sus cartas como con la *Historia Monachorum* (375) disemina el saber que los monjes mismos habían compilado basado en sus decires, epígrafes y anécdotas (Lawrence 1984: 1–3). Cuando los monjes palestinos llegan al desierto Egipcio en 394 visitan a John of Lycopolis que rayaba ya por los 90 años y estaba completamente gastado por los rigores del asceticismo. Su lucha por librarse de las pasiones había incluido el ayuno continuo, la oración constante y una

consiste en una particular relación con uno-mismo. Imbrica formas de relación que incluyen la verbalización, el desciframiento, la confesión, la auto-acusación, la lucha contra las tentaciones, la renunciación y sobre todo el combate espiritual (Foucault 1990: 63).

Todas estas artes, o técnicas de la exploración del ser que luego aparecen como pensamiento, operan en el espacio de la memoria. Es más, en el silencio de la soledad la memoria personal, cuya alimentación expirencial va disminuyendo en el encierro y el silencio de la celda, empieza a yuxtaponerse al recuerdo inmemorial. Aparecen y agrandan el espacio que ocupan en los sueños y las visiones. Se desarrolla la capacidad de la profecía y el presagio. La soledad da lugar a un orden de percepción que excede al verbal, al cual Foucault se limita en su investigación sobre el uso del placer y 'the care of the self' en el mundo antiguo.

Sin embargo, es evidente que el espacio vacío del desierto o la celda del místico se pueblan con el mundo que el silencio/discurso del místico produce. A este respecto en *The Poetics of Space* Gastón Bachelard observa que todo espacio verdaderamente habitado evidencia las marcas de la imaginación de un hogar y esta imaginación funciona en forma dialéctica (1969: 5). Bachelard apunta que la imaginación construye paredes de sombras impalpables, 'conforts itself with the illusion of protection — or just to the contrary, trembles behind thick walls, mistrusts the staunchest ramparts. In short, in the most interminable of dialectics, the sheltered being gives perceptible limits to his shelter. He experiences the house in its reality and its virtuality, by means of thought and dream' (1969: 5). Es evidente que la vivencia del momento prodigioso en que el niño Aureliano, de la mano de su padre ve al hielo, viene aunada en el recuerdo, con los únicos momentos de verdadera felicidad que conoció el Coronel. No son los del amor. 'Sus únicos instantes felices [...] habían transcurrido en el taller de platería, donde se le iba el tiempo armando pescaditos de oro' (149). Pasamos pues de la experiencia de un territorio en un sentido positivo a una vivencia desplegada sobre un espacio inmemorial, 'a domain [...] beyond man's earliest memory' (Bachelard 1969: 5). Como si Bachelard tuviera en mente la clave de *Cien años de soledad* afirma que en este espacio del refugio se dará la síntesis de lo inmemorial con el recuerdo. Añade Bachelard: 'In this remote region, memory and imagination remain associated, each one working for their mutual deepening ...they both constitute a community of memory and image' (5). Se trata pues de un viaje en el espacio de una 'motionless childhood' (5) en que se reviven y se fabrican imágenes de memorias del deleite de la protección de la unidad madre-padre (6), del mundo antes de la separación.

El espacio de la soledad en la novela de García Márquez acusa una relación iconográfica y filosófica de gran parecido al significado y uso del espacio que se

---

disciplina de ejercicios propia de los atletas (Ward 1981: 52). Macario, otro monje del desierto, persigue indefectiblemente su meta de ser amo de sí mismo, de negarse a las pasiones, y encuentra que sus incontenibles deseos de comer uvas son pruebas que el demonio le pone (Ward 1981: 109).

maneja en la hagiografía egipciaca o la *Historia Monochorum in Ægypto*[8] atribuida a San Jerónimo (c.331–420). Durante la época del emperador Julián el Apóstata (322–366 de nuestra era) se registró una gran afluencia de jóvenes cristianos a los desiertos de Egipto. Parece que unos buscaban refugio de la corrupción del mundo romano, pero muchos otros huían de la conscripción al servicio militar en las huestes de los emperadores romanos (Ward 1981: 130–31). Eran, como todos los tiempos, tiempos de guerra. El paraje que los monjes cópticos escogen para ejercer en su grado más alto la vida espiritual a la que los llama un cristianismo que ellos mismos inventan es el desierto.

El desierto, naturalmente inhóspito a la vida por su falta de agua, acoge y ejemplifica o mimetiza el deseo de separar la unidad corpórea que es el individuo de lo que le rodea. El desierto, hostil a la proliferación de la vida natural y por tanto la social, parecería ofrecer un laboratorio natural donde el proceso de purificación, de la reducción a esencias incorruptibles se daría, por así decirlo, de por sí.

Alejado de la posible ingerencia de todo lo que fuera otro, el individuo puede defenderse mejor de ser invadido, de ser corrupto por lo que está en el afuera, por lo que no debe pertenecer a su propio u auténtico orden. Así pues los monjes escogen vivir en cuevas, pequeñas chozas de dos ambientes, porque ni los visitantes deben pasar a la celda donde el monje contempla o reza. Otros escogen la intemperie agreste. Se refugian del mundo bajo el alero de una gran piedra, o

---

8 La literatura patrista de la Iglesia Católica registra que a fines del tercer siglo de la era cristiana ya existían varios experimentos monásticos en Egipto. Alejandría todavía retenía su esplendor intelectual y se había convertido en centro de la cristiandad. Pero en la ruta del Nilo todavía vivía la antigua cultura faraónica. Tanto Antonio (nació 250 a.d.) (Anthony) como Pachomius (Pachomius) eran egipcios. Anson (1932: 8) dice que 'Early Christian solitaries in Egypt were influenced by pagan practices. Ancient papyri refer to recluses who were dedicated to the God Serapis, the god of healing'. Es más, es posible que Pachomius, el fundador del cenobismo en Egipto, hubiera sido sacerdote de Serapis. Añade Anson que muchos religiosos egipcios fueron a Grecia, Palestina y Asia menor durante los cuatro primeros siglos del cristianismo (11). Además 'from the day of Christ, Christians had been conscious of a certain feeling of isolation from the world (12). Los varios monjes y cenobitas que escogieron Egipto para llevar una vida realmente cristiana estaban desperdigados por pueblos y lugares cercanos al Nilo y al sur de Cairo. Rumores e historias de anacoresis flotaban y llenaban la imaginación del naciente mundo cristiano. Ward (1981) dice que 'the central record of the early monks is to be found in the various collections of the *Sayings of the Fathers*' (3). Es decir en la *Apophthegmata Patrum*. La *Historia Monachorum* aparece generalmente incluida en la *Patrología Latina* (443–444) (Ward 1981: 6) La fuente principal sobre la vida monástica de los padres en el desierto es la narrativa del viaje que Rufino (Rufinus) hizo al desierto egipcio para visitar a los monjes. Originalmente escrita en griego entre 443 y 444 la *Historia Monachorum in Aegypto* circuló ampliamente por todo el mundo cristiano (Ward: 3, 11) y serviría, ya en traducción al latín, cientos de años más tarde, como el fundamento de las órdenes monásticas europeas, en especial para delinear la regla benedictina. La auto construcción de los anacoritas en el desierto es un legado que se mantiene vivo en la tradición católica a través del curso de dos milenios. La palabra monje deriva del griego 'monos' que significa 'solo', 'solitario'. Los monjes eran gente que se había retirado de la sociedad para perseguir la vida de solitario. Como ya se ha indicado, ermita viene del griego 'eremos' que significa 'solo'.

entre los peñascos. Todo por evitar la palabra, el contacto social, es decir la interferencia del afuera, de lo otro. Pero como ya se ha dicho, este es un proceso dialéctico. Se trata de purificar, pero también se trata de integrar la diversidad interior, el hoy, con el ayer, y como apunta Bachelard, la casa, el cuarto, la choza tienen grandes poderes para integrar recuerdos, saberes y sueños de la humanidad: 'The binding principle in the integration is the daydream' (1969: 6). La casa refugia, da guarida al ensimismamiento, devuelve áreas enteras del ser. Estas son refugios y casas en que 'the human being's certainty of being is concentrated' (33). Con esas imágenes uno podría empezar una nueva vida, '[a] life that would be our own, that would belong to us in our very depths' (33). Esa clase de reverie, de ensimismamiento veda la palabra.

Rufino, el monje que en el año 372 visitara el desierto al sur de Cairo, fijó la imagen del desierto egipcio no tanto en sus resquebradas arenas cuanto en su gran silencio. Se admira de que aun los monjes que viven en cenobios hayan optado por disciplinar la lengua. Se evita comer y se evita el hablar. Se evita el contacto con el afuera. Se obra y se razona por disminución en el camino a la auto suficiencia.

Las privaciones y negaciones corporales de los ejercicios que rigen sus vidas son en sí émulo del desierto baldío de comestibles 'naturales' o cultivados. La serie de ausencias que organiza la fractura de la intensificación de la vida espiritual del monje admite el alimento crudo y desdeña todo lo cocido, lo elaborado. Si se acepta el pan no será fresco y caliente sino más bien añejo y duro. Nada elaborado o placentero. Todo crudo o en ruinas, es decir de vuelta a su estado natural o sea divino, la re-definición de un paraíso en que el orden humano, como en el caso de Rebeca, ha sido enterrado. Apolo (305–405?), cuyo deseo era derrotar a los dioses y sacerdotes egipcios, vivió en una cueva por casi ochenta años, comiendo solo de las plantas que por ahí crecían y haciendo 100 genuflexiones de día y otras cien de noche (Ward 1981: 70–71). Cuenta este monje, que sus comidas se las traía un ángel; figura que enlaza directamente con Santa Sofía de la Piedad y los cuidados que ella tuvo con los varones solitarios de *Cien años de soledad*. Hay en estas historias de vidas una gran y contradictoria exageración de las privaciones, una especie de descomunal oposición a los excesos Pantagruélicos que marcan otros episodios de la vida de los Buendía.

Tal como Apolo en el desierto, los Buendía son hombres que se saben incómodos con los artificios de la vida en sociedad. Los solitarios se saben hombres fracasados en el mundo, incompletos, abatidos por la lucha contra las pasiones que rigen pero no organizan la vida social. Abrazan sus carencias e imperfecciones y luchan por aprender a encontrar la paz, la aparente *inamovilidad* del desierto en sus propias carencias y/o a través de un régimen de exigencias corporales que señalan en sí, como en el desierto, los límites de la vida: prolongadas vigilias, largos ayunos, soledad absoluta, prolongados silencios. El cuerpo del solitario mimetiza el cuerpo del desierto para dejar florecer en su interior la vida espiritual de otro modo interferida por el habla, la comida, es decir por la raíz del deseo.

La ausencia de todo en el desierto, la limpidez del horizonte, la llanura del terreno funciona iconográficamente a manera de émulo del proceso de descubrimiento y allanamiento interior programado por la necesidad de controlar los altibajos y el movimiento de las pasiones. Como se verá más adelante, el desierto, en cuanto reverso o negación de la res-política es el espacio ejemplar donde llevar adelante el experimento que, inspirado por el discurso socrático, rechaza la lógica cultural del honor y busca más bien el descubrir los ejercicios por los cuales el individuo se adueñe de sí mismo. Este movimiento de rechazo de la vida pública a favor de una búsqueda interior o en su defecto de un silencio y quietud anti-social es precisamente el movimiento que narra la vida del coronel Aureliano Buendía al pasar de guerrero perenne y héroe de sublevaciones a perdedor y finalmente anónimo aldeano.

La política de la soledad

En la soledad que buscan los Buendía se encuentra también la otra gran corriente que informa a los solitarios al sur de Alejandría. El *asceticismo* por el cual esperan apartarse de la corrupción del mundo representa una radicalización de la crítica de Sócrates a la ciudad-estado de Platón y Aristóteles. En cuanto herederos de Sócrates, los cínicos, cunden con la caída de la ciudad estado. Perfilan la crítica al imperio de Alejandro el Magno, preconizan la filosofía de la soledad y vislumbran al individuo autónomo, fuera del contexto social. Sócrates, que andaba descalzo y vestía la misma túnica fuera invierno o verano, y cuya muerte representa el más grande desdén por el cuerpo, había abogado por la necesidad política de la *autarquía*. Su renuncia a las posesiones materiales iba acompañada de un abrazo del ocio, del tiempo vaciado de las coordenadas del *socius*. Sólo en la ausencia de obligaciones y deseos ordenados por los códigos políticos podría el hombre autárquico alcanzar pensar la divinidad o la sabiduría.

Tal como el Coronel Aureliano Buendía, Sócrates llega a desdeñar la vida política, e inclusive ve en el trabajo una suerte de impedimento a la reflexión. Repetir el hacer pescaditos perfectamente inútiles, es una manera de adueñarse del ocio. Se libera el tiempo de otra manera poseído por la sociedad. Se libera de los deseos impuestos por la sociedad porque no querer nada es la única manera de parecerse a los dioses. Los cínicos y otros discípulos de Sócrates, andaban vestidos de arapos. Mendigaban para evidenciar su rechazo al código del honor greco-romano. Ultrajaban todo lo que pudiera merecer la estima de la opinión de los demás.[9] Tal como sus posteriores émulos franciscanos durante la edad media, los cínicos vagabundeaban por el campo, vivían en peñas y otros parajes agrestes y rechazaban todo lo que fuera parte del sistema de posesiones materiales con una acerba crítica del orden cívico romano (France 1996: 5–6). La austeridad a la que acceden los personajes de *Cien años de soledad* tal vez no alcance el grado de intensidad de los cínicos. Pero es que no se trata en la novela de abundar en los

---

9 Diógenes, el cínico, comía y se masturbaba en público. Razonaba que si los placeres no eran nobles, era entonces importante exponerlos, sacar sus prácticas a la luz, en vez de esconderlos en la casa, o en la oscuridad de la noche. Véase France 1996: 11 y Foucault 1990: 54.

aspectos verbales de un discurso cínico o místico, sino que al contrario, lo que *Cien años de soledad* hace es narrar las prácticas y técnicas de la emergencia y sostenimiento del ser (self). Las prácticas ascéticas de los solitarios de la novela constituyen el ejercicio de una rigurosa voluntad para regir sobre los placeres, los afectos. Se imponen privaciones de comida, bebida, sueño y habla, es decir una ética alimenticia y sexual destinada a apagar el deseo. En ello descansa su raigambre monástica y socrática.[10]

Como lo recalca Peter France al estudiar el mundo mediterráneo en que surgen los eremitas, es evidente que con Sócrates estamos ante un cambio oceánico en la concepción del individuo. Pero esta nueva concepción del ser humano no es resultado únicamente del desarrollo del *logos* de la filosofía griega, como lo vería Foucault. Por el contrario, y como lo observan Michel de Certeau, Peter France y Steven Ozmet, la relación de la ascendencia de la filosofía de la soledad con períodos de grandes cambios políticos y culturales es indudable. No hace falta más que recordar que los cínicos y monjes cópticos surgen entre el decaimiento de la ciudad griega ante las conquistas de Alejandro Magno y la decadencia del imperio romano. Las crisis medievales, las guerras religiosas de la modernidad causan las huidas del mundo a las celdas que abrigan a monjes y místicos. Sin lugar a dudas podríamos añadir las interminables guerras colombianas a la lista de los cataclismos humanos[11] y así comprender como la conducta de los reclusos de la novela de García Márquez están dando una respuesta drástica pero no nueva a la imposibilidad de vivir en el mundo.

No es pues de llamar la atención que el asceticismo de los monjes de Egipto tenga sus primeros brotes en la Grecia de los cínicos y cunda en el Mediterráneo con la culminación y derrumbamiento del imperio romano para aparecer reanimada en las renuncias y los aislamientos de los Buendía. Peter France apunta que la hostilidad de los cínicos cristianos al imperio romano fue estridente y sin tregua. Se buscaba la destrucción de orden intolerable e incompatible con las nuevas ideas de autarquía y búsqueda individual de la verdad (la divinidad) y salvación.

Tal vez sea aquí un buen lugar donde enfatizar que es el impulso individual y autárquico de los solitarios monjes en Egipto — los padres en el desierto — el que me lleva a establecer con ellos la filiación del discurso de la soledad en *Cien años de soledad* y no con su reordenamiento medieval en las órdenes conventuales. La Regla autorizada por la Iglesia institucionaliza el impulso y las prácticas individuales de los monjes cópticos. La organización y regulación de la vida monástica

10 Foucault dice que la ética alimenticia y sexual griega alcanza su más completa expresión en la *Nicomachean Ethics* (1990: 53).

11 Diógenes, contemporáneo de Alejandro el Magno quien murió en 333 b.c. en Babilonia en una epidemia de cólera después de haberse dedicado por más de un mes a grandes orgías (Ver *Cambridge Illustrated History of Archaeology* 1996: 4) radicalizó a Sócrates. El filosofo griego no sólo ridiculizaba todo lo normativo con gran ironía sino que le mandó decir a Alejandro Magno que se quitara de su sol (citado por France 1996: 13). Para la relación entre épocas de grandes crisis históricas y el ascenso de la filosofía de la soledad véase France 1996: 9–14, Ward 1981: II, 'Mystic Speech' en Certeau 1986: 80–100. Ver en especial Ozmet 1973.

en conventos y comunidades aparece con San Benedicto (c. 480–550) y florece después con Cluny, los franciscanos y los augustinos.[12] La orden conventual, la institución eclesiástica, precisamente, marca la diferencia entre las prácticas ascéticas de los Buendía y los monjes de las órdenes medievales. Después del siglo once, 'monasticism in the West was a highly organized and centralized way of life' (France 1996: 51). Pierde así el carácter autarquista o socrático y crítico, es decir la marca indeleble de los Buendía.

A este respecto es importante notar que la ascética que acompaña el deseo de autarquía se origina en una innovación en la religiosidad griega, efecto en sí, de los contactos griegos con Egipto. Sacerdotes dedicados al culto de Orfeo, en sí un culto a Dionisio traído del Egipto, se empezaron a juntar en hermandades para *purificar* sus almas por medio de disciplinas extraordinarias en la dieta y el vestido (France 1996: 3). El impulso a la purificación procedía de la interpretación del mito de la muerte por antropofagia de Dionisio. Casi inmediatamente después de su nacimiento, Dionisio fue entregado al cuidado de los Titanes. Obedeciendo las órdenes de Hera, los Titanes desmembraron al bebé y se lo comieron después de cocinarlo en un gran caldero. Peter France anãde que:

> The Titans were then blasted by the fire of Zeus, who created from their ashes a new race of men. These were composed of the eaters and the eaten, so that they each had within them the divinity that was a piece of the god. The *soma*, or body, was the *sema* or tomb of the divine. The Orphics taught that by abstinences and purifications the divine might be preserved pure within the body and protected from the soiling of the carnal appetites. (3)[13]

Es pues evidente que el impulso purificador no se trata de una histeria personal sino más bien representa un aspecto profundo de la concepción mediterránea de la relación entre lo humano y lo divino. Tanto en los mitos de Dionisio, como en la construcción de la eucaristía y en la mística española aparecen con claridad los trazos con que esta relación se invierte y revierte en corrientes culturales en que circula. Como diría Foucault, se trata de un complejo temático que perdura. Las prácticas de los órficos fundan el asceticismo basado en la abstinencia de los placeres corporales, el contacto con el afuera, y en especial el silencio. Para mejor alcanzar sus objetivos los ascetas se apartan de la sociedad. Aparece así el concepto de una espiritualidad o religiosidad basada en una filosofía de la soledad que desdeña lo otro, que intenta expeler funciones básicas del uno-mismo, en cuanto

---

12 Lawrence (1984: 33) explica que la regla de San Benedicto ofreció el modelo de la organización cerrada de la vida ascética de una comunidad. Se seguía una rutina muy bien planeada en que se distribuía el tiempo entre oración, trabajo y estudio: 'Though the writer's debt to the ascetical teachings of the East are obvious, what gave his scheme distinctive character was his concern for the essentially Roman virtues of stability, order and moderation'.

13 Las asociaciones de Dionisio con rituales de purificación son varias. En otros mitos, Dionisio es perseguido por su madrastra Hera quien lo infecta de *mania* o locura. Marcel Detienne (1989: 21–22) dice que 'in Alexandrian imagery Dyonisos, pursued by Hera, takes refuge on the altar of Rhea [....] [She] puts an end to her grandson's madness. She "purifies" him, delivers him from his *mania*'.

contacto con lo otro constituye un obstáculo en el deseo de alcanzar la divinidad, lo esencialmente puro construido a su vez en cuanto negación de lo humano o contaminado.[14]

A la luz de la soledad

A menudo es posible sorprender a los personajes de *Cien años de soledad* abstraídos, con la mirada fija en el espacio, en un espacio transparente, denudado de objetos. Este es el espacio al que, a fuerza de oración y disciplina, accede el místico del desierto. Se trata de la percepción de la imagen de la transparencia del viento y la luz candente en las arenas del desierto. El vacío en Macondo resplandece en toda su luminosidad tanto en el interior de los solitarios como en el espacio positivo del mundo. Resplandece como el nácar de la frase de Rimbaud, es decir el nácar (mismo) ve a sí mismo ('Nacre voit').[15] Como apunta Bachelard, se trata aquí de una luz que invita a la vigilia y que por lo tanto vigila (34).

Después de la guerra, y después de haber sufrido las más grandes mofas e humillaciones del pueblo a raíz de haberse hecho derrotar a propósito para poder acabar con las guerras cíclicas que afligen a la sociedad colombiana, el coronel Aureliano Buendía, en compañía de su leal amigo Gerinaldo Márquez, fija la vista en las abandonadas y vacías calles de Macondo. Cree, en ese instante, haber visto, haber percibido con los ojos de su cuerpo, la sustancia misma de la soledad: el tiempo congelado, el tiempo vacío, es decir la divinidad o por lo menos algo inhumano.

Cuando en esta soledad-vacío-atemporal se da la percepción de algún objeto escogido por la imaginación en que la memoria se ha sincretizado con lo inmemorable, el objeto aparece rodeado de una aura propia, del poder aislante del prodigio. Así por ejemplo, el galeón aparece solo, rodeado de puro espacio, perdido en la selva. Es comparable en su singularidad al goce sexual que se distingue, se perfila y se acendra en los manglares de la soledad. Cada visión, cada pasión, ocupa su propio espacio fuera del tiempo y de la historia hecha por las ambiciones de otros hombres. No admite mezcla. Percibir es ahora purificar. Conocer es probar la esencia y esa esencia, en su ebullición, exige un gran espacio vacío a su alrededor. El galeón no colinda con nada que no sea su absoluto contrario, es decir el vacío. Tanto la selva como el galeón son inconfundibles, pero

---

14 En su indagación sobre el significado de las prácticas sexuales y la emergencia de una subjetividad particular, Foucault habla de la búsqueda de la verdad en los textos griegos que él examina en busca de los lineamientos de una ética sexual. Aquí Foucault evita la palabra divinidad. La sustituye por la verdad. El estoico emperador Marco Aurelio (a.d. 121–180) es una de las principales figuras públicas que rechaza el sistema de los honores y presiones de la vida pública romana y aun más en especial su orgiástico ritual el que en si aparece como la continuidad de las prácticas licenciosas de la vida privada romana de la época. Sus *Meditaciones*, originalmente escritas en griego, alcanzaron amplia difusión en el imperio romano, y constituyeron después un texto fundamental de la cultura española y su pasaje a América. Ver Copleston 1962: 179.

15 Frase de Rimbaud citada por Bachelard (1969: 34).

no por eso son contrarios. No comparten nada excepto su propia oposición, sin la cual no podrían ser, ya que ser es ser diferencia. Al percibir la imagen o se ve la selva o se fija la vista en el galeón. Es imposible verlos como conjunto: 'Cuando despertaron, ya con el sol alto, se quedaron pasmados de fascinación. Frente a ellos, rodeado de helechos y palmeras, blanco y polvoriento en la silenciosa luz de la mañana, estaba un enorme galeón español'(18).

Los objetos nimbados de soledad son fragmentos de una civilización perdida de la cual los gitanos arrancan restos. En cuanto ruinas de una cultura cuya lógica permanece oculta y remota los objetos que traen los gitanos invitan a su desciframiento a través de textos proféticos. Nostradamus y la alquimia comparten con los descifradores de Macondo el acercamiento maravillado del místico ante la ansiada visión celeste que revele el significado de todos los tiempos, que revele el secreto conocimiento que sea capaz de sobrepasar las limitaciones del saber histórico, de la corrupción de los tiempos y de los hombres. Es esta mirada la que desencaja los objetos de su contexto 'habitual', es una mirada que sur-realiza, que accede y brilla en la más enterrada interioridad: 'Los hombres de la expedición se sintieron abrumados por sus recuerdos más antiguos en aquel paraíso de humedad y silencio, anterior al pecado original, donde las botas se hundían en pozos de aceites humeantes y los machetes destrozaban lirios sangrientos' (17).

En el silencio de la soledad se abre una perspectiva que perfora a través de las capas normalizadoras de la cultura cotidiana para descentrar los objetos y la percepción de ellos y así revelar la inherente originalidad, la incomparable singularidad, la novedad del mundo en soledad. Esta es la mirada del solitario, de la conciencia que ha borrado en sí el recuerdo del orden que naturaliza en el mundo en cuanto lógica cultural y ambición de otros hombres. Al decir de Bachelar inaugura la visión de las profundidades y pertenece a la poesía (13).[16] Es una mirada que al purificarse, logra situarse más allá del orden perceptivo de la cultura entera. Es un saber poético, simultáneamente local y universal.

José Arcadio el fundador, en un acto de voluntad comparable al del eremita que abandona la civilización para irse al desierto en pos de un nuevo conocimiento de sí y de Dios, es decir del mundo entero, imagina el conocimiento a manera de una serie de objetos discretos. José Arcadio sinceramente espera alcanzar el conocimiento a manera de revelaciones sucesivas cuya relación entre sí no es necesariamente orgánica o estructural. Para el fundador cada objeto, es decir cada revelación, constituye un vehículo sellado y completo en sí, absoluto en su solitaria perfección. Cada objeto de su percepción es una visión celeste, sin precedentes, intransformable y únicamente repetible e intransferible, tal y como serán después los peces de oro cuya factura consumirán los días del Coronel Aureliano Buendía. En este conocimiento, como lo dice el mismo Coronel, se encuentra algo así como la felicidad de conocer el hielo en una tarde remota de la infancia (149).

---

16 Dice Bachelard que 'the real houses of memory, the houses to which we return in dreams, the houses that are rich in unalterable oneirism, do not readily lend themselves to description [...] The first, the oneirically definite house, must retain its shadows. For it belongs to the literature of the depth, that is, to poetry'(1969: 13).

La soledad espantosa del amor

'La soledad espantosa' del amor (31) podría tal vez considerarse el tema principal de los cien años de vida de la familia Buendía. En la centrípeta espiral del incesto, la familia parece desear un retorno al mundo anterior al recuerdo y por lo tanto a la historia. Parecen buscar un origen sin diferencia, a un todo completo y absoluto como el que constituyen los objetos nimbados de soledad. Haciendo uso del código hagiográfico, los Buendía ponen termino a la época de sus grandes placeres, en especial el carnal, con un tajante arrepentimiento. De inmediato buscan su refugio de las noches salvajes de temblor de tierra (33), de 'la pérdida de la conciencia en el placer' (85), en la soledad, en el 'refugio del laboratorio' (34), en el costurero de Amaranta. Los Buendias 'ansioso[s] de soledad, mordido[s] por un virulento rencor contra el mundo' (34) registran una inversión. Como muchos de los eremitas, en especial la prostituta Santa María la Egipciaca o San Antonio, el Mayor, los Buendía, un buen día, repentinamente, cambian de rumbo. Las energías y afectos centrífugos que propelen el cuerpo hacia el goce sexual, se invierten, convirtiendo al cuerpo en el lugar de la soledad. Los Buendía se ensimisman (32), hacen de su cuerpo y hasta de su conciencia el último reducto, la morada menos incontaminada. Vuelcan la mirada, es decir la conciencia, hacia un adentro que sólo puede estar demarcado y protegido por el cascarón de su cuerpo: 'encontró la dura cáscara de su soledad' (149). Ansiosos de soledad (34), y enfermos por un flagelante rencor hacia el mundo los Buendía se hunden en el refugio de su celda, en el fortín de su cuerpo convertido en caldero de Babilonia, el nombre que la antigüedad diera a las celdas de los monjes del desierto, reinscrito tal vez en el nombre de Mauricio Babilonia.

Silencio, memoria y tiempo

En las noches de insomnio, en el sueño sin sueños, en la total lucidez de la soledad aparecen los síntomas de una conciencia en proceso de extirpación purificadora. Se va a la deriva, buscando el reflejo de sí misma hasta que finalmente alcanza la pureza del silencio. El flujo de la conciencia descansa así en el espacio infinito de la soledad. La metáfora de García Márquez que emblematiza este proceso es la imagen del tiempo congelado en un lunes eterno. Cuando la máquina del tiempo se descompone para siempre, José Arcadio Buendía se despide de este mundo. O al revés. Entra, libre ya de este mundo, en el espacio depurado por el olvido. Libre del tiempo (el sueño de Borges) que operaba la división entre ser (self) y lo otro, José Arcadio consuma su sueño de conocimiento. Pero no será el conocimiento que inútilmente buscara con los aparatos de la ciencia. El conocimiento que la soledad ofrece, como lo diría Thomas Merton, es más bien su contrario. Es la inocencia, el más allá de los saberes humanísticos, sociales y científicos. Paradójicamente alcanza su plenitud en el no-saber, en la inocencia.

Para alcanzar este objeto del deseo del conocimiento ha sido necesario atravesar la región de la memoria y el olvido. De no atravesar por ese paraje del olvido, el resultado podría ser muy otro. En vez de la plenitud de la inocencia se podría llegar a la idiotez, al olvido de todos los saberes e inclusive de la memoria. La plaga del insomnio fue tan sólo un ejemplo de los peligros de olvidar sin atravesar por los rigores de la depuración rigurosa de la memoria. No se trata de borrar todo, sino de depurar, de seguir la pista de esa divinidad a la que los órficos querían acceder. En el peregrinaje de la soledad hay que saber seleccionar los recuerdos y evitar el gran peligro de no caer en la nostalgia o en la construcción de un pasado imaginario (48). Poco a poco la selección de recuerdos permite esclarecer el espacio de la quietud. Allí, en el 'silencio interior' (241) aparece, como el nácar, una 'lucidez alucinante' (45).[17]

Cada uno de los Buendía que atiene 'los privilegios de la soledad', a la manera de los monjes, quema su pasado antes de internarse en su celda. Trae consigo lo más absolutamente esencial para continuar la existencia del ser (self). En el caso de Rebeca la lista de los esenciales es mínima: un poco de tierra, el cloc-cloc de los huesos de sus padres. El coronel, después de la última batalla llega a Macondo con un baúl de poemas escritos durante las guerras. Después de firmar el tratado de Neerlandia echa todos sus papeles al fuego. Es en ese momento que se siente liberado y da el paso final para entrar en su taller-claustro (137, 142). Como veremos en las conclusiones, esta decisión de no dejar huella, en especial huella escrita, diferencia la mística de la soledad en García Márquez, ya que los personajes de *Cien anos de soledad* siguen estrictamente en la tradición eremita y cenobítica del silencio a toda costa (Merton 1957: 159), aun después de la muerte. Los monjes deben ser enterrados en una tumba sin marca (Merton 1957: 127–55), así como a Macondo finalmente la barre el viento sin dejar rastro de ella.

La vida, esa hojarasca que no termina de llevarse el viento, es pues un impedimento para el que quiere dedicarse a los privilegios de la soledad. Al final, lo que aqueja a Macondo, es no poder librarse de esa hojarasca, de esa nostalgia que se queda, que se pega a las cosas (349). Las ruinas de Macondo no terminan de terminarse y lo que Macondo necesita para no terminar degenerándose con la cola de cerdo del último Buendía, es un fuego purificador como el que el Coronel les prende a sus papeles. Ese fin hubiera sido humano. El otro es monstruoso.

---

17 Las ideas sobre la soledad en García Márquez difieren notablemente de las de Octavio Paz. En *El laberinto de la soledad* Paz escribe que la soledad, en cuanto destino inescapable del hombre moderno ateo, es mitigable por la nostalgia y la constante búsqueda de solidaridad (1967: 175), idea que García Márquez opone sostenidamente. Paz piensa además que la soledad es un aspecto consignado a la niñez aspecto y de la adolescencia. En cuanto el hombre alcanza su completo desarrollo, encuentra en el trabajo el vehículo con el cual encontrarse consigo mismo y deshacerse así de la soledad. La soledad en García Márquez está pues mucho cercana a la idea religiosa dentro de la tradición católica ya que Thomas Merton indica que la opción y búsqueda de la soledad es el primer paso para el 'man who has been called by the Holy Spirit to relinquish the cares, desires and ambitions of other men' (1957: vii). La soledad es así parte del proceso de la separación del mundo que facilita el encuentro con Dios. Por lo tanto el horizonte del ermita es siempre el desierto. Siendo su meta la paz, el trabajo y la soledad con otros son simplemente pasos o estadios hacia la purificación o ausencia de deseos previa a conseguir la paz y la unión con Dios.

Quietismo y las técnicas del no-vivir

En *Cien años de soledad* el individuo vive en la soledad porque esta aparece en su deseo. No se trata de una soledad como síntoma de la alienación de Dios a la manera de Kierkegaard. Tampoco se debe a un razonamiento psicológico, como en el caso de Octavio Paz, en que el individuo sufre la soledad de haber sido separado de la madre al nacer o porque el pasado es insuperable. Como he demostrado, en García Márquez los Buendía nacen marcados en sus genes por una tendencia a optar por la soledad. Es más, ese estado es deseable, no es una alienación, sino una inocencia. A veces andan perdidos en la soledad (146), es decir apartados del mundo en que Úrsula funciona, pero no andan perdidos de sí mismos. Andan recorriendo caminos interiores de la memoria.

Los Buendía son ateos desde siempre de manera que el problema de Dios no figura en la dinámica de la soledad en Macondo. Esta soledad no deja lugar para un juego de opuestos en que el uno atrae el otro en final unión complementaria. La soledad es un punto final negro. En este lugar no se refleja nada. Aunque paradójicamente está completamente iluminado. En casos extremos, como en la inocencia de José Arcadio Buendía, esta soledad parecería constituir una subjetividad absoluta, es decir la ausencia de la dialéctica sujeto/objeto. En este caso acusaría un cierto parentesco con la mística española[18] en cuanto al decir de Karl Vossler en el olvido místico del ser coinciden la soledad y la unión con el universo (1946: 23). Pero eso lo sabemos porque los místicos rompieron con la regla del silencio y al comunicarse con el mundo ya no habitan la soledad en que los Buendía y los eremitas encuentran la quietud, el reposo del movimiento de los deseos el que fue su objetivo inicial.

Lo que está aquí en juego son entonces las técnicas de la interioridad que desde los monjes cópticos, pasando por los iluministas españoles, se manifiestan en *Cien años de soledad*, para ensayar una vez más los recorridos de la búsqueda de ser (self) en cuanto crítica de la historia, es decir el tejido de las ambiciones de los otros que nos encubre, nos aplasta proyectando siempre un mundo ilusorio.

Conclusiones

En esta genealogía de la soledad en García Márquez he intentado conectar el discurso de la soledad que se da en la novela con el discurso de los eremitas cristianos que en los siglos tres y cuatro abandonan las ciudades del imperio romano e instauran la tradición cristiana de la vida en la soledad del desierto para mejor alcanzar los ideales de la vida cristiana. He mostrado como este rechazo del 'mundo' y esta búsqueda de otro nivel de saberes y conciencia tienen, tanto en los primeros padres de la iglesia en cuanto herederos de los cínicos griegos como en los personajes de García Márquez un agudo filo político. Es decir que la cadena de violencia y el tejido de la corrupción total de la res política no tienen compostura.

18 Véase Rodríguez Monegal 1972. Karl Vossler (1946: 23) apunta que solo en el olvido místico del ser, la soledad y la unidad con el universo coinciden.

La única solución estaría en poder detener el juego y para ello habría que cesar de jugarlo, denunciarlo como lo hicieron los cínicos en el imperio romano, cesar de luchar inspirado por las 'ambiciones de otros hombres' y salir del circulo aun si para eso es necesario declararse vencido, como lo hace el Coronel al hacerse trazar el circulo de tiza.

Obras citadas

Anson, Peter F.,1932. *The Quest of Solitude* (New York: E. P. Dutton)

Arenal, Electa and Stacy Schlau, 1989. *Untold Sisters: Hispanic Nuns in Their Works*, trans. Amanda Powell (Albuquerque: Univ. of New Mexico P.).

Atanasius, 1950. *Life of St. Anthony*, trad. R. T. Meyer, in *Ancient Christian Writers: The Fathers in Translation* (London: Longmans, Green & Co.).

Bachelard, Gaston, 1969. *The Poetics of Space*, trad. Maria Jolas de *La poétique de l'espace* [1958], foreword by Etienne Gilson (Boston: Beacon Press).

Cambridge Illustrated History of Archaeology, 1996. Ed. Paul G. Bahm (Cambridge: C.U.P.).

Certeau, Michel de,1986. *Heterologies: Discourse on the Other*, trad. Brian Massumi, foreword Wlad Godzich (Minneapolis: Univ. of Minnesota P.).

Cervantes, Fernando, 1994. *The Devil in the New World: The Impact of Diabolism in New Spain* (New Haven and London: Yale U.P.).

Copleston, Frederick, 1962. *A History of Philosophy: Greece and Rome*, I.2 (N.Y.: Image Books, Double Day).

Detienne, Marcel, 1989. *Dionysus at Large*, trad. Arthur Goldhammer (Cambridge, MA: Harvard U.P.).

Foucault, Michel, 1990. *The Use of Pleasure* (New York: Vintage Books).

France, Peter, 1996. *Hermits: The Insights of Solitude* (London: Chatto and Windus).

García Márquez, Gabriel, 1967. *Cien años de soledad* (Buenos Aires: Sudamericana).

——, 2002. *Vivir para contarla* (Buenos Aires: Sudamericana).

Gould, Graham, 1993. *The Desert Fathers on Monastic Community* (Oxford: Clarendon P.).

Gruzinski, Serge, 1993. *The Conquest of Mexico*, trad. Eileen Corigan (Cambridge: Polity Press).

Hudson, Julie, 1999. 'Family and National Narrative in Tony Morrison's *Song of Solomon* and *Beloved* and Gabriel García Márquez's *One Hundred Years of Solitude*'. Unpub. diss. (Austin: University of Texas).

Lawrence, Clifford Hugh, 1984. *Medieval Monasticism: Forms of Religious Life in Western Europe in the Middle Ages* (London: Longman).

Magennis, Hugo, 2002. *The Old English Life of Saint Mary of Egypt* (Exeter: Univ. of Exeter P.).

McKnight, Kathryn Joy, 1997. *The Mystic of Tunja: The Writings of the Madre Castillo* (Amherst: Univ. of Massachusetts P.).

Merton, Thomas, 1957. *The Silent Life* (Toronto: Ambassador Books).

Mesa, José de la y Teresa Gisbert, 1982. *Historia de la pintura cuzqueña* (Lima: Fundación Augusto N. Wiese).

Millones, Luis, 1993. *Una partecita del cielo: La vida de Santa Rosa de Lima narrada por Don Gonzalo de la Maza a quien ella llamaba padre* (Lima: Editorial Horizonte).

Ozmet, Steven E., 1973. *Mysticism and Dissent: Religious Ideology and Social Protest in the Sixteenth Century* (New Haven: Yale U.P.).

Paz, Octavio, 1967. *El laberinto de la soledad* (México: Fondo de Cultura Económica).

——, 1982. *Sor Juana Inés de la Cruz o las trampas de la fe* (Ciudad de México: Fondo de Cultura Económica).

Rodríguez Monegal, Emir, 1972. 'Novedad y anacronismo en *Cien años de soledad*' en *Homenaje a García Márquez*, ed. Helmy Giacoman (Nueva York: Las Américas), págs 13–41.

Vallejo, César, 1973. *Trilce*. English Version by David Smith, illus. Tommy Dale Palmore (New York: Grossman Publishers).

Vossler, Karl, 1946. *La poesía de la soledad en España* (Buenos Aires: Losada).

Ward, Benedicta, SLG, 1981. *The Lives of the Desert Fathers* (Mowbray: London and Oxford Cistercian Publications).

Steele y Addison en el costumbrismo hispanoamericano

JORGE CORNEJO POLAR

Universidad de Lima, Emeritus /
Centro de Estudios Literarios Antonio Cornejo Polar

Para James Higgins, modelo de peruanistas

La presente investigación se inscribe dentro del marco general del estudio de las relaciones culturales y especialmente literarias entre Hispanoamérica y Europa en el siglo XIX e intenta mostrar que la literatura de los países hispanoamericanos en este período, aunque recibe influjos significativos, no fue sin embargo una simple imitación, un mero calco de la europea, como a veces se cree, sino que en el caso de numerosos escritores, las lecciones llegadas del Viejo Mundo se acogían teniendo en cuenta las prácticas literarias de cada país y se procesaban de acuerdo a la situación y necesidades particulares de las sociedades de este lado del mundo. Se origina así una literatura que, guardando múltiples y variadas relaciones con las literaturas transatlánticas, se constituye sin embargo como un discurso diferente no sólo en los temas sino también en el lenguaje y a veces hasta en las formas como el caso de la tradición palmista muestra con claridad.

El presente trabajo está pensado también como una contribución a una tarea cada vez más necesaria por lo menos en el Perú: la relectura crítica de la literatura del siglo XIX que es el período durante el que se sientan las bases de lo que será, en el siglo veinte, la literatura peruana plenamente desarrollada.

El camino que vamos a seguir considera en primer término una aproximación preliminar al tema del costumbrismo para pasar enseguida al examen del rol que jugó el costumbrismo europeo y particularmente los escritores ingleses en el surgimiento de esta modalidad en Hispanoamérica. Finalmente nos detendremos a revisar los caracteres peculiares del costumbrismo hispanoamericano que hacen de esta tendencia una modalidad literaria cercana, pero a la vez distinta, del costumbrismo europeo.

No podemos seguir avanzando sin dejar en claro que estamos hablando de costumbrismo en sentido estricto y no de la simple descripción de costumbres que en la literatura de los países hispanoamericanos como en la de todos los países ha existido y existirá siempre más allá de épocas, escuelas o tendencias. Las señas de identidad de este costumbrismo propiamente dicho son, por una parte, la dedicación exclusiva o prioritaria de los textos a la presentación y/o crítica de costumbres y por la otra la utilización intensiva de la forma narrativa denominada 'cuadro o artículo de costumbres'. Por ello cuando, precisamente en Inglaterra, en la primera mitad del siglo XVIII se crea el artículo, comienza también la historia de este costumbrismo que pasa luego a Francia — donde el artículo alcanza su forma definitiva — y enseguida a España e Hispanoamérica.

El cuadro o artículo de costumbres puede describirse como un texto narrativo breve en prosa en el que en torno a una mínima anécdota se describen o critican costumbres o personajes típicos de la sociedad a la que pertenece el autor, lo que en ocasiones se combina con reflexiones de tipo general. El tono es casi siempre ligero y lleno de humor. Pero algo fundamental es el estilo coloquial que involucra al lector y despierta su interés. Además del artículo el costumbrismo emplea también la comedia de costumbres y la letrilla.

Antecedentes ingleses del costumbrismo

Para la crítica especializada en el tema del costumbrismo, no cabe duda acerca de la importancia que, en su surgimiento, tuvo la literatura inglesa del siglo XVIII y en especial un sector — la prosa breve — de la obra de dos escritores: Richard Steele (1672–1729) y Joseph Addison (1672–1719). El primero fue el creador y el segundo el perfeccionador de una forma literaria en prosa — que en la historia literaria inglesa se denomina ensayo — pero que es en realidad la primera versión de lo que luego se iba a llamar en Francia y España cuadro o artículo de costumbres. Ambos escritores publicaron sus numerosos ensayos — una de las más felices invenciones de los tiempos modernos, según un crítico de la época — en dos periódicos de vasta difusión y notable influencia, *The Tatler* y *The Spectator*.

The Tatler fue fundado por Steele en abril de 1709 y se publicó hasta enero de 1711. Llevaba un epígrafe de Juvenal: 'Todo lo que el hombre haga, diga, piense o sueñe, será para mí asunto de reflexión', que sintetiza bastante bien el sentido de la publicación. Aunque al principio ofrecía tratar de entrenimiento, noticias domésticas y del extranjero, poco a poco fue convirtiéndose en un periódico de 'ensayos' en el que, entre muchos temas, se denunciaba los duelos y el juego, se discutían las buenas maneras y los nuevos standares del gusto, se censuraba los excesos a que llevaba el espíritu de partido, todo ello desde el punto de vista de un humanismo elegante y una refinada civilización. Para mejor exponer sus opiniones Steele inventa personajes como Sir Roger Coverley o toma prestado otros como Isaac Bickerstaff que pronto se hicieron populares. Inauguraba así una moda que iba a ser muy seguida por los costumbristas franceses, españoles e hispanoamericanos.

The Spectator fue fundado también por Richard Steele pero esta vez con la colaboración de Joseph Addison. Circuló diariamente entre el 1 de marzo de 1711 y el 6 de diciembre de 1772 y reapareció, pero solamente con la conducción de

Addison, en 1714. *The Spectator* no fue una resurrección de *The Tatler* sino algo distinto, especialmente por dedicarse casi exclusivamente a la presentación y crítica de costumbres, acompañadas de las pertinentes reflexiones y prescindiendo casi por completo de otro material excepto algunos textos de crítica literaria. Aparece un nuevo personaje, *Mr. Spectator* y se crea un club, *The Spectators Club*, En el primer número Addison explica sus intenciones: 'En resumen he actuado en todos los papeles de mi vida como un observador, que es el carácter que pretendo conservar en este periódico' (1711).

Desde los tiempos de la reina Ana (quien leía *El espectador* a la vez que tomaba desayuno, según se dice) hasta la época de la Revolución Francesa, los ensayos en el formato creado y desarrollado por Steele y Addison 'inundaron el país'. Steele, explicando el propósito general de su periódico, dijo que consistía en 'quitar los disfraces de la vanidad y la afectación y recomendar la simplicidad en el vestido, en el discurso y en la conducta'. Por su parte Addison comenta: 'Se dice que Sócrates trajo la filosofía del cielo a la morada de los hombres. Yo seré ambicioso y diré que saco a la filosofía de las bibliotecas, colegios y universidades y la hago hablar en los clubes, las asambleas, las mesas de té, las casas de café.' A. S. Cairncross (1945) sostiene que el ensayo en Steele y Addison estuvo dedicado al cultivo del buen sentido, la moderación, la tolerancia, en una palabra, la civilización.

Hay que anotar que muchos de los asuntos materia de los ensayos de Addison y Steele reparecen en los cuadros de los costumbristas hispanoamericanos. Más aún, algunas de las técnicas que luego iban a ser de uso común entre los costumbristas de Europa e Hispanoamérica son practicadas inicialmente por estos escritores ingleses. Así lo que se llama el perspectivismo que consiste en utilizar un personaje extranjero o simplemente foráneo que, llegado a la ciudad del escritor, critica sus costumbres desde la perspectiva de las suyas — un ejemplo sería el artículo de Addison, 'Remarks on the English by the Indian's King'. De igual manera, el procedimiento que consiste en que el narrador deja de narrar para enjuiciar o comentar su propio escrito mediante lo que se puede llamar un metatexto.

Un elemento esencial del cuadro de costumbres es el estilo ligero y el uso de un lenguaje sencillo de aire coloquial que involucra al lector como sujeto dialogante con el escritor. Esta característica viene desde los ensayistas ingleses (ver Cairncross 1945).

Empalmando ya la obra de Addison y Steele con el costumbrismo hispanoamericano, anota la estudiosa argentina Gioconda Marún (1983):

> Con Steele y Addison el ensayo enriquece su característica original: composición en prosa breve, y adquiere una constitución flexible con observaciones sabias y maduras acerca de la humanidad, dichas en un tono gentil, a veces humorístico, siempre directo. Esta forma periodística autónoma utilizada con propósitos de reforma [...] es la que luego nutrirá el artículo costumbrista. Esta es la importancia de *The Tatler* para el costumbrismo, el haber sido inspirador no sólo de los temas sino de la estuctura breve y condensada del ensayo periodístico. [...] [Addison y Steele] no solamente

iniciaron el costumbrismo de reforma social, sino que crearon los rasgos y artificios del censor de la sociedad que servirán de norma a todos los Observadores y Habladores del género.

Vías de llegada de Steele y Addison a Hispanoamérica

Creo en general que existieron dos caminos. Uno, la lectura directa de la obra ensayística de Steele y Addison por parte de los costumbristas hispanoamericanos que comienzan a escribir, con diferencias según los países, a partir de los años veinte del siglo XIX. Esta vía puede documentarse ampliamente sólo en Argentina y con menor grado de certeza en los demás países. El segundo camino es el que recorre la obra de Steele y Addison, influyendo primero en los costumbristas franceses, y luego, siguiendo la ruta de los Pirineos, en los escritores de costumbres españoles para enseguida a través de unos u otros o de ambos simultáneamente llegar a las letras latinoamericanas.

Comenzamos con la exploración de la segunda ruta. Que la obra costumbrista de Steele y Addison fue conocida y admirada en Francia es cuestión que no ofrece duda y que ha sido repetidas veces estudiada por la crítica. No nos es posible extendernos pero sí afirmar que los dos principales costumbristas franceses Louis Sebastien Mercier (1740–1814) y Victor Joseph Étienne de Jouy (1764–1846) fueron lectores atentos entusiastas de los precursores ingleses. En el caso del primero, 'anglophile invétéré' como lo califica Jeffrey Kaplow (1979: 9), puede rastrearse la influencia inglesa en *L'Observateur de Paris* (1777). El caso de Jouy es más claro. En su 'Discours preliminaire', Jouy afirma:

> Ce genre d'essais n'avait point de modèle en France. [...] Fertile en observateurs de l'homme et de la société, la littérature française qui opposait avec un si juste orgueil Montaigne, Molière, La Bruyère, Duclos Voltaire, Montesquieu, Vauvenargues, aux philosophes moralistes de tous les temps et de tous les pays, n'avait trouvé personne qui voulût ou qui daignât, a l'exemple d'Addison et de Steele, consacrer sa plume à peindre sur place et d'après nature, avec les nuances qui leurs conviennent, cette foule de détails et d'accessoires, dont se compose le tableau mobile des mœurs locales. La tâche était difficile, mais le succès n'était point sans gloire, et cet espoir a suffi pour me déterminer à tenter l'entreprise. (Étienne Jouy 1823: 24–25)

Y es aún más claro acerca de sus deudas con Steele y Addison. En su 'Avant-Propos' al primer volumen de *L'Hermite de la chausée-d'Antin* escribe:

> Addison a peint les mœurs et les usages de Londres au commencement du dix-huitième; j'essaie de donner une idée de celles de Paris au commencement du dix-neuvième; voilà d'abord un point de ressemblance. (Étienne Jouy 1814: I, ix–x)

En su 'Avant-Propos' al segundo volumen de *L'Hermite* se refiere a que algunos críticos han comparado *El Espectador* con *El ermitaño* por lo que se siente muy honrado. Añade que se ha señalado a favor del periódico inglés la gravedad de las materias que son a veces tema de su discurso, contraponiéndola a la frivolidad frecuente en sus propios artículos. Y responde enseguida:

J'ai d'abord tâché de répondre à ce reproche, dans ce second volume, en y donnant moins de place aux futilités de la mode, aux caprices éphémères de l'opinion; mais j'ajouterai ensuite qu'Addison, Steele et les autres collaborateurs du *Spectateur anglais*, vivaient à une époque et dans un pays où les questions de la plus sublime morale, de la plus haute littérature, de la plus profonde érudition, intéressaient assez vivement toutes les classes de la société, pour qu'il se vendît dans un jour, à Londres, dix mille exemplaires de tel numéro du *Spectateur* [...] Il faut convenir que le temps actuel n'est pas du tout propre à ce genre de polémique. (Étienne Jouy 1814: II, iv–v)

Y luego, reveladoramente:

Puisqu'on m'a, en quelque sorte, autorisé à nommer l'*Ermite* après le *Spectateur*, qu'il me soit permis de faire observer que je me suis imposé la tâche de varier beaucoup plus souvent le cadre de mes articles. Les deux tiers au moins de l'ouvrage anglais sont sous la forme de correspondance, dont je ne fais usage que lorsque j'ai à traiter quelques sujets de circonstance qui ne sont susceptibles d'aucun développement. (Étienne Jouy 1814: II, v)

Parece pues que no cabe discutir el conocimiento extenso, respetuoso y admirativo que Jouy tenía de la obra de Addison y Steele.

En el caso de España hay que señalar que la primera y muy clara influencia de los ensayistas ingleses se registra en la obra de José Clavijo y Fajardo (1726–1806) especialmente en *El Pensador* (1762–63 y 1767). Y la crítica considera con razón a Clavijo como antecedente directo de los costumbristas canónicos: Mesonero, Estébanez, Larra. En cuanto a éstos cabe sostener que la influencia se produjo en algunos casos directamente, y en otros por medio de los costumbristas franceses, particularmente Jouy, cuya presencia es muy notable en los costumbristas españoles, en especial en uno de los más destacados, Mariano José de Larra. Para no abundar en citas recordaremos sólo algunos textos de Larra, como aquel en que escribe: 'La cosa segunda que ví fue que al hacer este sueño, no había hecho más que un plagio imprudente a un escritor de más mérito que yo. Dí las gracias a Jouy, me acabé de despertar' (Larra 1960). O sus artículos: 'El duende y el librero' (Larra 1960: I, 7–8) — transcripción a las circunstancias españolas de 'L'Hermite et le Libraire' de Jouy (Étienne Jouy 1814: I, v–xi); o el titulado '¿Quién es el público y donde se le encuentra?' (Larra 1960: I, 73–77) que Larra subtitula 'Artículo mutilado, o sea refundido. Hermite de la Chaussée d'Antin', ya que se trata de una adaptación de Jouy; o el nombrado 'Empeños y desempeños' (Larra 1960: I, 86–91) subtitulado 'Artículo parecido a otros' porque es semejante a unos de Jouy. Es tan decisivo e importante este vínculo que existen estudios dedicados al tema como el del profesor W. S. Hendrix (1920).

En cuanto a Ramón de Mesonero Romanos, el otro importante costumbrista español, la relación con Addison es más directa. Así en la 'Advertencia preliminar' a su obra *Panorama Matritense* observa Mesonero ('El Curioso Parlante'):

El Curioso Parlante confiesa también que al principio de su tarea: se propuso modelos modernos o contemporáneos que imitar; Adisson en Inglaterra a mediados del siglo anterior, en *The Spectator*, y de Jouy en Francia en principio del actual en *L'Ermite de La Chaussée d'Antin*, habían creado un género nuevo de composición literaria, ligero, incisivo y propio de este siglo inconstante y agitado. (Mesonero Romanos 1862: xvii)

Y en 'Las costumbres de Madrid' escribe:

No pudiendo permanecer tranquilo espectador de tanta falsedad y deseando ensayar un género que en otros países han ennoblecido las elegantes plumas de Addison, Jouy y otros, me propuse aunque siguiendo de lejos aquellos modelos y adorando sus huellas, presentar al público español cuadros que ofrezcan escenas de costumbres propias de nuestra nación. (Mesoneros Romanos 1862: 37)

La profesora Susan Kirkpatrick (1978) observa que 'de otro lado los costumbristas (españoles) mismos son consistentes y enfáticos en presentar sus cuadros de costumbres como adaptación de modelos extranjeros que derivan más inmediatamente del periodista francés Jouy y en segundo término de Addison y Steele en Inglaterra'; el profesor Enrique Pupo Walker: 'De sobra sabemos hoy que *El espectador* de Addison y *L'Hermite de la chaussée d'Antin* [...] figuran como modelos prominentes para Serafín Estébanez Calderón, Mesonero y Larra' (Pupo-Walker 1982: 202).

En conclusión, Addison y Steele llegaron a España fundamentalmente por medio de los costumbristas franceses. Y de España, su lección se trasladó a Hispanoamérica. Sistematizando se puede decir que la llegada del costumbrismo a las letras hispanoamericanas se produjo principalmente a través de tres vías. La primera, el contacto directo con los costumbristas españoles. La segunda, el contacto con los costumbristas ingleses y franceses a través de la influencia que ellos tuvieron en sus pares españoles. Y la tercera, que no debe haber sido muy frecuente, el conocimiento directo de los costumbristas de Inglaterra y Francia.

Addison y Steele en el costumbrismo hispanoamericano

Iniciamos la parte central de nuestro estudio tratando de la Argentina ya que probablemente por la temprana instalación en ese país (comienzos del XIX) de grupos considerables de ingleses, se hizo más fácil la llegada de la obra de Addison y Steele y su presencia alcanzó sin duda un nivel mayor que en otros países. Así se revela no sólo en la obra de los costumbristas argentinos como Juan Bautista Alberdi y Domingo Faustino Sarmiento sino también en la aparición sucesiva de periódicos en los que la admiración por los ensayistas ingleses es evidente. Hagamos notar al paso que el hecho de que sean dos figuras de gran relieve en la historia de su país, como Alberdi y Sarmiento, los 'principales costumbristas argentinos' demuestra que la escritura de costumbres se consideraba como una tarea necesaria en los tiempos de la iniciación de nuestras repúblicas.

De los periódicos a que acabamos de aludir el primero es *The British Packet and Argentine News*, director Thomas Love. Se publicó en inglés durante treinta años (1826–1856). El recuerdo de *The Tatler* y *The Spectator* es inevitable cuando se revisa este periódico que, como los ingleses, se erige en maestro 'of common life' y se empeña en señalar los vicios sociales. Como dice Gioconda Marún (1983), 'el periódico resulta entonces un verdadero manual de instrucción agradable y útil que combina felizmente — como Addison y Steele — el humor y la moralidad'.

El profesor Paul Verdevoye (1994) advierte la presencia de Steele en los periódicos en inglés que se editaban en Buenos Aires, señalando que en *The Cosmopolitan* se insertan en 1832, tres artículos titulados 'Spectator 1', 'Spectator 2' y 'Spectator 3' de modo que la huella de Steele resulta evidente. Anota también que de semejante manera en *El Iris. Diario del mediodía político, literario y mercantil* (26 abril 1833), se transcribe un texto de *The Spectator* así: 'Utilidad y dificultades de los periódicos (de *El espectador*)'.

Otra publicación es *La Argentina*, escrita íntegramente por mujeres y que circula entre octubre de 1830 y julio de 1831. En este periódico no sólo se transcriben a veces párrafos íntegros de Addison sino que la orientación es similar a la del autor inglés en temas como la mujer, sus relaciones con el hombre, las diversiones, los paseos. En el número tres se abomina del espíritu de partido en las mujeres, se cita admirativamente a Addison y se anuncia la publicación de artículos suyos.

En *Diario de la tarde comercial, político, literario* que circula entre mayo de 1831 y abril de 1832, se publican traducidos varios artículos de *The Spectator* como 'Las mujeres oradoras', 'La galería de pintura', 'Utilidad y dificultades de los periódicos'.

Desde el punto de vista del costumbrismo en sentido estricto, merece especial atención *La Moda* que funda y dirige Juan Bautista Alberdi y circula entre noviembre de 1837 y abril de 1838. Alberdi usaba el seudónimo de Figarillo para proclamar su admiración por Larra (sabemos ya de los lazos estrechos que unían a Larrra con Jouy y a través de éste con Addison y Steele) y buena parte del material de su revista — cuyo público objetivo era el femenino — se alinea con las ideas que sobre el tema de la mujer tenían los ensayistas ingleses.

Nos referimos finalmente a *El Progreso. Diario comercial, político, literario* que, aunque fundado en Santiago en 1842, es uno de los principales medios en los que se expresa la faceta costumbrista de la obra de Sarmiento. Los puntos de contacto con Addison y Steele son varios. Por ejemplo el fomento a la lectura en la mujer. Pero lo más importante es que su sección de biografías se inaugura con la de Joseph Addison. Es la primera vez y probablemente la única que en un diario latinoamericano se dedica tanto espacio y tan encendidos elogios al autor inglés.

Nos referimos luego a la presencia de la obra de Addison y Steele en el costumbrismo peruano. Ella se percibe especialmente en los escritos de Felipe Pardo y Aliaga (1806–1868), uno de nuestros principales costumbristas. El estreno en agosto de 1830 de su comedia *Frutos de la educación* señala el comienzo del costumbrismo en sentido estricto en el Perú. A partir de entonces se suceden las otras comedias, los cuadros de costumbres y las letrillas del mismo autor que van formando un corpus que pronto va a incrementarse con los artículos, comedias y letrillas de Manuel Ascensio Segura, y más tarde con las obras de igual índole de Ramón Rojas y Cañas, Francisco Laso, Narciso Aréstegui, Manuel Atanasio Fuentes y Abelardo Gamarra, que son los principales representantes del costumbrismo peruano decimonónico.

De la obra de Pardo no tan extensa cuanto importante, nos interesa especialmente ahora *El espejo de mi tierra*, periódico de costumbres que fundó en 1840, cuya aparición fue precedida de un prólogo (Pardo y Aliaga 1869: 319–26) que es el único documento teórico del costumbrismo peruano. De aquí su importancia. En este texto escribe Pardo:

> Hay más: la cosa litigiosa tiene mucho de climatérico y peliagudo. Son principalmente las costumbres. Escritores modernos han llegado a adquirir un nombre ilustre con el cultivo de este ramo de la literatura del que en épocas más remotas ofrecen tan bellos modelos Addison en su *Espectador* y La Bruyère en sus *Caracteres*. La cita de estas obras conocidas entre nosotros, me evita la tarea de explicar a mis lectores el género a que pertenecerán la mayor parte de mis escritos. (Pardo 1869: 320)

Y más adelante:

> La Bruyère y Addison hace siglo y medio [...] Joui, Larra y otros en nuestros días, con pequeñas diferencias, se puede decir que han escrito para sociedades formadas. (Pardo 1869: 320)

Y en las conclusiones:

> Que a nadie se le ha ocurrido llamar enemigos de la Gran Bretaña a Addison ni a Sterne, ni enemigos de la Francia a Mercier, La Bruyère, Joui, Balzac y mil otros, ni a Larra ni a Mesonero enemigos de la España porque [...] hayan hecho a la sociedad entera materia de sus escritos. (Pardo 1869: 326)

De los textos citados se deduce sin dificultad que Pardo conocía bien a Addison (lo cita tres veces casi seguidas en un contexto elogioso) y a *The Spectator*, y que sus obras eran 'conocidas entre nosotros', es decir en el Perú de los años cuarenta del siglo XIX. En cuanto a la cita de 'Sterne' tengo para mí que es una errata por Steele. De todos modos también es posible que haya conocido la obra de Laurence Sterne (1713–1768), o al menos *Vida y opiniones de Tristam Shandy* (1760–1767) en la que pudo haber encontrado numerosas descripciones de costumbres, retratos de personajes y un agudo sentido del humor.

Sostengo, sin embargo, que la relación más directa y decisiva es la que Pardo tuvo con Addison, Steele y sus periódicos. En los ensayos de estos autores hay descripción de costumbres, pintura de caracteres y propósito de mejoras sociales que son precisamente los rasgos característicos de la obra de Pardo y de los costumbristas peruanos e hispanoamericanos en general.

Un especialista en los ensayistas ingleses, el profesor A. R. Humphreys (1966) señala:

> Los objetivos de *The Tatler* — entretenimiento y mejora de las costumbres, pudieron lograrse en gran medida por la habilidad para exponer ideas a través de situaciones concretas, para discutir temas épicos, políticos o comerciales en historias realistas y en vivientes caracterizaciones. [...] Abrir *The Tatler* como luego *The Spectator* en cualquier página, permite encontrar no estereotipadas descripciones sino vívidas escenas dramáticas divertidas por lo general.

Coincidentemente Pardo, en el citado prólogo a *El espejo de mi tierra* afirma:

> Que a este género de materias cuadra más que observaciones sueltas, generales y abstractas, fábulas ideadas sobre sucesos de la vida social. Personificando en ellas las calidades morales se hace más palpable que con discursos, el vicio que se moteja o el mérito que se ensalza [...] los artículos de costumbres pueden en su mayor parte considerarse como escenas de comedia en narración. (Pardo 1869: 324)

La semejanza entre ambos textos es, creo, una prueba adicional que refuerza la tesis de que Pardo conoció la obra de Addison al menos. ¿Cómo lo descubrió Pardo? Una posibilidad es que ello se haya producido durante los años de formación de Pardo en España (1822–1827) en los que siguió estudios en el Colegio de San Mateo y asistió a la Academia del Mirto, en donde su maestro principal fue Alberto Lista. Hans Juretschke, uno de los mayores conocedores de la figura de Lista, afirma que éste propugnaba el estudio de las humanidades representadas en Inglaterra por Pope, Addison, Burke y Blair. Aquí aprendió seguramente el inglés y tuvo acceso tal vez a algunos de los textos de Addison. La otra posibilidad es que haya conocido la obra de Addison posteriormente, sea directamente o a través de los costumbristas españoles o franceses.

En el caso de los otros costumbristas peruanos no se encuentra huella tan clara de los autores ingleses. Pero es indudable que todos ellos conocieron en mayor o menor escala a los costumbristas españoles a través de cuya obra pudieron haber accedido a la de Addison y Steele. Por otra parte los costumbristas peruanos publicaban sus cuadros en periódicos y varios fundaron sus propios periódicos (Pardo, Segura, Fuentes, Gamarra) lo que se asemeja a lo hecho por sus antecesores ingleses a los que también se parecen por su tendencia a crear personajes que fueran portavoces de sus ideas como lo habían hecho Addison y Steele con Sir Roger Coverley o Mr. Spectator.

En otros países hispanoamericanos es posible también detectar indicios de la presencia de Addison y Steele. En Guatemala el más importante costumbrista, José Milla (Salomé Jil) menciona a ambos autores y por la forma en que lo hace puede colegirse que los conocía bien:

> En fin deseando echarme por una senda poco trillada entre nosotros, determiné escribir sobre costumbres aunque sin ocultar la dificultad del género ni los inconvenientes con que tienen que luchar los que lo cultivan. De esos inconvenientes no estuvieron libre ni Addison ni Steele, ni Jouy, ni Larra, ni Mesonero Romanos y ¿habré de estarlo yo, ¡pobre de mí! que no tengo ni la imaginación brillante ni la observación profunda, ni sal ática, ni la instrucción variada de aquellos maestros del arte.

Hablando de Colombia el profesor Frank M. Duffey (1956) afirma que el cuadro de costumbres como lo conocieron Larra y Mesonero había llegado a España a través de la muy utilizada ruta de los Pirineos donde sus ejercitantes — Jouy el más exitoso — habían tomado la idea de *The Spectator* y *The Tatler*. Y señala también que fueron los escritores españoles los que influyeron en los costumbristas colombianos.

En lo que se refiere a México, los estudiosos por lo general señalan como fuente la lectura de los costumbristas españoles, o sea que aquí se repite la secuencia de influencias que hemos visto en otros casos. Pero algunos costumbristas sí mencionan a los autores ingleses. Por ejemplo Guillermo Prieto (1818–1867) en su artículo 'Costumbres 1°' dice: 'Quiera ser usted un Curioso Parlante, un Fígaro, un Addison y quédate en escritorzuelo lucido'. Y en el artículo 'Literatura Nacional' escribe: 'No es mi ánimo sacar en este artículo a luz mi erudición periodística citando a Addison, martirizando a Jouy y aventurando magistrales comentarios al inmortal Figaro y al sesudo Mesonero Romanos'.

En cuanto a Cuba, uno de los mayores especialistas en el tema, el crítico Salvador Bueno (1985) reconoce que 'los fundadores de esta modalidad literaria (son) los ingleses Richard Steele y Joseph Addison quienes en *The Tatler* dieron origen a estos breves bocetos de costumbres. La corriente pasaría más tarde a Francia con autores como Victor Joseph Etienne, Jouy [...] Jouy influiría directamente en los costumbristas españoles Mariano José de Larra, Serafin Estébanez Calderón y Ramón de Mesonero Romanos', indicando que son todos estos autores los antecedentes del costumbrismo cubano.

El escritor chileno Manuel Rojas, que ha estudiado el costumbrismo en su país, coincide con los estudiosos citados en señalar la misma secuencia: Addison, Steele, Jouy, los costumbristas españoles como antecedentes de los escritores chilenos de costumbres (Rojas 1957). Pero en Chile también se publicó *El Progreso*, el periódico de Sarmiento tan vinculado a Addison como hemos explicado más arriba.

No cabe duda entonces de la presencia de la obra ensayística de Addison y Steele en la literatura de costumbres hispanoamericana. Pero ni ella ni la de los demás costumbristas europeos bastan por sí solas para explicar la inusitada y prolongada difusión que tuvo el costumbrismo en la América Hispana. Existieron otros factores que la hicieron posible a los que nos referimos en la última parte del presente estudio.

El costumbrismo hispanoamericano: caracterización

Acabamos de afirmar que la llegada a Hispanoamérica del costumbrismo europeo aunque es un factor importante no es suficiente para explicar la extendida difusión y la prolongada vigencia que tuvo el costumbrismo en la región. Hay sin duda algo más que para nosotros está dado por lo siguiente: nuestros escritores descubrieron que el cuadro, la comedia y la letrilla eran instrumentos especialmente adecuados para expresar lo que ellos necesitaban decir en los agitados y complicados tiempos de iniciación en la vida republicana.

Y como las circunstancias históricas y socioculturales hispanoamericanas eran distintas a las europeas, el costumbrismo que nació a la sombra de ellas resultó naturalmente diferente al europeo. No fue un calco sino, al menos en sus mejores exponentes, una versión con caracteres propios.

Entrando en el tema diremos que el costumbrismo fue la primera literatura de nuestros países después de la independencia que convirtió los inmensos virreinatos en un conjunto de países autónomos. De aquí que los escritores hispano-americanos sintieron la necesidad de diferenciarse de los escritores coloniales y también de sus contemporáneos de los demás países del área. Esta búsqueda y a la vez afirmación de la diferencia los lleva directamente a interesarse por los usos y costumbres típicos en los que creían ver en ese momento la única manifestación diferencial. Y para mostrar lo propio diferente en este campo, se recurría a presentar ciertos rasgos visibles del modo de ser nacional (vestidos, comidas, bebidas, bailes, fiestas) y también las modalidades propias del habla de cada lugar.

Se diría que estos escritores estaban convencidos de la necesidad de fortalecer el sentimiento nacional y contribuir a consolidar la recién conquistada independencia. En otras palabras querían mostrar la existencia singular de su país mediante el simple pero eficaz expediente de describir sus costumbres típicas.

Más aún el costumbrismo es el primer discurso literario articulado y sistemático que trata de formalizar categorías de identidad y para hacerlo adelanta la tarea de construcción simbólica de arquetipos míticos y estereotipos sociales que permiten la cohesión al menos imaginaria de la sociedad (Velásquez 2002). Desde este punto de vista cobra pleno sentido la expresión de Carlos Monsiváis (1980): 'las costumbres son la primera utopía que inadvertidamente habitamos'.

Sin embargo en el costumbrismo hispanoamericano la descripción de usos casi nunca iba sola. El compromiso del escritor con su sociedad a cuya mejora quería contribuir, era tan grande que lo llevaba casi siempre a criticar ciertas costumbres buscando su corrección y a veces su desaparición. Es un costumbrismo que cree en la eficacia social de la literatura.

El costumbrismo surge en los años inmediatamente posteriores a la emancipación y se desarrolla durante las primeras décadas de vida republicana, es decir en una época en que las luchas políticas, el desorden, la falta de estabilidad institucional eran la regla. Ello explica que muchos costumbristas creyeran necesario además hacer crítica de usos o hábitos políticos como una manera de contribuir al cambio. Así se origina toda una línea de costumbrismo político muy característico de la América Hispana. En el Perú hay un caso típico, *Constitución Política* (1859) de Felipe Pardo en el que por primera vez nos hallamos ante un texto de inusitada y dura crítica a las instituciones y las leyes, y se desnuda sin atenuantes el funcionamiento caótico de la nueva republica. El ánimo sin embargo es constructivo.

En los textos costumbristas se da cuenta también precursoramente de la heterogeneidad social, cultural y lingüística de nuestras sociedades. La vía es hacer figurar en los textos (comedias o artículos) a personajes indios, negros, mulatos — es decir quienes ocupaban un lugar subalterno en la estructura social — pero reproduciendo su manera de hablar.

De otro lado los escritores de costumbres hispanoamericanos en el comienzo de la vida republicana, pensaban con mayor o menor lucidez que había que luchar por lo que entonces se solía llamar la emancipación mental, lo que en el dominio literario suponía el logro de una expresión literaria propia, la constitución de una literatura nacional. El descubrimiento de las formas costumbristas les dio un instrumento útil para aproximarse hacia esta meta que en el caso del Perú iba a comenzar a alcanzarse relativamente pronto con la invención por Palma de la especie denominada tradición.

Hay una circunstancia que favorece decisivamente el surgimiento y la extensión del costumbrismo y es el desarrollo creciente del periodismo en las primeras décadas del siglo XIX hispanoamericano. Los cuadros o artículos de costumbres se escribían por lo común para los periódicos (así lo habían hecho los fundadores Steele y Addison) y eran factor importante en el éxito de los mismos a la vez que por una suerte de retroalimentación se beneficiaban de la creciente circulación de los medios de prensa. El costumbrista pensaba más en el artículo que en el libro porque de ese modo lograba una llegada inmediata de sus artículos — que trataban temas de actualidad — al medio social circundante que era su público objetivo. Y a su vez el lector que disfrutaba de estos textos, porque se veía retratado bien o mal en ellos, tenía a la mano el modo de reaccionar dando su conformidad o criticándolos por medio de cartas o comunicados. El costumbrismo alentaba un diálogo fluido y vivaz entre autores y lectores, y éste es por cierto uno de los secretos de su pronto éxito y su larga vigencia. Podría decirse que, al vincularse tan estrechamente con el periodismo, el costumbrismo se incorporaba en alguna media a la modernidad.

Por medio de los diarios y revistas (y también de las comedias) el costumbrismo llegó a ser sin duda un factor formativo de la opinión pública. Como apunta Marcel Velásquez (2002), 'el costumbrismo juega un papel fundador en la transformación discursiva de la plebe urbana en pueblo y posteriormente en ciudadanos'.

Por todo lo suscintamente expuesto, puede concluirse que el costumbrismo en la América Hispana se constituyó — lo venimos sosteniendo — como un corpus que no era imitación pura y simple del costumbrismo europeo sino una creación propia cuyos principales rasgos acabamos de señalar.

El examen de la presencia de la obra de Addison y Steele en el costumbrismo hispanoamericano y más ampliamente la revisión de las relaciones entre éste y el europeo, han sido ocasión para mostrar un rico e interesante fenómeno intercultural. No había llegado todavía, es cierto, la hora del retorno de las carabelas, pero los gérmenes de creatividad original que laten en los cuadros de costumbres, las comedias, las letrillas hispanoamericanas estaban anunciando ya, a quien quisiera verlo, que se estaba gestando en este lado del mundo, en nuestra América, una literatura poderosa que en menos de un siglo llegaría a ser una de las más importantes del mundo.

Obras citadas

La Argentina, 1830–1831.
The British Packet and Argentine News (Buenos Aires), 1826–1856. Dir. Thomas Love.
Bueno, Salvador, 1985. *Costumbristas cubanos del siglo XIX* (Caracas: Biblioteca Ayacucho).
Cairncross, A. S., 1945. *Eight Essayists* (Londres: Macmillan and Co.).

Clavijo y Fajardo, José, 1762. *El Pensador Matritense. Discursos críticos sobre todos los asumptos que comprende la sociedad civil* (Barcelona: Francisco Generas).

The Cosmopolitan (Buenos Aires), 1832.

Diario de la tarde comercial, político, literario, 1831–1832.

Duffey, Frank M., 1956. *The Early 'Cuadros de costumbres' in Colombia* (Chapel Hill: Univ. of North Carolina P.).

Étienne, Victor Joseph de Jouy, 1814. *L'Hermite de la Chaussée-d'Antin, ou Observations sur les mœurs et les usages parisiens au commencement du XIXe Siècle*, 3 tomos (París: Pillet).

——, 1823. *Œuvres complètes d'Étienne Jouy*, ed. de l'Académie Française (Paris: Jules Didot Aîné).

Hendrix, W. S., 1920. 'Notes on Jouy's Influence on Larra', *The Romanic Review*, 9: 37–45.

Humphreys, A. R., 1966. *Steele, Addison and His Periodical Essays* (London: Longmans, Green & Co.).

El Iris. Diario del mediodía político, literario y mercantil, 1833.

Johnson, Samuel, 1908–14. *Life of Addison*, en *English Essays: Sidney to Macaulay* (Cambridge, MA: The Harvard Classics).

Juretschke, Hans, 1951. *Vida, obra y pensamiento de Alberto Lista* (Madrid: CSIC).

Kaplow, Jeffrey, 1979. 'Préface', en Louis-Sébastien Mercier, *Le Tableau de Paris* (París: François Maspero / Éditions La Découverte), págs 5–13.

Kirkpatrick, Susan, 1978. 'The Ideology of *Costumbrismo*', *Ideologies & Literature*, II, 7: 28–43.

Larra, Mariano José de (Figaro), 1960. *Obras de Mariano José de Larra (Figaro)*, I–II, Biblioteca de Autores Españoles, 127–28 (Madrid: Atlas).

Marún, Gioconda, 1983. *Orígenes del costumbrismo ético-social. Addison y Steele: antecedentes del artículo costumbrista español y argentino* (Miami: Ediciones Universal).

Mesonero Romanos. Ramón, 1862. *Panorama matritense. (Primera serie de las escenas.) 1832 a 1835, por el Curioso Parlante* (Madrid: Mellado).

Milla, José, 1982. *Cuadros de costumbres* (Ciudad de Guatemala: Editorial José de Pineda Ibarra).

La Moda, 1837–1838. Dir. Juan Bautista Alberdi.

Monsiváis, Carlos, 1980. *A ustedes les consta. Antología de la crónica en México* (México: Ediciones Era).

Pardo y Aliaga, Felipe, 1869. *Poesías y escritos en prosa* (París: Imprenta de los Caminos de Hierro).

——, 1969. *Frutos de la educación*, prólogo de Edmundo Cornejo U. (Lima: Imprenta de la Univ. Nacional Mayor de San Marcos).

Prieto, Guillermo, 1993. *Cuadros de costumbres*, 1 (México, DF: CONACULTA).

El Progreso. Diario comercial, político, literario (Santiago de Chile), 1842.

Pupo-Walker, Enrique, 1982. *La vocación literaria del pensamiento histórico en América. Desarrollo de la prosa de ficción: siglos XVI, XVII, XVII y XIX*, Biblioteca Románica Hispánica, 318 (Madrid: Gredos).

Rojas, Manuel y Canizzo, Mary, 1957. *Los costumbristas chilenos. Estudio y selección* (Santiago de Chile: Empresa Editora Zig-Zag).

Spectator, The, 1965. (Oxford: Clarendon Press).

Tatler and The Guardian, The, 1829. (London: Jones).

Velásquez Castro, Marcel, 2002. *El revés del marfil: nacionalidad, etnicidad, modernidad y género en la literatura peruana* (Lima: Univ. Nacional Federico Villarreal).

Verdevoye, Paul, 1994. *Costumbres y costumbrismo en la prensa argentina desde 1801 a 1834* (Buenos Aires: Academia Argentina de Letras).

Thresholds and Themes in Juan Rulfo's
Pedro Páramo: Preliminary Reflections

CHRISTOPHER HARRIS

University of Liverpool

In 1983 Steven Boldy described Juan Rulfo's *Pedro Páramo* as 'one of the most unyieldingly perplexing novels in the Spanish language' (Boldy 1983: 224). Three years later Boldy returned to Rulfo's novel and reaffirmed his earlier statement by saying: 'It would be foolhardy to propose any reading of a text as mysterious as *Pedro Páramo* as more than a tentative exploration' (Boldy 1986: 463). Heeding this advice, the purpose of the present article is to offer 'a tentative exploration' of the potential symbolic and thematic significance of one specific aspect of Rulfo's novel: the repeated image of a character standing in a doorway — a threshold image very similar to the one captured by Rulfo in a photograph that is reproduced in the Cátedra edition of his work (Rulfo 1992: 8). The principal difference is that in the photographic image there are four people in the doorway; in the textual images each character stands alone.

The image of a single character standing in a doorway, and related references to doors or doorways, occur in the text of *Pedro Páramo* in fifteen of the seventy fragments. One way of selectively grouping and interpreting these images thematically is as follows: (i) the single image of Eduviges Dyada standing in the doorway to her house as seen through the eyes of Juan Preciado (third fragment) relates to the theme of death; (ii) the three images of Pedro's mother standing in household doorways as seen both through the eyes of the young Pedro and as recalled in later years by Pedro the regional *cacique* (eighth, thirteenth and fortieth fragments) relate to the overlapping themes of violence and the fragmented self, community and nation; (iii) the two images of Pedro standing in the doorway to Susana San Juan's bedroom at the Media Luna *hacienda* (fifty-seventh and sixty-fourth fragments) relate to the theme of solitude.

Each of these images might plausibly be considered as the product of realistic description, but equally each image can also be viewed as symbolic in the basic sense explained by Carl Gustav Jung in *Man and His Symbols*: 'an image is symbolic when it implies something more than its obvious and immediate meaning' (Jung 1978: 4). The images Rulfo uses are evidently expressive of 'something more' than factual information, but that 'something more' is difficult to grasp with any sense of immediacy and equally difficult to articulate with any convincing sense of certainty. Taking this point further, González Boixo has argued that symbolic interpretations of *Pedro Páramo*, and particularly those which simultaneously address implicit allusions to Greek and Aztec mythology, are as difficult to substantiate as they are to refute. For him, the interpretations of Befumo Boschi, Freeman and Ferrer Chivite, which generally focus on the myth of eternal return and the mythical quest for a cosmic centre which will give meaning to life, are ultimately unconvincing because they impose a symbolic interpretive framework on the novel which has no solid basis in textual detail (Boixo 1983: 75–77). Beardsell agrees with this, stating that 'some of the links between the text and the myths are rather tenuous', and also by pointing out that 'Rulfo departs from the main myths before their completion' (Beardsell 1990: 91–92).[1]

María Luisa Bastos and Sylvia Molloy have also highlighted another reason why such symbolic interpretation has been repeatedly contested. These authors have argued that attempts to interpret *Pedro Páramo* symbolically — but also *comprehensively* and *coherently* — will always eventually founder because the novel is 'deliberadamente roto y deshilachado' (Bastos & Molloy 1977: 246). Consequently, accepting González Boixo and Beardsell's call for symbolic interpretation to have a basis in textual detail, and in agreement with the fundamental position adopted by Bastos and Molloy, what follows is based on the belief that it should prove helpful for our understanding and interpretations of *Pedro Páramo* to reflect on the significance of threshold images used in the text and to ask: what symbolic and thematic meanings, if any, might we attribute to them?

One further question that has arisen in relation to the thematic import of *Pedro Páramo* is whether or not we should read the principal themes of this text as 'universal' or as specifically Mexican. Traditional liberal humanist and formalist readings of one form or another would evidently emphasise the former, whereas contemporary postcolonial approaches would tend to emphasise the latter. However, as Swanson has argued, texts like *Pedro Páramo* are open to both of these approaches to their thematic significance, and to other approaches too (Swanson 1995: 7). In others words, the determination of the principal themes of the Latin American new novel depends on how we choose to read, rather than on any textual determinacy. Moreover, with regard to the 'other approaches too', what is still to be shown in systematic detail is how Rulfo's writing actually exceeds both of these polarised claims. For example, Rulfo does not engage the theme of death in an exclusively 'universal' way because of the very obvious allusions to Mexican popular cultural belief with the presence of wandering or lost souls. At the same time, Rulfo does not treat the theme of death in a specifically Mexican way either because the realms of heaven, hell and purgatory apply globally as terms and features of Catholic discourse. Consequently, it is not the universality or culture-

---

1 Such narrative truncation is itself potentially significant as it can be taken to refer to the failure of Juan Preciado's quest for recognition from his father.

specificity of theme that should exercise our thoughts in this case but rather the plurality of perspectives on the theme, the successful narrative interlinking of indigenous or non-western perspectives on death with western perspectives without the usual imposition of a hierarchy of values.[2]

1. The Theme of Death

The theme of death is one of the most prevalent and significant aspects of *Pedro Páramo* as well as one of the most intensively studied. At the level of social realism the novel clearly illustrates the devastatingly fatal impact of a *cacique* on a region of Mexico (Jalisco).[3] The feigned border dispute that serves as an excuse for the arbitrary decision to hang Toribio Aldrete creates an image of death associated with *caciquismo* in this sense. Further, the dealings with the revolutionaries highlight the survival of *caciquismo* into the post-revolutionary era. Yet overall the textual emphasis is not so much on the significance of death in its historical and political contexts as on the significance of death for the meanings of everyday life and for attitudes to the Catholic faith with particular reference to the hope of attaining eternal life in a heavenly realm. The implicit suggestion of the text, in brief, appears to be that heaven, hell and purgatory are all ephemeral states of mind created by experience and memory rather than places of dwelling, and that psychological passage from one mental state to another is fluid even though ecstatic or heavenly states are not exemplified. (The text does not offer Joycean epiphanies, unless we consider Juan Preciado's mother's idyllic memory of Comala as such.) In this respect, it is entirely in keeping with Rulfo's treatment of the theme of death that thresholds, open doorways, should symbolise the situation of the people of Comala.[4]

At the most obvious level of symbolism the doorways that Rulfo describes mark the threshold between life and death. In fragment 19, for example, Fulgor Sedano notices the two black ribbons placed over the doorway to the Media Luna estate as a sign of respect and mourning for the passing of Don Lucas. He notices them again in fragment 24 just before he informs Pedro that Toribio Aldrete is dead. These are realistic references to a traditional Mexican cultural practice – but they are being used in a symbolically suggestive way. In fact, all of the doorway images used in the novel are preceded or followed by a specific reference to the death of a character. The images of Pedro's mother standing in doorways at the Media Luna are overtly linked to the news of Don Lucas's assassination. Similarly, the images

---

2 This idea is given here as a tentative suggestion for the future production of a postcolonial reading of narrative hybridity in *Pedro Páramo*. Recently, postcolonial theory has been applied usefully and insightfully to Rulfo's short story 'Luvina' by Amit Thakkar (forthcoming 2005). In this regard, see also footnote 4 below.

3 Beardsell notes that this was one of Rulfo's original intentions: 'Yo, en principio, quise presentar un cacique' (1990: 76).

4 This in-between world could be elaborated upon in various ways: between dictatorship and democracy, heaven and hell, creativity and destruction, tradition and modernity, realism and modernism, etc.

near the end of the narrative in which Pedro is described standing in the doorway to Susana San Juan's bedroom are closely linked to her final moments of life, and the image of doña Eduviges standing in the doorway to her house at least foreshadows the death of Juan Preciado.

The image of Eduviges receiving Juan Preciado on his arrival in Comala is the first image of a character framed in a doorway that we as readers encounter. Having found Eduviges's house, Juan raises his fist to knock, only to find that the door is already open and Eduviges is standing before him. The fact that her door is open and that Juan Preciado has already seen other partially or completely unhinged doors is one indication that we are dealing with more than the realistic description of an almost completely abandoned Jaliscan village. As he enters Comala he notices the 'puertas desportilladas' that are overgrown with weeds, and even after he is momentarily distracted by a woman in a shawl who seems to disappear he turns back to look again at 'el agujero de las puertas' (Rulfo 1992: 70–71). There are also other clues to the fact that the image of Eduviges in the doorway conveys a symbolic meaning and they are contained in the contextual information. Even on a first reading, we are well aware that Juan Preciado's journey into Comala has begun with a guided descent in the company of Abundio — this is arguably one symbolic threshold crossed already as Juan Preciado reaches an underworld — and the reference to the bridge and river by Eduviges's house gives us the idea of crossing over from one side to another explicitly.[5]

Once Juan Preciado is inside Eduviges's house he has entered an 'other' world or underworld: Abundio is dead, Pedro is dead, Eduviges herself is dead. Controversial as it may be, we have to at least ask if Juan Preciado is also dead — but not buried — at this early point in the narrative?[6] Juan Preciado's own account of entering Eduviges's house, like most of the information given to us in the novel is ambiguous:

> Yo creía que aquella mujer estaba loca. Luego ya no creí nada. Me sentí en un mundo lejano y me dejé arrastrar. Mi cuerpo, que parecía aflojarse, se doblaba ante todo, había soltado sus amarras y cualquiera podía jugar con él como si fuera de trapo. (Rulfo 1992: 75)

Whether or not there is a case for revising our thoughts on the moment of Juan's death cannot be discussed here, but it should now be clear that the image of Eduviges standing in the doorway to her house inviting Juan Preciado in functions symbolically to suggest a threshold between life and death. Even if we maintain that Juan Preciado does not die at the precise moment he enters Eduviges's house, he has still, without doubt, entered a world in which a few living people co-exist

---

5 As critics concur, Rulfo's writing evidently combines the narrative practices of realism and modernism.

6 Usually, of course, the moment of Juan's death is taken to occur in fragment 37 when he collapses from asphyxiation and his last breath slips through his fingers 'para siempre' (Rulfo 1992: 125). D'Lugo states: 'most critics are in general agreement that there is an implicit two-part structure marked by readers' awareness of Juan Preciado's death in fragment 37' (D'Lugo 1997: 71).

with a majority of dead and suffering souls, 'las ánimas en pena'. Comala is neither the world of the living or of the dead, it is the threshold between heaven and hell, it is the space of purgatory. This image of the threshold is then, arguably, an image of Mexican society as a metaphorical purgatory, a place of suffering.

2. Themes of Violence and the Fragmentation of Self, Community, Nation

Rulfo's vision of Mexico in this novel is shaped by 'el fragmentismo que domina la estructura de la novela' (Rulfo 1992: 85). The fragmented structure of *Pedro Páramo* functions as a metaphor for Mexico's divided society in both the pre- and post-revolutionary eras.[7] Form and content are identical in this sense as Rulfo presents divided subjects like Padre Rentería, a divided community in Comala with the dominant *cacique* and subaltern peasantry, and also the divided Mexican nation with threatened landowners and revolutionaries in arms. The society is characterised, like the writing, by conflict and contradiction and its development is towards disunity not unity, material and spiritual decline not progress. Hope for better conditions of material and spiritual existence in Comala are not emergent but fading (or they have faded) and in this way Rulfo's text counters the post-1946 PRI vision of permanent (and industrial) revolution towards national unity and prosperity.

The image of a solitary character standing in a doorway is used by Rulfo symbolically in relation to this theme of the fragmentation of self, community and nation: the doorway that connects also serves to separate and at times to exclude.[8] Or in another sense the threshold here is one between happiness and sadness, love and hatred. For Pedro the happiness and love of his childhood disappear to be replaced by the disenchantment and hatred of his adult world. For his mother the happiness and love of her married life are replaced by the sadness of grieving and the hatred towards those responsible for her husband's death. With the images of Pedro's mother in the threshold Rulfo achieves these interrelated levels of symbolic suggestion primarily through references to shadow and light coupled with the use of the verb *despedazar* and related noun *pedazo*. What immediately attracts attention in the first image of Pedro's mother bringing news of her husband's death is the elongated and broken shadow of

---

7 As James Higgins has pointed out, this procedure is typical of Spanish America's new narrative and is favoured by Vargas Llosa: 'The fragmented structure of *The Green House*, which changes in form, style, time, place and protagonists every few pages, conveys an image of Peru as a disunited nation, divided by geography, levels of development, culture, race and class, and of the world as a chaotic labyrinth in which disoriented individuals struggle in vain to find some coherence' (Higgins 1991: 93).

8 It is appropriate to extend this to nation, especially given that the fragmentation of the community in Comala is caused partly by disputes over the unjust and arbitrary parcelling of land by a *cacique* which in historical terms was a key causal factor in the outbreak of the Mexican Revolution. On a separate point, it is most noticeable that Rulfo's thresholds are always open, even if there are reasons why passing through the threshold is not possible — as, for instance, in the case of Pedro's desire to 'know' Susana San Juan's most intimate thoughts. He cannot enter the space of her imagination.

herself that is being cast upwards from the candlelight onto the beams of the ceiling: 'Allí estaba su madre en el umbral de la puerta, con una vela en la mano. Su sombra descorrida hacia el techo, larga, desdoblada. Y las vigas del techo la devolvían en pedazos, despedazada' (Rulfo 1992: 79). And in the second image, as dawn breaks, the rays of morning light are broken by the presence of her body in the doorway and likened to her tears:

> Y aquí, aquella mujer, de pie en el umbral; su cuerpo impidiendo la llegada del día, dejando asomar, a través de sus brazos, retazos de cielo, y debajo de sus pies regueros de luz; una luz asperjada como si el suelo debajo de ella estuviera anegado en lágrimas. (Rulfo 1992: 89)

What is also being suggested here then, symbolically, is that Pedro's mother, like all of the other characters in Comala, is a broken soul who is slowly dying. Everything in her life is coming to an end, and both physical and emotional parts of her self are inevitably being lost with the passing of time and often as a result of violence. In this specific case it is her relationship with don Lucas that is the 'piece of self' that has been taken away from her in a bungled revenge shooting.

This symbolic expression of the fragmentation of the self as an indicator of gradual but inevitable death is an idea that is repeated throughout the novel in yet another of Rulfo's intricately woven and highly meaningful narrative threads. In another case, for instance, that of Padre Rentería's niece Ana, it is the loss of her sexual innocence as a result of rape by Miguel Páramo that leaves her with 'el alma medio quebrada' (Rulfo 1992: 93). A large part of her self has been violently taken away. The same idea is expressed again in relation to Susana San Juan. Pedro is extremely frustrated that he cannot know what it is that is making Susana's sleep so agitated, what it is that is tearing her apart inside 'como si la despedazaran hasta inutilizarla' (Rulfo 1992: 165). After that, in a much more direct manner the notion of broken souls is given expression in the seventieth and closing fragment concerning the death of Pedro Páramo himself: 'Sintió que su mano izquierda, al querer levantarse, caía muerta sobre sus rodillas; pero no hizo caso de eso. Estaba acostumbrado a ver morir cada día alguno de sus pedazos' (Rulfo 1992: 193). Pedro's left hand is one 'piece' of himself that has been lost from his control, presumably to paralysis. Soon his life will be lost too, taken away in a violent and frenzied stabbing at the hands of his neglected and drunken son Abundio.

If we keep the image of Pedro's mother with her broken shadow firmly in mind then we can relate it to the fact that violence has shattered her life just as it will shatter the life of the community in Comala, eventually leading — in a vicious circle of murder for the sake of revenge — to the violent death of the community's self-appointed leader, the *cacique* himself. The fragmentation of community in Comala is directly associated with the memorable image of Pedro's mother crying in the doorway to his room and casting a broken shadow on the ceiling because it is that image that haunts Pedro's conscious mind and motivates him to escalate the violence in Comala by exacting revenge in a way that results in multiple deaths. The same image then recurs in Pedro's mind when he learns of Miguel's death as he immediately anticipates the need for more acts of violent revenge. Taken in this context it is even possible that Pedro's enigmatic line '¿y a ti quién te mató, madre?' (Rulfo 1992: 89) is not, as González Boixo suggests, an interpolation spoken from a different temporal setting, but Pedro's cruel rejection of his mother whom he sees as weak and unable to respond to violence with violence. Another threshold image is associated with the fact that ultimately, Pedro Páramo is responsible for the decline of Comala as a small farming community and for its conversion into a ghost town similar to the San Gabriel that Rulfo visited prior to the literary creation of Comala. From the doorway to Susana San Juan's room Pedro watches her die, and when the community of Comala celebrate rather than mourn, he responds with the same psychological need for revenge that motivated him when his father died: 'Me cruzaré de brazos y Comala se morirá de hambre. Y así lo hizo' (Rulfo 1992: 187). In this instance, with Pedro's mother in the doorway, the reader is presented with a threshold between reconciliation and revenge.

3. The Theme of Solitude

The theme of solitude, or isolation, is developed in *Pedro Páramo* in multiple and complex ways that range from the ironic emotional solitude of the protagonist and Susana San Juan, to the spiritual solitude of the priest and each of his parishioners, to the geographical isolation of Comala within post-Revolutionary Mexico. In addition to the thematic uses of the threshold motif we have already outlined, Rulfo also uses the image of a character standing in a doorway in order to give symbolic expression to a profound sense of solitude that arises from an awareness of living at the margins (or thresholds) of different social and cultural worlds. Eduviges, for example, stands in the doorway of her home, isolated between the loneliness of her solitary existence (in a house which is full of stored furniture belonging to those who have moved away) and the emptiness of life in an abandoned village. It is at least plausible that her unexplained suicide was prompted by solitude after her closest friends died or moved away. Pedro Páramo's mother is an equally solitary figure as she stands in the doorway to her son's room and tells him that his father is dead. Outside, her world has been shattered by the loss of her spouse, and inside the family home communication with her son is minimal. She has neither family nor community to turn to for comfort. This then leaves the image of Pedro himself standing in the doorway of Susana's room, and it is this image which most poignantly conveys a sense of solitude.

In the fifty-seventh fragment Pedro stands in the doorway to Susana San Juan's room and watches her tossing and turning in her bed, dreaming he assumes. In the sixty-fourth fragment he is again described standing in the doorway to Susana's room, now at the moment of her death. These images convey his loneliness and isolation by giving symbolic expression to the fact that he is located in an in-between place, between two worlds but belonging to neither, identifying with neither fully. Outside, beyond the gates of the Media Luna is the everyday world of Comala, a world that Pedro dominates as regional *cacique*, but which is inhabited by people with whom he feels no real affinity and which from his point of view is Godless. In the bedroom, in front of his eyes, he is faced with the death of Susana San Juan, a wife whom he has never truly known, who is forever distanced from him by her perceived madness. Significantly, he does not enter the bedroom because he is trapped at the symbolic threshold to her world: '¿Pero, cuál era el mundo de Susana San Juan? Esa fue una de las cosas que Pedro Páramo nunca llegó a saber' (Rulfo 1992: 165). Through reflection on this image then, we come to understand that Pedro's despair at the moment of Susana's death is not exclusively a consequence of bereavement. True, he is emotionally torn by the death of the only woman he has ever loved and also by his helplessness in the face of that event. Yet, like Eduviges and his mother, he is also deeply distressed by a marked sense of solitude.

This image of Pedro Páramo watching Susana San Juan die from the doorway to her room is not only a symbolic expression of the former's personal sense of solitude but is also clearly one element amongst several within Rulfo's treatment of the theme of solitude more generally. For example, another element which conveys the disorienting experience of isolation is the language used by Juan Preciado in fragment 3 when he enters Eduviges's home and realises his mother's descriptions of Comala do not match the reality of his experience: 'Hubiera querido decirle: "Te equivocaste de domicilio. Me diste una dirección mal dada. Me mandaste al 'dónde es esto y dónde es aquello?' A un pueblo solitario. Buscando a alguien que no existe"' (Rulfo 1992: 71–72). Juan desperately wants to turn to someone for help but there is no one for him to turn to. And a similarly disorienting and ambiguous experience of isolation is that of Susana San Juan in fragment 50 when her father dangles her into the Andromeda mines on a rope: 'Y ella bajó y bajó en columpio, méciendose en la profundidad, con sus pies bamboleando en el «no encuentro donde poner los pies»' (Rulfo 1992: 160). Susana is, literally and metaphorically, in a space that no one else can occupy. Finally, Comala itself is a geographically isolated village dominated by a *cacique* and a Catholic priest, a place cut off from the rest of Mexico, apparently unaffected by the Revolution and the Cristero Rebellion — as if time had stopped and only the past existed.

In relation to the isolation of Comala, *Pedro Páramo* bears exact parallels to the villages described by Rulfo's fellow Jaliscan novelist Agustín Yáñez in *Al filo del agua*, *La tierra pródiga* and *Las tierras flacas*. Yet what is obvious is that Rulfo's view of geographical and cultural isolation in Mexico, and specifically within the state of Jalisco, is not the same as Yáñez's, just as his vision of individual solitude is not the same as that expressed by Octavio Paz in *El laberinto de la soledad*. In Yáñez's relatively optimistic novels the Mexican Revolution, in both its combative and institutional phases, brings the perceived advances of modernity into the backwaters of Mexico. And in Octavio Paz's vision of individual solitude the possibility of love and solidarity are included as dialectical counterparts to the passing phases of solitude. Whereas, for Paz, 'el amor es *casi* inaccesible' (Paz 1988: 177, italics mine), for Rulfo's characters, by contrast, love is *always* beyond reach, unattainable. The solitude of Rulfo's characters is eternally exacerbated by the frustration of their desire for communicative and loving relationships, for communion both with others and with God. Juan Preciado goes to Comala not exactly to keep the promise he made to his mother but because he imagines a world centred on a loving relationship with his long-lost father. Death prevents this from ever becoming a reality. Pedro Páramo longs to be involved in a genuinely loving relationship with Susana San Juan but this desire is frustrated by madness. Dorotea dreams of loving her own child but is consoled only by a bundle of rags with which she pretends to be a mother. And God's love is as absent in Comala as human love. Eduviges dies unforgiven for her sin of committing suicide, and Padre Rentería is himself refused absolution for allowing evil to flourish in his parish. Life offers Rulfo's characters no way of overcoming their solitude, no possibility of experiencing emotionally meaningful communication or loving relationships, and death offers them no alternative to their loveless reality, neither eternal sleep nor consolation and comfort in heaven. Each character is between God and other people, cut off from both, painfully alone. Like Pedro Páramo standing in the doorway to Susana's bedroom, helplessly and silently watching her die. This threshold image presents the reader with a symbolic passageway between loneliness and intimacy in it all its guises.

Conclusion

Having focused very specifically on *Pedro Páramo* and on the use of threshold images as symbols, it is worth raising questions concerning the possible wider implications of this reading. Firstly, the use of doorways as symbols, as symbolic thresholds, occurs with equal importance in Fuentes's *Aura*. Such symbolism appears from the outset of the narrative when Felipe Montero crosses the threshold from the everyday life of Mexico City and school teaching to the extraordinary world of witchcraft and hallucinogenic drugs in Consuelo's apartment. A similar type of symbolism occurs in *La muerte de Artemio Cruz*, and *Gringo viejo* takes psychological, geographical and cultural frontiers as a main theme. There is clearly scope for comparative analysis and, broadening to the limit, is the symbolic threshold a motif in Mexican fiction? Even more thought-provoking is the question: how important might the consideration of cultural thresholds as expressed symbolically in literature be in relation the idea of a *mestizo* nation and national identity? Rulfo's lost souls are neither Spanish nor Indian, they belong to neither culture and both simultaneously. Returning to Boldy's comments cited at the beginning of this article, we can only offer each reading as a 'tentative exploration'. In that spirit, this article has at least made a new scratch on the surface and, as indicated in the title, has articulated some 'preliminary reflections'.

Works Cited

Bastos, María Luisa and Sylvia Molloy, 1977. 'La estrella junto a la luna: variantes de la figura materna en *Pedro Páramo*', *Modern Language Notes*, 92: 246–68.

Beardsell, Peter, 1990. '*Pedro Páramo*' in *Landmarks in Latin American Fiction*, ed. Philip Swanson (London: Routledge), pp. 74–96.

Boldy, Steven, 1983. 'The Use of Ambiguity and the Death(s) of Bartolomé San Juan in Rulfo's *Pedro Páramo*', *Forum for Modern Language Studies*, 19 (3): 224–35.

——, 1986. 'The Death of the Father, Language and Others in Juan Rulfo's *Pedro Páramo*, *Romance Quarterly*, 33 (4): 463–75.

D'Lugo, Carol Clark, 1997. The *Fragmented Novel in Mexico: The Politics of Form* (Austin: Univ. of Texas P.).

González Boixo, José Carlos, 1983. *Claves narrativas de Juan Rulfo* (León: Univ. de León).

Higgins, James, 1991. 'Spanish Americas's New Narrative' in *Postmodernism and Contemporary Fiction*, ed. E. J. Smyth (London: Batsford), pp. 90–102.

Jung, Carl Gustav, 1978. *Man and his Symbols* (London: Picador).

Paz, Octavio, 1988. *El laberinto de la soledad* (Mexico City: FCE).

Rulfo, Juan, 1992. *Pedro Páramo*, ed. José Carlos González Boixo (Madrid: Cátedra).

Swanson, Philip, 1995. *The New Novel in Latin America: Politics and Popular Culture after the Boom* (Manchester: M.U.P.).

Thakkar, Amit, forthcoming 2005. 'Ambivalence and the Crisis of the Mimic Man: Irony and Context in Juan Rulfo's "Luvina"', *Journal of Iberian and Latin American Cultural Studies*.

Yáñez, Agustín, 1984. *Al filo del agua* (Mexico, DF: Porrúa).

——, 1960. *La tierra pródiga* (Mexico, DF: FCE).

——, 1962. *Las tierras flacas* (Mexico, DF: Joaquín Mortiz).

Translating Hybridity: A Case from the Peruvian Andes[1]

ROSALEEN HOWARD

University of Liverpool

༼ ༽

Translation and Conquest

The sixteenth-century Spanish conquest of the region today known as Latin America was not merely a militaristic, political and economic enterprise, but also an ideological and semiotic overthrow — of the epistemologies, religious belief systems, languages and communicative media of the colonised populations. Translation was an integral part of this process. Colonisation generated hybrid forms of cultural expression, and constantly evolving linguistic mixture between Amerindian languages, Spanish and Portuguese. In a sense, translation in such a setting is a way of life. Translators and interpreters attempted to bridge the communicative divide between speakers of mutually unintelligible languages, but their translations were frequently coloured by an ethnocentric world view, providing early historical examples of the 'ethnocentric violence' of translation of which Venuti (1995) speaks.[2]

---

1 An earlier working of the topic of this paper was published in Spanish (Howard-Malverde 1997). I took the subject up again in a paper to the British Association of Applied Linguistics Special Interest Group on Ethnography and Linguistics (Edge Hill College, April 2003) and then in a Keynote Paper to the International Conference 'The "Translation Turn" in Cultural Studies', (Univ. of Warwick, November 2003). I have benefited greatly from discussion of the material with participants at these events. I also thank Nelia Scott, who originally pointed me in the direction of current translation theory, and the Netherlands Institute of Advanced Study (2003–2004) for providing me with working conditions in which to prepare the paper for publication.
2 Perhaps due to the symbolic violence embedded in the Latin American colonial experience, the very concept of translation has become a metaphor for the cultural history of the region. This metaphor finds expression in popular imagery, for example in theatrical re-enactments of the Conquest and in oral traditions. Here, the figure of the interpreter plays an archetypal role in the origin myth of the post-conquest nation. In the case of Mexico, for example, we find the figure of the 'Malinche', the indian woman who became lover and interpreter to conquistador Hernán Cortés. Malinche is an ambivalent figure in the Mexican national consciousness: as Cortés's mistress she is the mother of the mixed races of post-

However, colonised populations evolve ways of resisting the actual and symbolic violence of the new order, through strategies of resistance, adaptation, accommodation and redirection of the meanings that the outsider seeks to impose. In interactions back and forth across the communicative divide, translation may appear to be happening, but closer examination proves that mis-translation is more often the case. Moreover, hybrid forms of language and culture produce discourses that belong to 'spaces-in-between' that may defy and even subvert translation.[3]

Hybrid Identities in the Andes: The Context

In the Andes of South America, hybrid discourses emerge at the interface between Spanish and the main indigenous language of the region, Quechua, spoken by an estimated eight and a half million people across southern Colombia, Ecuador, Peru, Bolivia and north-west Argentina. The majority of speakers of Quechua today are bilingual with Spanish, and bilingualism is rapidly giving way to Spanish monolingualism according to census data gathered in the early 1990s (Albó 1995). The Spanish-Quechua interface generates a heterogeneous range of cultural positions, from monolingual agriculturalists living within a largely subsistence economy, low levels of formal education, and a rich indigenous culture expressed in music, textiles, and an animistic religious belief system, to well-educated, city-dwelling bilingual professionals, who may become involved in intercultural educational development initiatives, widespread in the region under the terms of recent Constitutional reforms. Urban bilinguals may self-identify in different ways: as indigenous people (common in Ecuador and Bolivia), or as *mestizos* of mixed cultural heritage (more usual in Peru). Language shift and urban migration allow for upward social mobility and trigger cultural change. Moreover, cultural positioning in the Andes is a fluid business, whereby language, clothing styles, and other outward signs of identity may be used strategically to align oneself with one group or another according to interest and context.

Narrating Hybridity in the Testimony of Gregorio Condori Mamani

I shall now explore some theoretical issues surrounding the translation of linguistically hybrid texts, and relate these issues to a case study from southern Peru. *Gregorio Condori Mamani. Autobiografía*, originally delivered orally in the Quechua language, has been written down and translated into Norwegian, German, Dutch and English, and has come to be recognised as an outstanding example of the testimonial literature genre. The text comprises the autobiographies of a monolingual, Quechua-speaking man, Gregorio Condori Mamani, and his wife, Asunta Quispe Huamán, resident in the city of Cusco in the 1970s. They told their

---

conquest Mexico yet, as traitor-translator, she is despised for her sexual and verbal complicity in the vanquishing of her fellow people.

respective life stories to two Quechua-Spanish bilingual anthropologists, also residents of Cusco, who taped, transcribed, and translated them into Spanish. The resulting book was published in a bilingual edition in Peru, with the transcription of the original Quechua narrative and its Spanish translation on facing pages (Valderrama and Escalante 1982). More recently, an English translation was made by Gelles and Martínez Escobar, an anthropologist and an ethnographic filmmaker, both based in the United States (Condori Mamani & Quispe Huamán 1996). The English edition no longer contains the Quechua original.

Although they are man and wife, Gregorio's and Asunta's life stories deal with quite different topics. Gregorio is particularly preoccupied with cultural identity, and uses his story as a way of positioning himself in relation to other members of Andean society. Asunta's story is more individualistic: she tells of the hardships of her life, doubly marginalised by her status as an indigenous person and as a woman. For my purpose of discussing the crossovers between cultural and linguistic hybridity and the issues they raise for translation, I shall focus on Gregorio's preoccupation with cultural identity. I shall compare his original Quechua narrative with its Spanish and English translations. Through this comparison it is my intention to explore the connections between hybridity, translation, and the nature of language, in such a way as to raise issues of theoretical and empirical interest to scholars of cultural studies. Extract 1 provides an introduction to the case study:

Extract 1

Noqanchisqa kanchis **peruanos**, **indigenas**, paykunaqa karanku **Inka runa**, pero **churinkunan kanchis**, chaymantan wañuchiranku chay **españa**kunapas Tupaq Amaruta. (Valderrama & Escalante 1982: 50)

Nosotros somos **peruanos**, **indígenas**, ellos eran *inka runas*, pero **somos sus hijos**, por eso también mataron esos **españas** a Túpac Amaru. (Valderrama & Escalante 1982: 50)

We are **Peruvians**, **native people**,[3] and they were **Inka runa**; but **we're their children**, and that's why those **Spaniards** also killed Túpac Amaru. (Condori Mamani & Quispe Huamán 1996: 57)

Gregorio's mix of Quechua and Spanish is typical of Andean Quechua speech. Among the words of interest, referring to identity, we recognise some as ostensibly of Spanish origin: 'peruanos' ('Peruvians'), 'indigenas' ('indigenous people'), 'españa' (with the Quechua plural suffix '-kuna', 'Spaniards'). Others are Quechua: 'noqanchis' ('we'), 'inka runa' ('Inca people'), 'churinkuna' ('their children'). The first person plural pronoun 'noqanchis' is an inclusive 'we' which expresses inclusion of the addressee in the group being referred to. In Quechua, another

---

3 The concept of the space of hybrid culture as a 'space-in-between' is developed, for example, by Walter Mignolo in his application of postcolonial theory to Latin American cultural history (Mignolo 1995). Mignolo refers back to Homi Bhabha's working of the concept (Bhabha 1994) and, in a sense, forward to Gloria Anzaldúa's creation of a middle space not only as a place 'to write about', but as a (de-centered) place 'from which to write' (Mignolo 1995: xvi; Anzaldúa 1987).

first person plural pronoun – 'noqayku' – is used when speakers wish to exclude the addressee from the 'we' referred to. Gregorio's inclusive usage suggests that he feels, in this context, a level of identification between himself and his anthropologist interlocutors. The latter are urban-dwelling academics with whom we might objectively assume Gregorio does not utterly identify. However, when it comes to the expression of identity, all usage is relative and constantly shifting from one context of use to the other, as other examples will show.

The word 'runa' is the most fundamental term in the language by which Quechua speakers self-identify as members of the group who speak the language and lead a traditional way of life, generally speaking in rural areas. In pre-colonial times we can surmise that 'runa' simply meant 'person' or 'human being'. In the colonial setting, 'runa' takes on ethnic connotations. Thus, in English an approximate translation would be 'indian' or 'indigenous person'. 'Runa' is also found in Andean Spanish, used by people of the *mestizo* – or mixed blood – class, who dissociate themselves from the 'runa' through their westernised lifestyles and Spanish monolingualism, or bilingual Spanish-Quechua speech. The Andean Spanish speaker uses the term 'runa' interchangeably with the word 'indio', with pejorative connotations in both cases.

Throughout most of his narrative, Gregorio uses the word 'runa' for talking about himself and those he considers of his own kind. Extract 2 gives a typical example:

Extract 2

Paykunaqa runakunalla noqa hina karanku, allin sunqoyoq. Hinaspa niwanku: – Noqaykuwan ripuyta munawaqchu? (Valderrama & Escalante 1982: 24)

Ellos eran *runas* no más, como yo, de buen corazón, porque me dijeron: – ¿Quisieras irte con nosotros? (Valderrama & Escalante 1982: 24)

They were just runa folk like me, and good-hearted. They asked me: 'Want to come along with us?' (Condori Mamani & Quispe Huamán 1996: 27)

However, in the case of Extract 1, in positioning himself historically with regard to the Andean people of the past, Gregorio uses 'runa' to refer to the Inka ancestors. He contrasts 'them' (the 'Inka runa') and 'us', the latter being the modern day 'Peruvians'. He nonetheless qualifies the 'we' by specifying that the 'Peruvians' are 'indigenas' ('native peoples').[4] This is the only time Gregorio uses the word 'indigena', and the English translators suggest in a footnote: 'it has a greater top-down and imposed feel to it than other self-defining terms such as "runa" [...] it is clear that Gregorio appropriates the official designation of "indígena" here to make the point that his are the autochtonous people, the true "Peruvians"' (Condori Mamani & Quispe Huamán 1996: 160, n.3).[5]

4 The term 'indígena' carries no accent in the Quechua text.
5 Gelles and Martínez explain that the term 'indígena' is in fact rare in contemporary Peruvian public discourse, having been replaced by the term 'campesino' ('peasant') since the 1960s (Condori and Quispe 1996: 160, n. 3). I shall comment on the English translators' use of footnotes as a translation strategy later in my discussion.

Although in one respect Gregorio distances himself from his Inka ancestors in setting up an 'us/them' dichotomy, on the other hand he establishes a genealogical connection between the two, in the phrase 'we're their children'. The 'us/them' distinction becomes equivocal: 'we' and 'they' are not the same and yet they are interconnected. This polyvocal quality of the personal pronoun 'we' — by which people simultaneously identify with the pre-hispanic ancestors and yet dissociate themselves from them — is something we come across again and again in Andean people's discourse of identity, particularly the discourse of those who self-identify as 'mestizo'. The term 'españa' meaning 'Spain' in standard Spanish is used in Quechua metonymically to refer to the Spaniards responsible for the death of the Inka leader. Spanish vocabulary borrowed into Quechua takes on new functions in its new environment; other examples will be seen.

There are a number of features of Gregorio's narrative that pose problems for the translator. A linguistic account of the language mixture would describe it in terms of lexical borrowing, syntactic convergence, code-mixing and code-switching. However, a more anthropological account would emphasise the social significance of the hybridity as a cultural phenomenon, conveying a meaning above and beyond the formal meaning of the words.[6] Also, analysing hybridity is not about unraveling origins, but about discovering the dynamics of meaning in present contexts of use. In a hybrid discourse the origin of the words in this language or that is secondary to the meanings they gather in a particular situation of utterance by a particular speaker. So, if the hybridity of Gregorio's language is meaningful in and of itself, how translatable is it?

Hybrid Texts and the 'Contact Zone'

I will now introduce some conceptual tools that might help me to answer this question. It was surely no coincidence that in the same year as Columbus 'discovered' America, Antonio de Nebrija published the first ever grammar of the Castilian language, pointing out the usefulness of his work in that much quoted phrase: 'language was always the companion of Empire' (Rafael 1988: 23; Mannheim 1991: 63–64). The link between language, translation, and empire is a theme of particular interest in postcolonial studies. As far as Latin America is concerned, postcolonial theory has been developed in relation to border cultures such as that of the US-based Chicano, represented in the writings of Gloria Anzaldúa (1987), and Mexico in the work on hybridity and modernity of Nestor García Canclini (1995), to take two examples.[7]

In relation to the Andes, Mary Louise Pratt's use of postcolonial cultural criticism helps us think about the discursive processes going on at the interface

6 See Gumperz's discussion of conversational codeswitching where he demonstrates that language mixture as a discourse strategy carries meaning in itself (1982: 59–99).
7 Mignolo argues for 'shifting the epistemological locus' of postcolonial theory, largely evolved by scholars working in African and Asian settings, by exploring its applicability to the Latin American case; he takes Anzaldúa's work as a case in point (1995: xii–xiii).

between Spanish and Quechua (Pratt 1992; 1994; 1996). Pratt's examples come from early colonial documents, but the concepts she develops are just as relevant for understanding late twentieth-century texts such as Gregorio's autobiography. Central to her methodology is the concept of the 'contact zone', a space of encounter between colonised and settler populations, shaped by hegemonic relations of coercion, resistance and consent, which engenders particular forms of linguistic and cultural expression. Pratt adopts the term 'transculturation' – elaborated in Latin American literary criticism in the 1970s (Pratt 1992: 228, n.4) – as a way of talking about the discursive transformations that take place at the contact zone, to cite 'processes whereby members of subordinated or marginal groups select and invent from materials transmitted by a dominant metropolitan culture' (Pratt 1994: 31). I would add that this process of selection and re-invention may involve inverting or subverting the meanings that the selected material originally had in the culture of origin. There is empowerment in such a strategy. Pratt demonstrates how transculturation works in what she calls the 'autoethnographic' texts produced by native Andeans for the purpose of vindicating their rights under the colonial regime. Typically, the autoethnography is a kind of text in which colonised people 'describe themselves in ways that engage with representations others have made of them [...] if ethnographic texts are those in which European metropolitan subjects represent to themselves their others (usually their subjugated others), autoethnographic texts are representations that the so-defined others construct in response to, or in dialogue with, those texts. Autoethnographic texts [...] involve a selective collaboration with and appropriation of idioms of the metropolis or conqueror' (Pratt 1994: 28; cf. Pratt 1992: 7).

Translating 'Gregorio' in the 'Contact Zone'

Regarding the translation strategies applied to 'Gregorio': in the case of the Spanish version, whenever the original Quechua contains a Spanish-derived term, this is retained in the translation. What is inevitably lost is the sense effect of the original code-mix. As we commented above, there are, for example, ideological resonances in Gregorio's use of the word 'indigena' in Quechua that are not carried through into the Spanish. Retaining the word in the Spanish version evokes a different set of resonances in the Spanish monolingual speaking reader: current Peruvian discourse prefers the term 'campesino' ('peasant') to 'indígena', for ideological reasons of yet another order. This is the nature of the 'contact zone': the clash of ideological viewpoints brings about transformations of meaning when words migrate from language to language; these meanings are not automatically retransformed if, in the translation process, the words travel back to the language they came from. There is thus a level of sense in the original which its very hybridity renders untranslatable.[8]

---

8 Insight into the original sense could only be captured by a bilingual reader familiar with the culture, by a dual reading, casting the eye back and forth between the facing pages of

Another part of the problem is that the sense of terms defining identity is highly relational. The word 'peruanos', can only be appreciated if we take into account how it contrasts with 'runa' in the same context; the sense of 'runa' has to be felt by contrasting it with the way it is used elsewhere in the narrative, and so on. Do the translators acknowledge these context emergent senses in the Spanish and English versions, and develop strategies for retaining them? We can consider some further examples, to explore the question further:

Extract 3

Chay **miste**q wasinpipas **uwiha**llatataq michimuni. [...] **Pero** imaynapichá kanpas, huk p'unchay huk **uwiha** chinkarun. Hinaspas **sin mas compasion** qarqoranpuwan: – ¡**Fuera, mañoso, carajo**! – ñispa. Chayqa hatun ñanninta waqayuspa purispa, **T'iyupanpa ayllu**pi rikhuriruni, **Marangane**q hawanpi **Leandro Kutipa** wasinpi. Chayqa **paisano**n karan mana **misti**chu karan, hinaspa paypapi hoqmanta micheqmanta **queda**kullanitaq. (Valderrama & Escalante 1982: 26)

También en la casa de este **misti**, pasteaba sus **ovejas**. [...] **Pero**, yo no sé cómo, un día, una **oveja** se perdió, y **sin más compasión** me botó: – ¡**Fuera, mañoso, carajo**! – diciendo. Trajinando por el camino grande, llorando, aparecí en el ayllu Ttiobamba, más arriba de **Maranganí**, en la casa de **Leandro Cutipa**. Este era un **paisano**; no era **misti**; allí me **quedé** nuevamente de pastor. (Valderrama & Escalante 1982: 26)

While living there in this **misti**'s house, I also herded **sheep**. [...] I really don't know how, **but** one day a lamb disappeared. And so, **with no compassion whatsoever**, he threw me out, saying: '**You shifty little good-for-nothing – out, dammit!**' So I walked up the big trail sobbing, and I came to the house of **Leandro Cutipa** in the **village of Ttiobamba**, up past **Maranganí**. he was one of us – a **villager**, not a **misti**[25] – and I **stayed** with him there, once again as a shepherd (Condori Mamani & Quispe Huamán 1996: 30).

At the hands of his 'misti'[9] masters, Gregorio always has bad luck, whereas with people he recognises as of his own class, better fortune goes with him. The character of the 'misti' is portrayed here in the use of direct speech, and a switch to Spanish embedded in the Quechua, the ideological charge of which, again, is lost in the translations. Gregorio considers Leandro Cutipa to be not a 'misti', but a 'paisano'. This word originates from Spanish and, in the Quechua, is a transculturated

---

the bilingual edition of the book — we might ask, then why translate at all? But the point is that in the very translation, the ways in which Gregorio uses Spanish terms in new, Quechua, ways emerges.

9   'Misti' refers to the *mestizo*, originally a racial mixture, today referring to persons of blended cultural origins, who have distanced themselves from their indigenous backgrounds through language shift, migration to the cities, and adaptations in dress, taste and lifestyle. In terms of class structure, the *mestizo/a* considers him/herself a cut above the indigenous person, and quite negative racialised attitudes pertain in both directions across this divide. In Andean societies such racial and cultural distinctions are highly contingent and shifting. Social mobility through linguistic and cultural change may occur within the lifetime of an individual, or from one generation to the next, and it is common for indigenous people to use their identity strategically, accentuating it in some contexts and playing it down in others.

term, in that Gregorio uses it interchangeably with 'runa' to refer to indigenous people, fellow human beings of the same cultural and ethnic position as himself. The retention of 'paisano' in the Spanish translation conveys a more outward looking sense of 'fellow countryman', 'paisano' being etymologically related to 'país'. 'Villager' in the English is also inadequate to capture the sense of the original, having none of the connotations of community and extended kinship expressed in Quechua 'paisano'. Furthermore, the contrast set up between 'villager' and 'misti' in the English translation fails to convey the ethnic opposition contained in the original, further proof that Gregorio's use of 'paisano' has a semantic charge lost in the Spanish. It is the very juxtaposition of the three versions that helps us clarify the sense of the original. The latter remains obscure if we merely assume that as a 'borrowing' it has the same meaning in Quechua as it has in the European language.

A further example of transculturation, typical of the 'autoethnographic' mode is found in Extract 4. Here, describing military service, Gregorio criticises the corporals in the barracks whom, despite the authority they exercise over him, he considers to be of his own kind:

Extract 4

Chay **compañero**ykukunaqa **indio runan** noqa hina karankupas, **porque** mana **misti** kaqchu. **Cabo**chakunaman **clase**man **asciende**ruspanku **bien jodido** kaqku. Chay ukhupeqa **igualito Dios** hinaraqmi kanku. (Valderrama & Escalante 1982: 44)

Estos mis **compañeros** incluso eran **indios**, *runas* como yo, **porque** ahí no había **mistis**. Cuando ascendían a **cabitos**, a **clase**, eran **bien jodidos**; ahí adentro son **igualitos que Dios** todavía. (Valderrama & Escalante 1982: 44)

What's more, those **fellow soldiers** of mine were all **Indian runas** just like me, because there weren't any **mistis**.[4] They'd be **real fuckers** when they got promoted to **corporal** or **noncommissioned officer**. There inside the barracks, they were **just like God himself**. (Condori Mamani and Quispe Huamán 1996: 50)

I am interested here in the way that the phrase 'indio runa' is subtly transformed in both translations by effects of punctuation and typography. The juxtaposition of 'indio' with 'runa' in the Quechua is a sign of the contact zone. In Quechua a noun + noun construction like this amounts to an adjectival phrase, the first noun qualifying the second. Gregorio uses the term 'indio' to qualify the term 'runa'. In so doing he is, to paraphrase Pratt, 'describing himself in a way that engages with representations others have made of him' (Pratt 1994: 28). He is a 'runa', a human being, of the sort that Spanish speaking Peruvians call 'indio'.[10]

In the translations, the connotations shift their ground. Valderrama and Escalante alter the phrasing by introducing a comma between 'indio' and 'runa'.

10 This phrasing has resonances in autoethnographic Andean texts dating back to colonial times; see for example the opening sentence of the early seventeenth-century Quechua Huarochirí manuscript whose anonymous indian author makes a similar juxtaposition when he refers to his pre-hispanic ancestors as 'the people called indians' ('runa yn(di)o ñisca') (*The Huarochirí Manuscript* 1991: 41)

This suggests synonymy, the one word being equated in meaning with the other rather than qualifying the other. To have kept the original phrasing would have been incompatible with the rules of Spanish syntax, which requires the determiner to take second place in the adjectival phrase. What is also interesting is that they place the word 'runa' in italics, as if to quote it rather than to appropriate it as part of their own language; we must not forget that 'runa' has been borrowed into everyday Peruvian Spanish as a pejorative term for referring to the 'indians'; the italics prevent ambiguous reading in this respect. Italicised terms, moreover, are explained in a Glossary at the end of the book.[11] How far do these tactics — the use of the comma and the italics — erase the transculturated status of the phrase in the original? Or does it amount to an equally trans-culturated usage in the translation, but from a different point of reference? After all, the Spanish translation, rendered by two residents of the bilingual city of Cusco, is no less than yet another product of the contact zone.

The English translators likewise incorporate the word 'runa' into their translation. Rather than using italics, they make it fully part of their English, then back it up by ethnographic footnotes to explain to the reader what the 'foreign' word means. So both sets of translators choose not to translate certain Quechua words but 'quechua-ise' the Spanish and the English by retaining them ('runa' is not the only case). Can this strategy be seen as a rather extreme case of what Venuti, reviewing Schleiermacher, means by foreignisation? In not translating the Quechua word at all, the translators do indeed 'register the linguistic and cultural difference of the foreign text, sending the reader abroad' (Venuti 1995: 20). In the case of 'runa' in English, this could be a long overdue solution to our habitual use of the term 'indian' to refer to the original inhabitants of the Americas, perpetu-ating Columbus' original mis-translation of the reality he found when he landed in the Caribbean. However, the tactics of italicisation supported by a glossary, and footnotes, respectively, seem to have the effect of handing the reader a traveller's survival kit. There is no attempt to bend the Spanish or English syntax to that of the Quechua, as we would expect in a foreignised version, and the English makes use of plentiful colloquialisms that smack in places of domestication rather than foreignisation. It is also the case that in English the 'ethnic' connotation of 'runa' becomes more fixed; whereas in the Quechua its meanings are fluid — at times it simply means 'human being', regardless of cultural considerations. I suggest, therefore, that we coin the phrase 'ethnographisation' in place of 'foreignisation' as a more apt way to describe these particular translation strategies.

Multilingual Subjectivity in the Hybrid Text

The distinction in standard translation theory between 'source' and 'target' language seems unhelpful in the case of texts like Gregorio Condori's Quechua autobiography and its Spanish translation, where, in the original, the presumed

---

11 Runa is glossed as 'indigenous man of Quechua culture'.

separation between source and target is not clear. Gregorio's narrative emerged in the oral medium, as a spontaneous utterance; his mixed spoken language is a natural result of language contact in his social environment. Hybrid texts are also becoming a feature of written literary production in postcolonial settings. In these cases, there is something more deliberate, contrived and political about the hybridity, and the challenge they pose for translation is greater still.

In *Rethinking Translation*, Samia Mehrez gives the example of postcolonial Algerian writing, which, although written in the ex-colonial language, French, requires of the reader a simultaneous knowledge of Arabic in order fully to penetrate the meaning. The meanings of the French prose are produced in the intertextual relationship between the two languages, a relationship Mehrez describes as 'intersignification' (Mehrez 1992: 122). This enables writers to use French to say things which have powerful cultural resonances in the Arab context, for example about sexuality and the status of women, which it would be virtually sacrilege to set out in writing in Arabic. This deliberate literary technique has powerful implications for translation:

> These postcolonial texts, frequently referred to as 'hybrid' or 'métissés' because of the culturo-linguistic layering which exists within them, have succeeded in forging a new language that defies the very notion of a 'foreign' text that can be readily translatable into another language. With this literature we can no longer merely concern ourselves with conventional notions of linguistic equivalence, or ideas of loss and gain which have long been a consideration in translation theory. For these texts written by postcolonial bilingual subjects create a language 'in between' and therefore come to occupy a space 'in between'. (Mehrez 1992: 121; cf. Robinson 1997: 101)

The hybrid literary text may thus be seen as an expression of multilingual subjectivity. A further case is found in the writing of Chicana feminist Gloria Anzaldúa, referred to previously, who puts her multilingual, border-crossing cultural identity to highly politicised and self-conscious use. Deliberately mixing Spanish and English, she declares:

> *Deslenguadas. Somos los del español deficiente*. We are your linguistic nightmare, your linguistic aberration, your linguistic *mestisaje*, the subject of your *burla*. Because we speak with tongues of fire we are culturally crucified. Racially, culturally and linguistically *somos huérfanos* — we speak an orphan tongue. (Anzaldúa 1987: 58)

She strives in her writing to have her mixed linguistic heritage legitimated; she feels the delegitimation of her language as a form of orphanhood. The imagery here is interesting in light of Gregorio's orphan status. Gregorio too speaks evocatively of the suffering provoked by speaking a language which is branded an outsider language in his own country. However, the level of conscious politicisation in Gregorio's text is minimal relative to that in Anzaldúa's, a point to which I shall return.

Theory of Language, Translation Theory and Hybrid Texts

So we need to adjust our habitual ideas about translation when faced with the hybridized middle ground between 'source' and 'target' text (cf. Robinson 1997: 112). In order to make this adjustment, we need to define the theory of language best suited to the task. To put the problem in more concrete terms, Gregorio's Quechua and Spanish mixing demands that we work with a theory of language contact that allows for a blurring of the conceptual boundaries between 'this language and that'. Such a theory will help us, first, to think about the social and ideological conditions within which language contact takes shape, and, second, to think about the nature of the relationship between the original version of a text and its translations.

Douglas Robinson has pointed out ways in which Mikhail Bakhtin's thinking on language — which strives to get away from Saussurean-type dichotomies of system vs. performance, theory vs. practice — can help in this direction (Robinson 1991: 101–07).[12] The meaning of words, for Bakhtin, is embedded in use, never systemically fixed, and always in dialogue with other instances of use (Holquist 1981: xxi; Bakhtin 1981: 293). In dialogical relation with each other, words are inhabited by the intentions and accents of their users, developing new intentions and accents when taken over by other users in other contexts. In the case of Gregorio's narrative, how can we apply criteria that depend on a notion of separateness of codes when his original utterance is already infused with 'otherness'? In a Bakhtinian view, the Spanish words in Gregorio's Quechua become inflected with his individual way of relating to the European language. These inflections in his speech — Bakhtin's *heteroglossia* — evoke the social pressures and experiences of his life: orphan status, poverty, urban migration due to economic reasons, lack of formal education, illiteracy, social marginalisation. And so it is with the relationship the translations have to Gregorio's original words: Valderrama/Escalante and Gelles/Martínez respectively produce versions inflected by new conditions of production and reception, perhaps best seen as *transformations* rather than *translations* of Gregorio's original utterance.

These conditions of production and reception are shaped by various factors. The translators occupy quite different social and cultural positions with regard to Gregorio. In the Peruvian case, to be a monolingual speaker of Quechua locates you in a different place in society to the bilingual urban intellectual represented by the anthropologist. And the North American translating into English for a university audience in the Anglo-American world opens up still another perspective. If we see their texts as transformations, then it is not that the translations fall short because they cannot reproduce Gregorio's *heteroglossia*, but they become inhabited by a *heteroglossia* of their own, and take on a new life.

---

12 I would like to acknowledge Ben Rampton's interventions at the Edge Hill meeting (see n.1 above), which also alerted me to the usefulness of Bakhtin's ideas on language for my present purposes.

I am influenced here by Walter Benjamin's theory of translation, based on his moral philosophical concept of 'pure language', which allows him to see translation as a transformation and renewal of the original, a process of bringing it to an afterlife, that takes it beyond itself (Benjamin 1969; cf. Robinson 1991). A similar strand can be traced in George Steiner's view of translation as a way of thinking of *all* meaningful exchanges, encompassing the totality of semantic communication (Steiner 1998: 293). On this basis, as Steiner puts it, translation becomes 'the perpuetual, inescapable condition of signification' (1998: 274). This way of thinking helps us to get away from an 'interlinguistic' model of translation that evokes the notion of languages as discrete entities, which is what the existence of hybrid texts forces us to question.

Also relevant is the deconstructionist approach of Jacques Derrida, as discussed by Venuti (1992). Derrida's conception of language is couched in his concept of *différance*, whereby signification is constantly 'differential and deferred' in the moment of utterance. For translation, as Venuti suggests, 'this means that the original is in itself a translation, an incomplete process of translating a signifying chain into a univocal signified, and this process is both displayed and further complicated when it is translated by another signifying chain in a different language' (Venuti 1992: 7). There are resonances here with what we see in Gregorio's narrative, in some sense itself an intralingual translation (cf. Jakobson 1966: 233). Elsewhere, Derrida states:

> [...] for the notion of translation we would have to substitute a notion of transformation: a regulated transformation of one language by another, of one text by another. We will never have, and in fact have never had, to do with some 'transport' of pure signifieds from one language to another, or within one and the same language, that the signifying instrument would leave virgin and untouched. (Derrida 1981: 24, cited by Venuti 1992: 16, n.16)

Here we have some sophisticated tools with which to elucidate the processes of 'intersignification' (Mehrez 1992) that go on in the contact zone, emerging both within and between texts such as Gregorio's autobiography and their translations.

Concluding Remarks: Gregorio's *Autobiografía* as a Postcolonial Text?

My interest in translation has grown from an anthropological endeavour to interpret the discourse of cultural identity in a colonised setting, rather than from a translation studies perspective. Anthropologists and postcolonial theorists can contribute to translation studies, particularly where translation occurs across cultural borders with strongly marked differentials of power. The methods of postcolonialist critical analysis help draw out the implications of (a) the linguistic shape of Gregorio's narrative and (b) the translation choices of his English and Spanish translators. But, while the analytical tools of postcolonial studies are useful, to what extent can we consider Gregorio's autobiography and its translations as 'postcolonial' texts?

Before addressing this point, the question needs to be asked whether Andean society at the close of the twentieth century can properly be described as 'post-colonial'. It is useful to distinguish between postcolonialism as a political order and postcolonialism as a paradigm for cultural analysis. As far as the political order is concerned, although the formal relationship between metropolis and colony was dissolved in the early nineteenth century, structures of internal colonialism and neo-colonialism continue to shape power relations between rich and poor and, most pertinently, between 'indian' and 'mestizo' in the Andean region. So in this case, one has to question whether such an order yet exists, or whether postcolonialism is not best thought of as an ongoing and future project. Recent events in Bolivia, for example, — the government was overthrown in October 2003 by indigenous popular mobilisation — suggest that 'postcoloniality' is becoming part of the political consciousness of those sectors of Andean society who benefited least from nineteenth-century decolonisation. However, in examining Gregorio's narrative, rooted in the political climate of the late 1970s, I do not find that level of conscious awareness of the inequities of his life experience that we associate with postcolonialism as a political agenda. He is eloquent in his description of these inequities. But, whereas the North African writers discussed by Mehrez use textual hybridity as a deliberate postcolonial tool, as does Gloria Anzaldúa, Gregorio's narrative is not consciously contrived with such an intent.

As a paradigm for cultural analysis, postcolonialism can help us identify unequal 'colonial-type' relations in society. It deconstructs the hidden colonialism in literatures of ages gone by, as much as it elucidates cultural and linguistic strategies for liberation in the postcolonial age. I suggest that neither Gregorio's intent, nor that of his translators, can properly be defined as a postcolonial project. However, his text is full of cultural and linguistic features that allow us to call it an example of colonised discourse of identity. So, in paradigmatic terms, postcolonial theory contributes much to our analysis of Gregorio's text.

Works cited

Albó, Xavier, 1995. *Bolivia plurilingüe. Guía para planificadores y educadores*, 2 vols (La Paz: UNICEF-CIPCA).

Anzaldúa, Gloria, 1987. *Borderlands/La Frontera. The New Mestiza* (San Francisco: Aunt Lute Books).

Bakhtin, Mikhail, 1981. 'Discourse in the Novel', in *The Dialogic Imagination. Four essays by M. M. Bakhtin*, ed. M. Holquist, trans. C. Emerson and M. Holquist (Austin: Univ. of Texas P.), pp. 259–422.

Benjamin, Walter, 1969. 'The Task of the Translator', in *Illuminations*, ed. H. Arendt (New York: Schocken Books), pp. 69–82.

Bhabha, Homi K., 1994. *The Location of Culture* (London: Routledge).

Condori Mamani, Gregorio and A. Quispe Huamán, 1996. *Andean Lives*, trans. P. Gelles & G. Martínez Escobar (Austin: Univ. of Texas P.).

Derrida, Jacques, 1981. *Positions*, trans. Alan Bass (Chicago: Univ. of Chicago P.).

García Canclini, Nestor, 1995. *Hybrid Cultures. Strategies for Entering and Leaving Modernity*, trans. C. L. Chiappari, et al. (Minneapolis: Univ. of Minnesota P.).

Gumperz, John, 1982. *Discourse Strategies* (Cambridge: C.U.P.).

Holquist, Michael, 1981, 'Introduction', in *The Dialogic Imagination. Four essays by M. M. Bakhtin*. ed.

M. Holquist, trans. C. Emerson and M. Holquist (Austin: Univ. of Texas P.), pp. xv–xxxiv.

Howard-Malverde, Rosaleen, 1997. 'Narraciones en la frontera: la autobiografía quechua de Gregorio Condori Mamani y sus traducciones al castellano y al inglés', *Amerindia*, 22: 63–84.

'Huarochirí Manuscript, The'. *A Testament of Ancient and Colonial Andean Religion*, 1991. Ed. Frank Salomon and George Urioste (Austin: Univ. of Texas P.).

Jakobson, Roman, 1966. 'On Linguistic Aspects of Translation, in *On Translation*, ed. R. A. Brower, et al. (Oxford: O.U.P.), pp. 232–39.

Mannheim, Bruce, 1991. *The Language of the Inka since the European Invasion* (Austin: Univ. of Texas P.).

Mehrez, Samia, 1992. 'Translation and the Postcolonial Experience: The Francophone North African Text', in *Rethinking Translation. Discourse, Subjectivity, Ideology*, ed. L. Venuti (London: Routledge), pp. 120–38.

Mignolo, Walter, 1995. *The Darker Side of the Renaissance. Literacy, Territoriality and Colonization* (Ann Arbor: The Univ. of Michigan P.).

Pratt, Mary Louise, 1992. *Imperial Eyes. Travel Writing and Transculturation* (London and New York: Routledge).

——, 1994. 'Transculturation and Autoethnography: Peru, 1615/1980', in *Colonial Discourse/Postcolonial Theory*, ed. F. Barker, et al. (Manchester: M.U.P.), pp. 24–46.

——, 1996. 'Apocalypse in the Andes: Contact Zones and the Struggle for Interpretive Power', *Encuentros/Interamerican Development Bank Cultural Center Lecture Series*, 15: 1–16.

Rafael, Vicente L., 1988. *Contracting Colonialism. Translation and Christian Conversion in Tagalog Society under Early Spanish Rule* (Ithaca and London: Cornell U.P.).

Robinson, Douglas, 1991. *The Translator's Turn* (Baltimore: Johns Hopkins U.P.).

——, 1997. *Translation and Empire. Postcolonial Theories Explained* (Manchester: St Jerome Publishing).

Steiner, George, 1998. *After Babel. Aspects of Language and Translation* (Oxford: O.U.P.).

Valderrama, Ricardo and Carmen Escalante, 1982 [1977]. *Gregorio Condori Mamani. Autobiografía* (Cusco: Centro de Estudios Rurales Andinos 'Bartolomé de las Casas').

Venuti, Lawrence, 1992. 'Introduction', in *Rethinking Translation. Discourse, Subjectivity, Ideology*, ed. L. Venuti (London and New York: Routledge), pp. 1–17.

——, 1995. *The Translator's Invisibility. A History of Translation* (London and New York: Routledge).

La tabla del fin del mundo

LUIS MILLONES

Universidad Nacional San Cristóbal de Huamanga/
Universidad Nacional Mayor de San Marcos

Introducción

En la década del 70 la aparición en el mercado de las 'tablas de Sarhua' fue una novedad que funcionaba de manera perfecta con los aires nacionalistas desatados por el gobierno de Velasco Alvarado. Desde la remota comunidad de Sarhua llegaron a Lima pintores que dibujaban y coloreaban escenas campestres. Poco después se supo que en realidad las pinturas o 'tablas' eran fragmentos de vigas ceremoniales, que en dicha comunidad se colocaban en la parte interna de los techos, en el momento de construir la casa.

Dado que era una forma de arte con antecedentes poco conocidos, empezó a especularse acerca del origen de este quehacer. Las escenas representadas, casi sin perspectiva, habían evolucionado rápidamente desde las formas convencionales que parecen provenir de los cuadros piadosos que decoran la iglesia del pueblo. En los tablones originales que aún pueden verse en algunas casas sarhuinas, es sabido que los diseños responden a la obligación ceremonial de los compadres con los que construyen su hogar. Por eso es que se representan los miembros vivos de la familia que posee la casa, y los dibujos suelen 'leerse' a partir de la santa patrona del pueblo, la Virgen de la Asunción, o del santo que siglos atrás tenía esta responsabilidad: San Juan. Estas u otras imágenes divinas serán las únicas que aparecerán sin ser miembros de la familia. El resto de los rectángulos o porciones cuadrangulares en que solían dividirse los espacios de la viga ceremonial, estaban ocupados por las figuras de los dueños de la casa y sus parientes consanguíneos, ni siquiera los compadres aparecían retratados. Más tarde, cuando alguno de los miembros fallezca, su figura servirá de recuerdo y se le evocará al lado de la escena donde fue situado por el pintor. Frases como: 'allí está don José con su perrito, al lado de las piedras' se escuchan cuando uno pide que se 'lean' las 'tablas' tradicionales.

Pero aquellas vigas, con algo más de dos metros de largo, y de 20 o 30 centímetros de ancho, no eran comerciales. Quienes hicieron las primeras exposiciones se dieron cuenta de que el cliente limeño o extranjero no tenía lugar en su casa para adornos o recerdos de tal naturaleza, y decidiron fragmentarlas en tamaños que correspondían a las escenas de los miembros familiares. La decisión fue exitosa, las 'tablas de Sarhua' se convirtieron, al lado de los retablos y de la piedra de Huamanga, en el 'souvenir' obligado que turistas nacionales y foráneos encontraron fáciles de transportar, y que al mismo tiempo transmitían este renovado sentimiento de 'descubrir' la sierra peruana.

Las 'tablas' de Sarhua desde entonces miden 30 x 60cm como promedio, pero pueden ser más pequeñas o más grandes. Los pintores establecidos en Lima aprendieron a someter su arte a las demandas del mercado. Incluso, en ocasiones han tomado la forma redonda u ovalada, haciendo que sea casi imposible trazar el origen del arte con respecto a su fuente original. Más aún, con el eclipse del fervor nacionalista y la ansiedad globalizante desarrollada en Latinoamérica, los artistas tradicionales pusieron sus habilidades al servicio de urgencias nacidas fuera de los ámbitos conocidos. En el taller más grande de los sarhuinos de Lima, hoy día se pinta (cuadros, polveras, adornos caseros etc.), con mucho entusiasmo, la cara de Frida Kalho. Los artistas ignoran de quién se trata, pero dado que el empresario que los ha contratado colocará su trabajo fuera del país, posiblemente en alguna parte de la frontera de USA–México, a ellos no les preocupa el destino de su nueva imagen. Uno de los pintores me preguntó si lo que dibujaban era hombre o mujer, aludiendo al bozo de la mexicana. En un rincón seguían preparadas las maderas que podrían convertirse en pinturas de Sarhua, pero que desde hace diez años han perdido vigencia en el mercado. Sólo al pedido específico de amigos o clientes, el recuerdo de la vida comunal suele ser reactivado.

Para que esto ocurra se usa una reserva de patrones calcados sobre maderas que inicialmente están cubiertas con pintura blanca. No son más de cuarenta los motivos almacenados desde el momento en que se dividieron las vigas ceremoniales. En esa fecha, siguiendo la sugerencia de los promotores iniciales y de la galería que los acogió, decidieron mantener los motivos conocidos, pero desarraigarlos del contexto de la viga familiar, y convertirlos en temas independientes. El resultado es que las 'tablas' actuales siguen siendo un valioso repertorio del universo de valores y creencias de la comunidad, al momento de su apertura al mercado nacional.

Hay que advertir que al vivir en Lima, los artistas sarhuinos se abrieron hacia motivos diferentes a los conocidos. Al lado de la línea de dibujos tradicionales, se ha desarrollado otra vertiente que incorpora motivos urbanos, o bien han introducido temas que han conmocionando la vida del pueblo, y que no existían en los años setenta. Tal es el caso de la irrupción de la guerra interna que asoló el país entre 1980 y 1993. Sendero Luminoso y las Fuerzas Armadas aparecen, entonces, retratadas por los sarhuinos con toda la crudeza de su intervención.

Sean los motivos tradicionales o los modernos, cada 'tabla' puede ser un retador tema de estudio en razón del retrato etnográfico y/o histórico al que han devenido, a despecho de las intenciones de sus autores. Este artículo está dedicado a una de ellas, cuyo motivo pictórico no alentó su venta o su reproducción, pero que evoca uno de los temas más ricos de la historia cultural de los Andes. Se trata de la tabla que ellos han titulado 'Fin del mundo'.

FIN DEL MUNDO
CUENTAN UN TIEMPO PASADO SALIÓ DOS
SOLES INCANDESCENTES QUE HIZO DE
RRETIR TODO EN CUANTO EXISTÍA EN
LA TIERRA COMO CASTIGO DIVINO AL
VER QUE LA GENTE ERAN MUY EGOÍS
TAS ANTROMORFOS MORALMENTE DE
SORDENADOS LUEGO MANDARÍA A SU
HITO HUMANISTA ALTRUISTA CON VI
DA DISCIPLINADA QUE RECONSTRUYA
NUEVO MUNDO.

2. La tabla del fin del mundo

Como la mayoría de las pinturas, los autores han escrito un pequeño texto explicativo: 'Fin del Mundo. Cuentan un tiempo pasado salió dos soles incandescentes [sic] que hizo derretir todo en cuanto existía en la tierra como castigo divino al ver que la gente eran muy egoístas antromorfos [sic] moralmente desordenados luego mandaría a su hijo humanista altruista con vida disciplinada que reconstruya nuevo mundo'.

En las vigas ceremoniales no son extraños los textos, pero no tienen la intención didáctica que se percibe en las líneas anteriores. Tienen función devota o son dedicatorias en honor de los nuevos dueños. En las 'tablas' posteriores, se nota la mano de los promotores para agregar un cierto nivel explicativo al exotismo que buscaban los compradores.

La tabla en mención, como la mayoría de ellas, tiene un fondo de cerros escarpados que cubren el total del horizonte donde se desarrollan las escenas pintadas. Al lado derecho, sobre las montañas emergen dos soles de un color amarillo rojizo, que tiñen gran parte del firmamento. De los cerros, sobre los que se alzan los soles, desciende un raquítico arroyo como indicando su escasez, la presencia de apenas dos árboles refuerzan la idea de calor y sequedad del ambiente. Debajo de las montañas se observan cinco grupos de personas, tres refugiados en edificios de piedra y dos en cavernas naturales. Los espacios ocupados lucen repletos y en uno de ellos (en el extremo izquierdo del dibujo) se puede apreciar una disputa violenta por ocupar un lugar al interior de una de las edificaciones. En el centro del cuadro se observa a un hombre y a una mujer (se le distingue a ella por el tocado en la cabeza) destruyendo la vajilla, quebrando los ceramios sobre unas rocas. Los rodean animales silvestres: dos tarukas (cérvidos) corren buscando refugio, un puma luce débil y deprimido al lado de ellos, sin intentar atacarlos, otro puma trepa una ladera en busca de sombra, sobre una de las habitaciones yace muerto un cóndor con las alas extendidas.

La tabla fue explicada por sus autores don Juan Quispe Michue, natural de Sarhua de 47 años y doña Gaudencia Yupari Quispe, también sarhuina de 37 años de edad, ahora residentes en Lima. De acuerdo con ellos, el dibujo representa el fin de la humanidad anterior a la nuestra:

Dice que había una época de mucha [...] de crecimiento de la humanidad, eran todos envidiosos, ambiciosos, no querían ni para uno ni para nadie, entonces un momento habían bajado dos soles para que mueran todos éstos. Había bajado el solo nada más o el clima, el calor se había aumentado, pero la creencia de ellos es que habían bajado dos soles, y se habían muerto toda esta gente. Todos están rompiendo todos sus enseres porque no querían dejar nada para nadie, también las aguas las enterraban, las escondían, por eso en los campos hay los manantiales que salen. Estos se llaman gentiles, tampoco no son humanos, hay aguas que corren por debajo, por el subsuelo, que son enterrados por ellos. Hay otros que sus monedas, sus platas las escondieron debajo de la tierra y hay momentos que – eso si, eso los he visto – que hay momentos que prende en la noche la moneda de metal. Muchos lo buscan y cuando los abren, lo encuentran [...] No es como candelas, fuego vivo, fuerte [es] azulino nomás, prende y apaga [...] eso de los gentiles. [En esa ocasión] todo el mundo se escondía debajo de los cerros, cuevas, huecos, por eso hay esas cuevas de los gentiles, calaveras, esqueletos.

El cóndor como es un animal de la altura, se escondía, se iba correteando nomás, los venados también están corriendo porque el calor era intenso. Este árbol [que se ve en el cuadro] es como pati o molle. Aquí están [los gentiles] rompiendo sus cosas para que nadie más los use. Cada fin del mes, cuando la luna esté en cuarto menguante, se prende ese [dinero] escondido. Dice que había mucha gente, habían incrementado y no tenían qué comer y la tierra ya no alcanzaba, inclusive para sembrar, [entonces] la tierra se robaba. Y sus hijos, como no había qué comer, se prestaban: 'yo te presto a mi hija, a mi hijito'. Haywakuq, como dicen [que alcanza alguna cosa u ofrece pagos a las aukis y apus para hacerles propicios]. Tú le comes, se dice waqtame ['waqtanay' = 'descostillar', 'sacar las costillas del cuerpo del animal beneficiado'] como los Incas, con una piedra, o un palo, con eso dice que lo mataban. Cuando tenían otro [hijo] le prestaban también el otro. Y la tierra, nomás de noche la robaban para sembrar y la gente se conocían entre ellos se conocían. Y habían peleas, era un mundo que no podían hacer nada, con mucha población [...] Gentiles les decían por que eran malos egoístas. Acá están peleando (refiriéndose a la 'tabla'), ya se llenó el hueco, ya no hay espacio para entrar, por el sol, pues [...] Hasta se puede creer, no ve Ud. en el campo, las piedras parecen chorreadas, derretidas. Es como para creer. [Quizá] no es que eran dos soles, sino que el sol, la tierra, el mundo podrían aproximado más al sol y con eso se habían terminado.

Vivían allí, siempre sus casas eran así. Y no se cómo vivían éstos como animal, hacen unas puertas chiquititas, no se como entran agachados nomás, pero adentro tienen [enormes] cuevas.

Hasta aquí la versión de los pintores. Lo que sigue son unas reflexiones sobre las figuras del cuadro de Sarhua a partir de la experiencia etnográfica y de otras maneras de percibir el fin de la sociedad.

3. Conversando con las 'tablas'

Antes de analizar la 'tabla' conviene explicar el uso del término 'gentiles' que en los Andes se aplica a los seres que precedieron al universo conocido y que alude sin duda a los habitantes de épocas precolombinas. La voz deriva de la que aparece en la Biblia, y que en el Antiguo y Nuevo Testamento se refiere a los pueblos de otras religiones. El ser gentil se derivaba del cumplimiento o incumplimiento de las leyes, no tuvo connotaciones nacionales, ni geográficas. En un principio la prédica cristina distinguió entre los judíos a quienes esperaba convertir, y los gentiles, a quienes poco a poco fue abriendo espacio en sus filas. Después de la Resurrección, la conversión de los gentiles se hace tan urgente como la de judíos, y es el apóstol Pablo, el que se dedica a ellos con el celo que lo hizo famoso. Durante la evangelización americana se usó el término gentil como sinónimo de pagano, aplicándose a los sujetos de conversión. De allí viene el uso que le dan los sarhuinos a sus antepasados.

Si asumimos, entonces, la perspectiva de la evangelización como eje de estas reflexiones, es interesante observar que la destrucción de esta primera humanidad reúne en un solo relato (más bien en una sola pintura) las versiones bíblicas del diluvio universal y la destrucción de Sodoma y Gomorra. Como en el primero, desparece el género humano o mejor dicho los predecesores del actual género humano, si bien quedan vestigios que pueden ser reactivados. A lo largo de los Andes, los gentiles (a veces llamados géntiles) han sobrevivido de alguna manera la catástrofe y aunque no pueden disputar con la humanidad presente los espacios habitables, sí pueden actuar contra ella en los pocos lugares donde mantienen un cierto control: los cementerios precolombinos y algunos otros rincones apartados, que cada comunidad conoce y evita.

Las semejanzas con la destrucción de Sodoma (Génesis 19:23–25, Isaías 1:1–20, 1:24–25) nos resultan más elocuentes que la versión del diluvio cristiano que se valió de las aguas para desparecer a la humanidad pecadora. Si reflexionamos en la geografía de Sarhua, es impensable el desborde de los ríos como catástrofe generalizada, que corresponde perfectamente a lo que pudieron imaginar quienes vivían en las márgenes del Tigres y del Eufrates, luego transformado en creencia cristiana. Del Utnapishtim del Gilgamesh al Noé de la Biblia pueden mediar muchos siglos, pero no es posible negar su parentesco. Pero para los andinos, si querían dar la imagen de la aniquilación de la humanidad (actual o pasada), resultaba más lógico hacer del calor del sol o de los soles, el agente destructor y por consiguiente la falta de agua. Lo que en realidad es un peligro latente y uno de los problemas crónicos de Ayacucho.

Como pecado se nombra el exagerado número de habitantes, con lo cual se alude a la lujuria y al canibalismo, dos de los temas recurrentes en la acusación tradicional europea hacia el comportamiento de los brujos, entendidos como seguidores del demonio. Pero la 'tabla' muestra a su vez uno de los pecados comunales más graves: la falta de solidaridad y el egoísmo. La destrucción de la vajilla por no compartirla y la compulsión por esconder monedas y agua, dan una idea más sólida de sus faltas para un público andino.

La existencia de estos 'entierros' se confirma ahora por la aparición de manantiales que correspondían a las aguas sumergidas por la humanidad de los gentiles, y los fuegos fatuos probarían la existencia de las fortunas escondidas de la codicia de los profanadores europeos, ansiosos por la riqueza de las tumbas de la nobleza precolombina. Si se comparan las imágenes del 'fin del mundo' con otra 'tabla' pintada: la 'creación del hombre', o incluso con aquellas que describen situaciones cotidianas, se notará el esfuerzo por dibujar de manera diferente a los seres que conforman este período anterior a nosotros. En primer lugar, se pueden ver cuerpos más compactos y con ropas y adornos más simples (apenas si las mujeres se diferencian de los hombres porque llevan una pluma en la cabeza); los dibujan como si se tratara de selváticos o habitantes de la Amazonía, con cushmas en lugar de los trajes habituales de los pueblos serranos. Sus casas son construcciones de piedra cuyo dibujo e interpretación de los pintores trae a la memoria las chullpas o tumbas precolombinas, visibles en muchas partes de los Andes, pero cuya forma cónica se hizo muy notoria en la meseta del Collao. El hecho de que al interior se encuentren huesos humanos o restos de ofrendas refuerza la creencia de haber estado habitadas por los gentiles.

Las tablas no son el único testimonio andino que habla de humanidades anteriores destruidas por el fuego. Desde las primeras versiones recogidas por los cronistas, se menciona a otros seres como previos habitantes de los Andes. Betanzos al dar cuenta de los tiempos primigenios del Tawantinsuyu, relata que en el periplo del dios Con Tici Viracocha se encontró atacado por los indios canas de las alturas del Cuzco: 'dicen que se le venían a él con sus armas todos juntos a le matar, y que él, como los viese venir ansí, entendiendo a lo que venían, luego improviso hizo que cayese fuego del cielo y que viniese quemando una cordillera de un cerro hacia do los indios estaban' (1968: 10).

Pero esta vez el castigo no desaparece al género humano, ni siquiera a todos los canas, que más tarde acudieron a pedir perdón, y cuando el fuego fue aplacado, levantaron una estatua en su honor. El adoratorio fue visitado en Cacha, cerca del Cuzco por el cronista, que encuentra verosímil la historia por el aspecto de los cerros.

El jesuita Cobo, al relatarnos el carácter civilizador de los inkas, nos da una descripción muy similar de:

> las gentes que poseían al Perú cuando los Incas los empezaron a señorear: [...] Vivían sin cabeza, orden ni policía, derramados en pequeñas poblaciones y rancherías, con pocas más muestras de razón y entendimiento de unos brutos, a los cuales eran muy parecidos en sus costumbres fieras, pues los más comían carne humana y no pocos tomaban por mujeres a sus propias hijas y madres; y todos tenían gran cuenta con el demonio a quien veneraban y servían con diligencia [...] Las ocasiones más frecuentes de sus contiendas y riñas eran el quitarse unos a otros el agua y campo. (Cobo 1964: 38)

La descripción coincide con la ideología de las 'behetrías' que diera Garcilaso de la Vega, y se acerca mucho a las explicaciones de los pintores de Sarhua. Pero no hay aniquilación de esta humanidad pecadora, los Inkas les llevarán la civilización, lo que por supuesto no es una idea exclusiva de los europeos, ha tenido que ser parte de la campaña propagandística de los propios inkas.

Los cronistas coinciden en suponer la desaparición de otra humanidad cuando hablan de los 'gigantes'. Desde los primeros contactos, en el año 1500, Vespucio menciona que 'eran de estatura tan elevada que cada uno de ellos era, de rodillas, era más alto que yo de pie', más tarde cerca del cabo de Santa Elena, Pedro Mártir de Anglería se tropieza con una sociedad donde el rango de las personas estaba establecido por la talla, lo que hacía gigantes a la familia real (Patrucco 1994: 55–65). El tema se vuelve recurrente y es mencionado por casi todos los cronistas más tardíos, que suelen transmitir su asombro cuando observaron de cerca huesos, que por su tamaño, no podían dejar de haber pertenecido a esta fabulosa raza de gigantes. Su desaparición fue interpretada como castigo divino, causado por el pecado nefando que practicaban. El relato de Cieza de León es muy entretenido, pero nos contentaremos con citar el final: 'vino fuego del cielo temeroso y muy espantable, haciendo gran ruido: del medio del cual salió un ángel resplandeciente con una espada tajante y muy refulgente, con la cual de un solo golpe los mató a todos, y el fuego los consumió: que eran para memoria del castigo quiso Dios que quedasen [los huesos] sin ser consumidos del fuego' (Cieza 1984: 168).

La idea de humanidades anteriores a la andina no es privilegio de esta región. En el *Popol Vuh*, los dioses, luego de crear a los animales, deciden que no sirven para rendirles pleitesía y forman de barro a la primera humanidad, que tampoco les satisface. Una segunda, de madera, tampoco cumple su cometido 'porque nacieron tontos, sin corazón ni entendimiento' (2002: 56). Otras humanidades siguieron, esta vez los hombres de palo de corcho y las mujeres del corazón de la espadaña, pero no cumplieron con las demandas divinas y desparecieron bajo un 'diluvio de resina y brea del cielo, que los acabó y consumió' (2002: 57). Su final no fue el peor de los castigos, antes sufrieron la rebelión de los objetos y animales domésticos que gritando 'Muy mal nos tratasteis, nos mordisteis, y asimismo os morderemos ahora', incluso las piedras de moler gritaban: 'Mucho nos atormentasteis y toda la mañana y la tarde no nos dejabais descansar con vuestro *holi, holi, huqui, huqui* (esto es, el sonido que hacen cuando muelen) y este fue nuestro continuo trabajo, hubierais sido bienquistos y, pues no los fuisteis, ahora experimentareis nuestras fuerzas y os moleremos las carnes y haremos harina vuestros huesos' (2002: 57).

Como se sabe, finalmente la humanidad mesoamericana fue formada de maíz blanco y amarillo traído del 'paraíso' (2002: 104), en lo que sería la cuarta, y esta vez exitosa creación de los hombres.

Esta serie de creaciones y castigos universales parecen pertenecer a una vieja tradición pan-americana. Recogida tardíamente en los Andes por Guaman Poma, entre otros, todavía conserva fragmentos que hacen posible suponer puntos de partida comunes, como la llamada rebelión de los objetos, descrita con tanto detalle en el *Popol Vuh* e insinuada en la iconografía de la costa Norte, en la Huaca de la Luna (Trujillo) que suele asociarse al período conocido como Moche V, alrededor del año 600 d. C. También en el manuscrito de Huarochirí, la pequeña biblia regional de Lurín (al sur de Lima) hay una minúscula versión de la rebelión de los objetos y animales domésticos: llamas, morteros y batanes empezaron a perseguir a los hombres en el capítulo que el autor anónimo ha llamado 'la historia sobre la muerte del sol' (*Ritos y tradiciones* 1999: 39). Hay que anotar, sin embargo, que esta vez, la catástrofe y las alteraciones mencionadas no coinciden con el fin del mundo, sino de manera alegórica, el autor cree que 'se trata de la oscuridad que acompañó la muerte de nuestro señor Jesucristo' (39).

La 'tabla' de Sarhua sintetiza de manera simple y al mismo tiempo maravillosa, la compleja serie de tradiciones que pesan sobre la sociedad andina. Reflejando la suma contradictoria de valores que eran vigentes para el artista que pudo resumir en ese corto espacio los miles de años de la historia cultural andina.

Obras citadas

Anónimo, 2002. *Popol Vuh* (Madrid: Dastin, S.L.).

Betanzos, Juan de, 1968 [1551]. *Suma y narración de los Incas que los indios llamaron Capaccuna que fueron señores de la ciudad del Cuzco y de todo lo a ella subjeto...*, Biblioteca de Autores Españoles, 209 (Madrid: Ediciones Atlas).

Cieza de León, Pedro, 1984. *Crónica del Perú. Primera Parte* (Lima: Pontificia Univ. Católica y Academia Nacional de Historia).

Cobo, Bernabé, 1964 [1653]. *Historia del Nuevo Mundo*, B.A.E., 91–92. (Madrid: Atlas).

Millones, Luis, 1992. *Actores de Altura. Ensayos sobre teatro popular andino* (Lima: Editorial Horizonte).

Patruco, Sandro, 1994. *Gigantología austral. Tesis para optar el título de Licenciado en Historia* (Lima: Pontificia Univ. Católica).

Ritos y tradiciones de Huarochirí, 1999. Ed. Gerald Taylor (Lima: IFEA, BCR / Univ. Particular Ricardo Palma).

Jorge Basadre en su centenario

JORGE PUCCINELLI

Universidad Nacional Mayor de San Marcos

෨

Jorge Basadre Grohmann (1903–1980) nació en Tacna, el 12 de febrero de 1903, durante la ocupación chilena derivada de la guerra del Pacífico. En esas duras circunstancias se configura su sensibilidad de la patria y surge su vocación esencial, estimulada por la lectura de la biblioteca familiar en la que se hallaban los trabajos de su abuelo paterno, don Carlos Basadre Izarnótegui, colaborador de la *Revista de Lima*, quien publicó entre 1862 y 1863 el primer estudio sobre historia y geografía de Tacna; y las indagaciones de su tío abuelo, don Modesto Basadre Chocano, autor del opúsculo *Riquezas Peruanas* (1884) así como de numerosos artículos históricos dispersos en publicaciones periódicas del siglo XIX. Estos antecedentes familiares y 'el vicio impune de leer' – como le gustaba denominar recordando a Valery Larbaud – alimentan la llama interior de su vocación:

> No ha faltado alguien que pretendiera relacionar mis aficiones por los estudios históricos con tal o cual autor limeño contemporáneo. Mi respuesta ha sido una sonrisa con el recuerdo de un viejo proverbio francés: *Bon chien chasse de race*. Un importante elemento de mi primera información intelectual proviene de los días de mi niñez en Tacna. Es el sentimiento de la 'Patria invisible', el concepto del Perú como un símbolo. De niño el Perú fue para mí, como para muchos, el nexo que unía a la lealtad al terruño y al hogar que invasores extraños y abusivos quisieron cortar, la vaga idea de una historia con sus grandes fulgores y sus numerosas caídas y la fe en un futuro de liberación.

En 1909 fallece su padre y tres años más tarde la familia decide el viaje a Lima, 'afuera, hacia el vasto mundo, hacia la lejanía'. Era Lima la aldea alegre y confiada de comienzos de siglo que Valdelomar, por entonces en plena euforia literaria, definiría en la fórmula tajante 'El Perú es Lima, Lima es el Jirón de la Unión, y el Jirón de la Unión es el Palais Concert'. A pocas cuadras del Palais Concert, en la calle Boza, y sucesivamente en las de Lezcano y La Colmena, la familia Basadre se instala. El colegio Alemán primero y, finalmente, el de Nuestra Señora de Guadalupe se encargan de la formación del adolescente. A los diez y seis años ingresa en la Facultad de Letras en San Marcos, pobre, huérfano y provinciano. La lectura de Conrad en los viejos claustros de San Carlos, lo haría reflexionar sobre el significado de la juventud y de la fidelidad al terruño, al hogar, a la patria, que darán unidad y cohesión a su obra y a su existencia: 'Oh, juventud ¡La fuerza de ella, la fe de ella, la imaginación de ella! [...] para mí fue la aventura, la hazaña,. el torneo de la vida'.

Basadre, ya desde sus años de estudiante universitario, inicia con paso seguro su arraigada vocación de escritor, en los campos de la crítica, de la historia literaria y del ensayo. Tras su estudio 'Al margen de un libro olvidado. Flora Tristán en el Perú' (1923), el primer trabajo acerca de *Las Peregrinaciones de una Paria*, se vuelca al examen de los escritores contemporáneos: Valdelomar, Vallejo, Eguren, José García Calderón, Zulen, su maestro y amigo. Algunos de estos trabajos, publicados en revistas de la época – *Boletín Bibliográfico de San Marcos, Claridad, Amauta, La Sierra, Variedades, Mundial* –, son reunidos en su primer libro *Equivocaciones. Ensayos sobre Literatura Penúltima* (1928). Dos años antes bajo el seudónimo de 'Unos tacneños', escrito en colaboración con José Jiménez Borja, había aparecido *El Alma de Tacna, ensayo de interpretación histórica,* en que por primera vez se presenta el aspecto humano de las gentes de toda condición de los ámbitos rural y urbano de ese jirón de la patria afectado por la ocupación chilena (Basadre y Jiménez Borja 1926).

En 1929 publica *La multitud, la ciudad y el campo en la Historia del Perú,* texto del discurso pronunciado en la apertura del año académico de la Universidad de San Marcos, que marca el rumbo histórico de su producción. Enjuiciando ese libro, el agudo crítico Rafael Gutiérrez Girardot dice de su autor que 'fue el primer historiador latinoamericano en este siglo que con su obra *La multitud* [...] trató de manera aún no superada el problema de la ciudad desde un punto de vista avanzadamente moderno' (1978: 7).

Después de este libro, Basadre, sin abandonar los temas literarios y el ensayo, que continuará cultivando paralelamente en artículos periodísticos o en prólogos diversos, publica su obra en dos volúmenes *La Iniciación de la República. Contribución al estudio de la evolución política y social del Perú* (1929–30) que editará su fraterno amigo Jorge Guillermo Leguía, tempranamente desaparecido. De 1931 es la primera edición de *Perú: problema y posibilidad. Ensayo de una síntesis de la evolución histórica del Perú,* uno de sus libros más comentados y de mayor resonancia, en el que por vez primera se trató en nuestro país acerca de fenómenos económicos como el de la dependencia, sicológicos como el del resentimiento, y sociológicos como el de la topografía social peruana.

El ensayo ha sido definido por James Willis Robb como una unidad flexible, escrita en prosa, sobre temas fuera del campo de la acción, que trata de materias reales o de hecho, sometidas a una interpretación distintivamente personal o artística. La nota característica de los ensayos de Basadre, de acento histórico-social y cultural o literario, es una nota de modernidad que signa a su generación e implica la ruptura del misoneísmo tradicional de la crítica peruana, esa suerte de aversión a todo lo nuevo, a todo lo vivo, todo lo actual; ese horror a enfrentarse a lo vario, ondeante y lábil de la vida. 'Il me semble beaucoup plus difficile – decía Joubert – d'être un moderne que d'être un ancien'. Es ilustrativo el caso de Eguren casi incomprendido o ignorado por la crítica de su propia generación, cuya poesía sólo comenzará a tener plena comprensión a partir de los ensayos de Basadre y de

Mariátegui. En la misma línea del ensayo de acento histórico-social con proyección hacia el futuro se encuentran los trabajos *La promesa de la vida peruana* (1943), y *Meditaciones sobre el destino histórico del Perú* (1947), que reúnen artículos dispersos en revistas y diarios, vinculados en el propósito de 'presentar al Perú en su aspecto más fértil, en su voluntad de camino, en su misión y en su esperanza'.

Entre 1931 y 1935 Basadre es enviado por José Antonio Encinas, Rector de la Universidad de San Marcos, a Estados Unidos, con una beca de la Fundación Carnegie. Clausurada la Universidad, logra viajar a la Alemania prehitlerista bajo los auspicios del Instituto Iberoamericano de Berlín. Asiste a la Universidad de la capital alemana en condición de estudiante libre y viaja luego en 1933 a la España republicana donde trabaja con José María Ots y Américo Castro, para volver al Perú cuando San Marcos es reabierta, en 1935.

Reincorporado en la Universidad, Basadre alterna las funciones de Director de la Biblioteca Central con la cátedra y su trabajo de historiador y, a la vez que prepara los materiales de la primera edición de su *Historia de la República* (1939); entrega a las prensas, en 1937, su *Historia del Derecho Peruano*, antecedente de otro de sus libros fundamentales publicado treinta años más tarde, *Los fundamentos de la historia del derecho* (1956), del que Lewis Hanke ha dicho que, en su opinión, 'es la obra más completa y más equilibrada' sobre el tema del Derecho Indiano.

La *Historia de la República*, su obra magna, que alcanza 16 volúmenes en su sexta edición (1972 [1939]), está prefigurada en su juvenil *Programa Analítico de Historia del Perú* (1929) y tiene antecedentes metodológicos, de orientación y contenido en sus estudios *La multitud, la ciudad y el campo en la Historia del Perú* (1929) y *La iniciación de la República* (1929–1930). La primera edición de 1929 puede ser considerada como el epítome de la historia política republicana hasta 1889.

La tesis doctoral de Basadre, de 1928, sobre aspectos sociales de la primera época republicana y el *Programa analítico de Historia del Perú (Curso monográfico)* (1929b) son como el boceto de esa vasta pintura mural a la que ha llegado en 1969. La orientación está dada por la:

> necesidad de conocer la realidad del Perú: no el criterio erudito, ni el pintoresco, ni el nostálgico, del que son derivados el apologético y el forense. El criterio social: el estudio de la topografía de la realidad, sin desmedro de los aportes del dato, de la anécdota, de la biografía, de la crítica. La necesidad de estudiar al pasado republicano sin compromisos ni lazos con él: sin el prejuicio de clase o familia, ni el chauvinista, ni el sectario. La posición del justo medio ante el pasado: no es un totem ante el cual prosternarse ni un fantasma ante el cual huir.

La obra, según declara el autor en sus *Conversaciones*:

> ha desbordado ampliamente el terreno político y se proyecta en variadas direcciones. Pretende, en lo que sea dable, tomar el pulso a cada etapa y abarcar, igualmente, perspectivas generales. Aspira a ver los árboles y también el bosque [...] estudia en síntesis la evolución general de las clases sociales. (1974)

Surgen asuntos tan variados como, entre otros, la evolución de las aficiones teatrales, el periodismo, el vals criollo, estampas de figuras tan diversas como

Pedro Ruiz Gallo, Felipe Pinglo o Jorge Chávez, José María Valle Riestra, Augusto Weberbauer o Hermilio Valdizán, Mariano Ibérico, Oscar Miro Quesada o Jorge Vinatea Reinoso. El análisis de las fuentes es exhaustivo; se examinan textos y manuales, se evalúan los memorialistas, las relaciones de extranjeros, la obra de Flora Tristán a la que había dedicado uno de sus primeros trabajos juveniles. Se pondera el valor de los folletos y se manejan con seguridad los periódicos. La literatura como fuente histórica también es aprovechada, así como las fuentes gráficas, los manuscritos, el testimonio oral y las memorias.

Basadre ha logrado así, fiel a su esquema juvenil de 1929, ese vasto y animado fresco, ese enorme mural de la existencia peruana en todos sus niveles y contrastes, que siguió enriqueciendo y perfeccionando con amorosa y absorbente dedicación. Su saber histórico, su nobleza humana, aplicados a la Historia de la República, han querido examinar la realidad de la vida peruana desde el mayor número de puntos de vista y desde las más variadas y coherentes perspectivas, para lograr esa historia concebida en *n* dimensiones como quería Fernand Braudel.

En un estudio que no puede darse dentro de los límites impuestos por estas breves páginas, habría que ver ampliamente en Basadre al investigador ejemplar de nuestra historia, de nuestras letras y de nuestra cultura; al historiador por excelencia de la República; al bibliógrafo más calificado del Perú y de América que ha dado nivel científico a la disciplina con sus investigaciones en este campo que culminan en su cimera *Introducción a las bases documentales para la Historia de la República del Perú* (1971), obra que según Gutiérrez Girardot 'no tiene paralelo en la historiografía de lengua española' (7); al maestro indiscutido de peruanidad a quien la Universidad de San Marcos no supo retener en sus aulas; al crítico literario y al ensayista que Medardo Vitier en su clásico libro *El ensayo americano* (1945) pone, con justicia al lado de Francisco García Calderón, Belaúnde, Mariátegui, Picón Salas, Orrego, Arciniegas, Reyes, Sánchez, Borges, Henríquez Ureña, entre otros; al gestor infatigable de instituciones y empresas culturales, nacionales e internacionales, como la restauración de la Biblioteca Nacional después de su trágico incendio en 1943, la creación de la escuela de Bibliotecarios, la dirección del Departamento de Relaciones Culturales de la Organización de los Estados Americanos; al publicista fecundo, director y animador de revistas como el *Boletín Bibliográfico de San Marcos*, fundador de *Historia*, de *Fénix*, del *Anuario de la Biblioteca Nacional* y del *Boletín de la Biblioteca Nacional*, e impulsor y colaborador de muchas otras que sería largo enumerar; al humanista de estirpe erasmiana que alienta en toda su obra vasta y profunda que no conoció el desaliento ni la fatiga.

Obras citadas

Basadre, Carlos, 1862–1863. 'Apuntes sobre la provincia de Tacna', en *La Revista de Lima*, 6, 77–78: 401–07, 441–46; 7, 79, 84–88: 1–5, 199–204, 239–46, 290–95, 328–36, 362–66.

Basadre Grohmann, Jorge, 1923. 'Al margen de un libro olvidado. Flora Tristán en el Perú', en *Boletín Bibliográfico. Publicado por la Biblioteca de la Universidad Mayor de San Marcos*, 1, 2–3: 11–14.

—, 1928. *Equivocaciones. Ensayos sobre literatura penúltima* (Lima: La Opinión Nacional).

—, 1929a. *La multitud, la ciudad y el campo en la Historia del Perú* (Lima: Imprenta A. J. Rivas Berrio).

—, 1929b. *Programa analítico de Historia del Perú (Curso monográfico)* (Lima: Univ. Nacional Mayor de San Marcos / Imp. Minerva).

—, 1929-1930. *La iniciación de la República. Contribución al estudio de la evolución política y social del Perú*, ed. Jorge Guillermo Leguía, 2 tomos (Lima: E. Rosay).

—, 1931. *Perú: problema y posibilidad. Ensayo de una síntesis de la evolución histórica del Perú* (Lima: Librería Francesa Científica / E. Rosay).

—, 1937. *Historia del Derecho Peruano* (Lima: Ed. Antena S.A.).

—, 1943. *La promesa de la vida peruana* (Lima: Cia de Impresiones y Publicidad).

—, 1947. *Meditaciones sobre el destino histórico del Perú* (Lima: Ed. Huascarán S.A.).

—, 1956. *Los fundamentos de la historia del derecho* (Lima: Librería Internacional del Perú S.A.).

—, 1971. *Introducción a las bases documentales para la Historia de la República del Perú, con algunas reflexiones* (Lima: Ed. P. L. Villanueva S.A.)

—, 1972 [1939]. *Historia de la República del Perú, 1822-1933*, 6ª ed. (Lima: Ed. Universitaria).

—, 1974. *Conversaciones: Jorge Basadre, Pablo Macera dall'Orso* (Lima: Mosca Azul).

Basadre, Jorge, y José Jiménez Borja, 1926. *El alma de Tacna (ensayo de interpretación histórica) por Unos Tacneños* (Tacna: [s.n.]).

Basadre Chocano, Modesto, 1884. *Riquezas peruanas* (Lima: Imprenta de 'La Tribuna').

Gutiérrez Girardot, Rafael, 1978. 'Presentación', en *Discusión. Teorías sobre los sistemas sociales*, 2: 7.

Hanke, Lewis,

Robb, James Willis, 1965. *El estilo de Alfonso Reyes. Imagen y estructura* (México: Fondo de Cultura Económica).

Vitier, Medardo, 1945. *El ensayo americano* (México: Fondo de Cultura Económica / Tierra Firme).

On Monsters and Monstrosities: Science, Superstition and Myth in the Viceroyalty of Peru

DANIEL R. REEDY, Emeritus

University of Kentucky

On the morning of November 30, 1694, inhabitants of Lima, the City of Kings in the Viceroyalty of Peru, awakened to rapidly spreading alarm that a monster had appeared in the city during the previous night. Viceroy Melchor Fernández Portocarrero Lasso de la Vega, Conde de la Monclova, was duly advised of the unusual event and dispatched the court's surgeon, José de Rivilla Bonet y Pueyo, to investigate the occurrence. What Dr. Rivilla discovered was to become the subject of a book-length report published in 1695 under the title of *Desvíos de la Naturaleza*.

After a lengthy period of time in labour, doña Teresa Girón, wife of Salvador de Olmedo, had finally managed to give birth to their first child about 4:00 a.m. As the child's first leg emerged from the birth canal, the midwife immediately bathed it with holy water, but after the appearance of the second leg, all signs of life ceased. With great effort and processes that endangered the life of the mother, the *Comadre* managed to extricate a stillborn infant that left the parents dismayed and would instill fear and a sense of foreboding in the population of Lima. There were two legs and a single abdomen but above the distended double-thorax were two fully formed heads; they were, in the words of Dr. Rivilla 'monstruos mellizos'.

When advised of this monstrous birth, Viceroy Fernández Portocarrero immediately ordered Dr. Rivilla to investigate the case. The Viceroy was well aware that the birth of a 'monster' could lead the superstitious folk of Lima to fear it was a sign of danger or portent of impending ills in the Viceroyalty. As well, he requested medical care for doña Teresa who survived the ordeal and provided financial support to the family. The Viceroy also ordered Dr. Rivilla to perform an autopsy on the child in the presence of Dr. Francisco Bermejo y Roldán, who was Physician to the Court, Professor of Medicine in the Royal University of San Marcos, and Physician of the Realm. He also mandated that a report be written on the nature of monsters and their causes, with attention to what had caused this particular aberration of nature. The document that Rivilla and others completed by mid-January was published later in 1695 under the title of *Desvíos de la Naturaleza, o Tratado de el Origen de los Monstros (Aberrations of Nature, or Treatise on the Origin of Monsters)* (Rivilla Bonet 1695).

We should note that there is question as to the authorship of *Desvíos de la Naturaleza*. Despite the fact that José de Rivilla is listed as author on the title page, Professor Jerry Williams, in his masterful studies of works by Lima's Pedro de Peralta Barnuevo, contends that Rivilla y Pueyo was a pseudonym for Peralta Barnuevo who lists *Desvíos de la naturaleza* in a catalogue of his own publications and manuscripts in the text of his epic poem, *Lima fundada*, published in 1732 (Williams 1994: 12, 1996: 94). In all likelihood, Rivilla y Pueyo was not Peralta Barnuevo's pseudonym; rather, the latter was probably the ghost-writer for his contemporary Rivilla y Pueyo. Peralta Barnuevo, a scholar of vast erudition – but not a physician – could have written the ten chapters of the *Desvíos* in collaboration with Dr. Rivilla who performed the autopsy on the child. As well, an extensive Appendix to the volume (folios 94–116), written in a different style and format, contains Rivilla's observations about medical cases and surgical interventions, and is essentially a defense of 'surgery' and 'surgeons' whose standing in the medical community was not equivalent to that accorded to physicians who had spent several years reading Hippocrates, Galen, and Avicenna.

Fascination with 'monsters' and their origins is not characteristic solely of late seventeeth-century Peru. Examples of human and animal monsters – some real, others mythical – abound in literature and iconography from antiquity to the present day:[1] giants, pygmies, dog-head people, phallic roosters, the vagina dentata, hermaphrodites, unicorns, mermaids, Polyphemus, Tom Thumb, Frankenstein, Siamese twins Chang and Eng, and a host of other side-show phenomena come to mind. In his essay on 'Monster Culture', Jeffrey Jerome Cohen, states: 'The monster is difference made flesh, come to dwell among us. [...] [It] is an incorporation of the Outside, the Beyond – of all those loci that are rhetorically placed as distant and distinct but originate Within. Any kind of alterity can be inscribed across [...] the monstrous body, but for the most part monstrous difference tends to be cultural, political, racial, economic, sexual' (Cohen 1996: 7).

Cohen goes on to point out that fear of monsters and forbidden practices attracts on the one hand, but terrifies and repulses on the other (1996: 16–17), for fear that somehow they are linked to future misfortune and divine punishment. For surgeon José de Rivilla, however, the monster child born in Lima was a subject for dissection and explanation to get at its *raison d'etre*, in order to dispel the disquietude and apprehensions of Lima's populace, and because it represented a physical monster engendered contrary to the Laws of Nature.

The first seven chapters of *Desvios de la Naturaleza* deal with a generic treatment of monsters: the significance of the word; definitions of what constitutes the monstrous; the various categories of monsters in the vegetable, animal and human world; divine and physical reasons for their creation; and historical antecedents of bicorporal and double-headed monsters. Chief among the hundreds of sources

---

1 For a substantive examination of the function of monsters in mediaeval thought and literature, see Williams 1996. William's book includes numerous figures of monsters from a variety of sources.

utilized by the author(s) of *Desvíos* are *Des Monstres et prodigies* (Paris, 1573), written by French surgeon Ambroise Paré (1510–1590), and Paolo Zacchias (Rome, 1584–1659), physician of the Pope, whose *Quaestiones medico-legales* (Rome 1621–1625) addresses scientific, philological, and theological questions related to medicine and medical practice. Paré's study served Rivilla primarily as a source for numerous iconographic representations of monsters from antiquity to the sixteenth century. Zacchias' work, however, was obviously a much more reliable source and Rivilla would have been on firmer ground with the Inquisition which had to approve the publication of his treatise. After reviewing a number of definitions, in final analysis, Rivilla relies on Zachias for his theoretical definition of a monster: 'Ser un Animal de tal suerte engendrado, que se aparte enormemente de la bondad de la figura, y de la simplicidad conveniente a su especie' (Rivilla Bonet 1695: 10r). Rivilla notes that most monsters are the result of a mixing of species against the natural order, or the product of a union 'contra naturam', i.e. an animal engendered by depraved formation, but he theorizes that the primary cause of monsters is the insufficiency, over-abundance, or impurity of seminal fluid ('la materia').

Although they exist in the vegetable and animal world, Rivilla speculates that most monsters in the animal world are the result of engendering across species. He makes special note of the mule as an example, but points out that the offspring born of an ass and a mare is usually sterile. And while he seems to believe that man could engender a monster in union with animals, the resulting monster would not be human because it would not possess a soul. As evidence, he cites Ambroise Paré's example of a horse born in 1254 in Verona with the face of a man, but Rivilla conjectures that such a monster – part man, part animal – is probably the product of intervention by the Devil. He makes reference, as well, to Padre Antonio de Calancha's history (Calancha 1638–1653) of early Lima in which the Augustinian recounts the birth of a woman born of the union of a man and a female dog.

In terms of the significance of the birth of monsters for society, Rivilla largely defers from correlating the appearance of monsters with future misfortune, although he acknowledges that the appearance of numerous monsters in a particular geographic area or time period may be an indication of grave happenings, wars, or earthquakes. He mentions, for example, that several monsters were born in Europe immediately before Martin Luther's heretical pronouncements.

In his role as surgeon, Rivilla argues that monsters are likely the product of altered or deficient 'jugos' in males, or females may produce a monster if the uterus is malformed or twisted so that it does not permit seminal fluid to reach all its parts. On the one hand, too much 'materia' may result in giants, multiple births, multiple appendages, hunchbacks, or other deformities; on the other, too little 'materia' may produce dwarfs, pygmies, and persons of diminished stature.

Turning to the case of the double-headed monster born in Lima, Rivilla offers several examples of reasons for the birth of conjoined twins. He suggests, for example, that twins joined at the head, may have been the result of one woman's ramming her head against that of a pregnant woman, thus causing the twins in her womb to collide, breaking membranes, and resulting in their union at the chest, side, or head – the product of collision, corrosion, or vibration. In other cases, he suggests that the uterus may be insufficient in size, resulting in the union of twins. But he returns primarily to his thesis that the cause is the nature and quantity of the 'materia' by which they are engendered. In particular, he posits that insufficient fluidity or quantity of seminal fluid is the most likely theory to explain the birth of doña Teresa Girón's monster-child. The glutinous nature of the fluid had kept it from reaching all parts of the uterus, and as a result, the child was born with two perfectly formed heads, but a single lower body. These facts were confirmed, in his opinion, by the autopsy that showed a large liver, stomach, intestines, two kidneys, and testes in the abdomen; in the thorax, the body cavity was divided by a thick cartilage from the sternum to the spine which bifurcated into two upper thoraxes with hearts and lungs in each, each capped by a perfect head. Owing to the lack of sufficient 'materia' reaching all parts of the uterus, instead of forming two separate infants, they were born as a twin-headed monster with a single lower body.

The final chapter of the *Desvíos* is devoted to important theological issues: How many souls did the infant(s) have? And was the baptism of a single leg sufficient for both? Rivilla notes Aristotle's contention that the seat of the soul was the heart; thus, if there were two heads and a single heart, there was one soul; if there were two hearts, two souls. But Rivilla relies on his readings of Galen and others to argue that the soul resides in the brain where understanding, discourse, judgment, and memory are produced. If memory, reason, and will are the principal faculties of the soul, then the brain is its most likely seat, while the function of the heart is to provide vitality. Because there were two heads on the monster born in Lima, should it have been baptized twice? He concedes that bicorporal monsters with two heads may be baptized twice, but he concludes that in the case of the twin-headed monster, the baptism of a single leg was sufficient to ensure the sanctity of both souls.

As a contemporary of Dr. Rivilla y Pueyo, poet Juan del Valle y Caviedes was the principal literary figure to reflect such popular cultural beliefs and attitudes in Peru in the second half of the seventeenth century. Caviedes and Rivilla obviously knew each other, but the poet's scorn for Rivilla was no less than what he usually expresses in the *Diente del Parnaso* for Lima's other doctors, surgeons, and *curanderos*. In a poem that questions, 'Why is it that they fear earthquakes, and don't fear doctors' ['¡Que teman a los temblores y no teman a los doctores!'], Caviedes is particularly vicious in his assessment of the surgeon:

> Un Rivilla charlatán
> que si el curar, gestos fuera,
> en toda su vida diera
> derechos al sacristán;
> porque es tan grande el desmán
> con que gestea Machín
> el orinal y el bacín

> que da risa a los hedores,
> ique teman a los temblores
> y no teman a los doctores! (Valle y Caviedes 1984: 223)

In this particular poem and in others, Caviedes debunks popular beliefs that natural events such as earthquakes and comets are signs of God's wrath and forewarnings of future calamaties, but he seems equally as unaware as his contemporaries about human sexuality and the causes of human deformity. Or, if such is not the case, he chooses to play on popular misconceptions for purposes of a platform for his satirical wit. Although medical doctors and other professionals such as lawyers are his most frequent targets, Caviedes shares with his mentor Francisco de Quevedo the targeting of physiological abnormalties such as hunchbacks or persons of unusual stature, as well as racial differences: blacks, mulattos, and indians. In other words, 'otherness' is a prime target for his barbs in whatever form it manifests itself.

One of the doctors repeatedly satirized by Caviedes is Dr. Liseras, otherwise known as 'Doctor Corcovado'. In a *romance*[2] that abounds in 'palabras esdrújulas', reproducing through their tonality the hump on Liseras' back, Caviedes describes the doctor as an armadillo among doctors ('quirquincho de médicos'), a turtle licentiate ('licenciado galápago'), with a hump on his back like a banana ('giba de plátano') (1984: 31). What is most of interest in the text, however, is the poet's assertion that Liseras' physical deformity is evidence of a flawed sexual union between his parents. He says to Liseras, for example: 'fue tu concepción incógnita / semen de flojos espárragos, / que corcova tan acérrima / no la concibieron rábanos'. He goes on to charge that Dr. Corcovado is the byproduct of 'Heces de algún amor ético'and that his conception was the result of sediment without humid juice ('Concho sin jugo del húmedo'). His remarks correspond to Dr. Rivilla's belief that aberrations of nature are usually the cause of quantity or quality of seminal fluid. Caviedes concludes the second section of the poem with a series of 'décimas' in which he suggests that Liseras had several fathers and that they entered his mother from behind when he was conceived:

> Lo que sí mucho he admirado
> es que en tu madre subiesen
> tantos y que todos fuesen
> a fabricarte en sus faldas,
> uno a uno, entrando a espaldas,
> que ninguna te hiciesen. (1984: 33)

And he ends his condemnation with the thought that if so many men had relations with his mother 'a espaldas', how can it be that they failed to engender one for him?

In the *romance* 'A un abogado que dejó de serlo y se hizo médico', Caviedes is less

---

2 'Habiendo salido estos versos, respondió a ellos con unas décimas puercas el Doctor Corcovado y unos esdrújulos tan derechos como él, a que se le respondió en los mismos metros' (Valle y Caviedes 1984: 31–33).

direct in his accusation about sexual misconduct. He first accuses the lawyer of having been motivated to become a doctor because he did not earn sufficiently in his first profession, but would have plenty of income as a doctor. Caviedes argues that by joining 'law' to 'medicine' in an unnatural union, the lawyer has become a 'médico injerto', the product of improper 'grafting'. The poet states:

> Letrado en médico injerto
> dará una fruta del diablo,
> por las dos partes veneno
> y por las mismas amargo. (1984: 81)

What is not readily apparent is that in the popular language of the time, an 'injerto' was figuratively understood to be a reference to the 'recipient' in anal intercourse between two males, i.e. '*per via noctem*'. Thus, the lawyer who has become a medical doctor will produce 'una fruta del diablo'.

In a poem written on the occasion of the marriage of a short old man with a tall young woman ('A un hombre chiquito y viejo que casó con una mujer larga'), Caviedes pokes fun at the stature of the man and argues that he will be unable to consummate the marriage properly:

> Como es alta y tú chiquito,
> en gigante amor enano,
> no puede alcanzarla el tuyo,
> y ella te traerá alcanzado.
> [.......................................]
> 　Además que no es posible
> consumar siendo tan bajo,
> pues quien no llega a la liga
> ¿cómo subirá más alto? (1984: 143)

In yet another text, Caviedes describes circumstances relating to the marriage of a hunchback tinsmith to a woman whose dowry consisted of several kilos of lead, instead of to a hunchback woman who made *alfajores*. The jilted Corcovada's letter to her former suitor insults him with epithets of being a 'fementido corcobado', a 'melón de capa y espada', a 'sapo introducido a hombre', and a 'bragado novio camote'. She conjectures that it would have been better to have foregone the dowry of the other woman and to have married someone of his own 'kind', another hunchback, because they could have produced double children:

> Cuanto mejor pareciera a Dios,
> al mundo y los hombres que,
> juntando nuestras gibas,
> hiciéramos niños dobles.
> 　Conmigo vivieras más,
> que no con ella conforme,
> que es perfección de lo feo
> concordar imperfecciones. (1984: 238)

In essence, the 'alfajorera' espouses the idea that Nature would have been better served had the two 'hunchbacks' entered into a union of 'imperfecciones'.

One of the frequently satirized doctors in the *Diente del Parnaso* is a mulatto surgeon, Dr. Pedro de Utrilla, whose mixed race provides Caviedes with ammunition for his invectives. On the occasion of the birth of one of Utrilla's sons, the poet wishes him well in a sonnet entitled 'A Pedro de Utrilla el parabién de un hijo que le nació':

> Dos mil años logréis el cachorrito,
> aunque el estéril parto no me agrada,
> pues entendí que fuera una camada,
> para pediros de ella un barcinito. (1984: 316)

In a single quartet, Caviedes sums up several concepts relating to ideas relating to miscegenation, or racial mixing, and to the idea that the birth was an 'estéril parto'. The poet infers that the offspring of a mulatto would be more animal-like than human, as in the case of the mule offspring of a mare and jackass. He refers to the child as a 'cachorrito' or 'pup' and expresses disappointment that he was not part of a litter ('camada'), because the poet had expected to ask for a 'barcinito' or black and white spotted whelp from the litter.

We have no evidence that Dr. Rivilla's findings about the monster-child of Lima and the publication of *Desvíos de la Naturaleza* had any particular impact. It was likely not a best-seller and there were so few copies printed that the treatise is a great rarity today. The volume does inform us, however, about certain aspects of the nature of science at the time, particularly as it relies not on earlier medical sources alone, but on empirical observation to arrive at explanations for aberrations in Nature. Collaterally, the treatise reveals the prevalence of superstition, myth, and popular misconceptions about the nature of human reproduction and the causes of human deformity. For Caviedes, these same popular misconceptions are fundamental to the genesis and art of his satirical poetry that focuses more often than not on the monstrous nature of 'otherness' in order to titillate and entertain his readership in seventeenth-century Peru.

Works Cited

Calancha, Fr. Antonio de la, 1638–1653. *Crónica moralizada del Orden de San Agustín en el Perú* (Lima).

Cohen, Jeffrey Jerome, 1996. 'Monster Culture (Seven theses)', in *Monster Theory. Reading Culture*, ed. Jeffrey Jerome Cohen (Minneapolis: Univ. of Minnesota P.)

Paré, Ambroise, 1573. *Des Monstres et prodigies* (Paris).

Rivilla Bonet y Pueyo, D. Joseph de, 1695. *Desvíos de la Naturaleza, o Tratado de el Origen de los Monstros. A que va Añadido un Compendio de Curaciones Chyrúrgicas, Monstruosos accidentes. Que dedica al Excelentisimo Señor D. Melchor Fernández Portocarrero Laso de la Vega, Conde de la Monclova, Comendador de la Zarza en el Orden de Alcantara, del Consejo de Guerra, y Junta de Guerra de Indias, Virrey Gobernador, y Capital General, que fue del Reino de México; y actual, que es de estos Reynos del Perú, Tierra Firme, y Chile, etc.* (Lima: Imprenta Real. Por Joseph de Contreras, y Alvarado Impressor, del Santo Oficio).

Valle y Caviedes. Juan del, 1984. *Obra completa*, ed. Daniel R. Reedy (Caracas: Biblioteca Ayacucho).

Williams, David, 1996. *Deformed Discourse* (Montreal: McGill-Queen's U.P.)

Williams, Jerry M., 1994. *Censorship and Art in Pre-Enlightenment Lima. Pedro de Peralta Barnuevo's*

'*Diálogo de los muertos: la causa académica*' (Maryland: Scripta Humanistica).

——, 1996. *Peralta Barnuevo and the Discourse of Loyalty* (Tempe: Arizona State Univ., Center for Latin American Studies P.).

Zacchias, Paolo, 1621–25. *Quæstiones medico-legales* (Rome).

Vargas Llosa and Others: The Quest for Order in Modern Spanish American Fiction

DONALD SHAW

University of Virginia

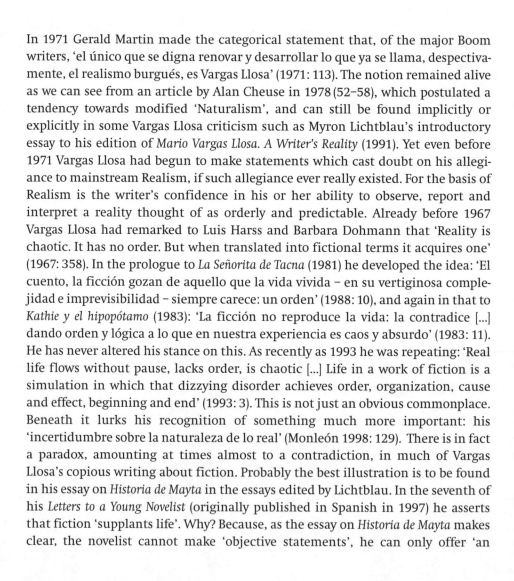

In 1971 Gerald Martin made the categorical statement that, of the major Boom writers, 'el único que se digna renovar y desarrollar lo que ya se llama, despectiva-mente, el realismo burgués, es Vargas Llosa' (1971: 113). The notion remained alive as we can see from an article by Alan Cheuse in 1978 (52–58), which postulated a tendency towards modified 'Naturalism', and can still be found implicitly or explicitly in some Vargas Llosa criticism such as Myron Lichtblau's introductory essay to his edition of *Mario Vargas Llosa. A Writer's Reality* (1991). Yet even before 1971 Vargas Llosa had begun to make statements which cast doubt on his allegi-ance to mainstream Realism, if such allegiance ever really existed. For the basis of Realism is the writer's confidence in his or her ability to observe, report and interpret a reality thought of as orderly and predictable. Already before 1967 Vargas Llosa had remarked to Luis Harss and Barbara Dohmann that 'Reality is chaotic. It has no order. But when translated into fictional terms it acquires one' (1967: 358). In the prologue to *La Señorita de Tacna* (1981) he developed the idea: 'El cuento, la ficción gozan de aquello que la vida vivida – en su vertiginosa comple-jidad e imprevisibilidad – siempre carece: un orden' (1988: 10), and again in that to *Kathie y el hipopótamo* (1983): 'La ficción no reproduce la vida: la contradice [...] dando orden y lógica a lo que en nuestra experiencia es caos y absurdo' (1983: 11). He has never altered his stance on this. As recently as 1993 he was repeating: 'Real life flows without pause, lacks order, is chaotic [...] Life in a work of fiction is a simulation in which that dizzying disorder achieves order, organization, cause and effect, beginning and end' (1993: 3). This is not just an obvious commonplace. Beneath it lurks his recognition of something much more important: his 'incertidumbre sobre la naturaleza de lo real' (Monleón 1998: 129). There is in fact a paradox, amounting at times almost to a contradiction, in much of Vargas Llosa's copious writing about fiction. Probably the best illustration is to be found in his essay on *Historia de Mayta* in the essays edited by Lichtblau. In the seventh of his *Letters to a Young Novelist* (originally published in Spanish in 1997) he asserts that fiction 'supplants life'. Why? Because, as the essay on *Historia de Mayta* makes clear, the novelist cannot make 'objective statements', he can only offer 'an illusory feeling of reality' (Lichtblau 1991: 144). So far so good. But as we read on we notice that while on the one hand Vargas Llosa is repeating his well-worn postulate that the writer 'transposes' what he calls 'objective reality' (Lichtblau 1991: 152), on the other his description of his meeting with Mayta reveals that the latter, like other witnesses approached by the novelist, is quite unable to provide anything remotely identifiable as 'objective'. Reality is, in fact, as Borges suggests, 'inasible'. Fiction imposes on it an illusory, comforting sense of orderliness, but, as Isabel Allende was to reassert in 1992: 'Fiction is lying. The first lie of fiction is that you're going to put in some order the chaos of life' (Crystall *et al.* 1992: 598), i.e. that order does not inhere in reality itself: it comes from inside the writer's head and responds to a need on the parts both of the writer and the readership. Despite his many references to 'real' reality, both *Historia de Mayta* and Vargas Llosa's essay on it make it clear that the author belongs to the large group of his contemporaries in Spanish America (and elsewhere, of course) who have lost confidence in the 'objectively' real and whose work shows a longing to discover some sort of order which will make sense of our experience of what lies both outside and inside our minds. Some illustrations follow.

In the early 1980s Reina Roffé interviewed Borges and asked him whether he thought the world was a chaos as indicated in his story 'La biblioteca de Babel'. Borges replied: 'Es lo que siento desgraciadamente, pero quizás sea secretamente un cosmos, quizás haya un orden que no podemos percibir' (Roffé 1985: 11). This sense of a world which lacks any, possibly Providential, meaningful design; which is, as Borges suggests at the end of 'La lotería en Babilonia' no more than 'un infinito juego de azares' (1974: 460), is widespread, as is the longing to discover some sort of order which will make sense of our experience of reality. Borges was quite conscious of the latter. In another tale from *Ficciones*, 'Tlön, Uqbar, Orbis Tertius' he writes in the 'Posdata de 1947': 'Hace diez años bastaba cualquier simetría con apariencia de orden – el materialismo dialéctico, el antisemitismo, el nazismo – para embelesar a los hombres' (1974: 442). *Simetría*, here, as we see from the examples, is Borgesspeak for 'ideology'. Repeatedly Borges indicates that, in his view, people in general cannot contemplate a chaotic world and tend to 'prefer' (as he admits in the interview with Roffé is his own case also) some more consoling hypothesis. Such a consoling hypothesis is clearly present at the end of one of his last really significant stories: 'El Congreso'. McMurray writes percipiently: 'The interplay between the quest for order and the regression to chaos runs throughout the story [...] The process of structuring the Congress on the basis of Platonic archetypes, the creation of a vast library and the narrator's trip to London represent intellectual endeavors to systematize knowledge' (1980: 51–52). The endeavour fails, but the story still ends on a note of euphoria, as Glencoe realizes in a moment of 'revelación' that, since all is in all, a mysterious order already exists. However, those critics who have postulated that the story ends with the joyful acceptance by Glencoe and the others of the chaos of reality have failed to understand that this runs counter to much of what we know about Borges's basic outlook. The relevant point is made in the quotation from the interview with

Roffé and which Borges repeated in slightly different words on several occasions, notably to María Esther Vásquez in the interviews reproduced in her *Borges, Imágenes, memorias, diálogos* (1980).

Subsequently we also notice the desire for a consoling hypothesis rather obtrusively in Cortázar, surely. Although in his important essay 'Algunos aspectos del cuento' in 1962 he mocked the tendency to 'creer que todas las cosas pueden describirse y explicarse como lo daba por sentado el optimismo filosófico y científico del siglo XVIII, es decir, dentro de un mundo regido más o menos armoniosamente por un sistema de leyes, de principios, de relaciones de causa a efecto' (1962–63: 3–4), this did not mean acceptance of chaos, any more than was the case with Borges. As Milagros Sánchez Arnosi observed, Cortázar is interested, not in the laws which possibly govern reality, but in exceptions to them 'porque sospecha de otro orden más concreto y menos comunicable' (1976: 117). The rejection of a rationally predictable universe in fact led him in two directions. One was towards the fantastic seen as 'una realidad más amplia' (Cortázar 1962–63: 6) but one in which it might be possible to perceive 'figuras', mysterious correspondences which could imply a hidden order. The other brings us to one of the central problems of his thinking. It is connected with his postulate of a 'Yonder' a 'kibbutz del deseo' a 'reino milenario' which seems to lie outside the conventional limits of metaphysics, yet which, as one of the most perceptive analysts of his outlook, Dominic Moran, affirms, promises a retrieval of 'a lost but rediscoverable source of existential authenticity' (2000: 50), in other words, it restores a sense of purposiveness. Moran explores this problem in detail, emphasizing its problematic, if not contradictory, nature. He points out that Oliveira in *Rayuela*, surely Cortázar's most significant character in this connection, tends to perceive this meaning-conferring Yonder as a 'perpetually deferred illusion' (2000: 50) and as 'an always unavailable expressive truth' (2000: 67). This is evidently the case. We are, in fact, simply faced with a mystique. But its presence in Cortázar's work confirms Borges's realization that a quest for meaning, for some discernable order which is not just a private construct (the very word Yonder implies that it is 'out there', not inside our minds), is a very important feature of recent writing. It would not be difficult to find illustrations all over modern Western literature of the loss of 'a fatherly world according to design', but the focus here is specifically on Spanish American writing.

Let us turn to more examples. Rulfo fully supports the stance of Borges and Cortázar. Challenged to justify his fragmented narrative technique, he made afresh the point we have just seen them make: 'La vida es caótica. No tiene una secuencia lógica. Cualquier de nosotros sabe que nuestras vidas [...] jamás siguen una línea lógica, una secuencia [...] La narrativa actual no es consecuencial' (Coddou 1976: 141). Here we see not just the bald statement that life, reality, is a chaos and not a cosmos, but, as in Cortázar and Vargas Llosa, a hint of how that postulate affects writing. But there is a significant difference. Cortázar is interested in hinting (we can say no more than that) at a counter-postulate. He remains committed, at least residually, to the notion of writing as somehow a cognitive act, to literature as having a (minimal) truth-telling function. The idea that there may exist a different kind of reality behind apparential reality, perhaps with laws of its own, offers a potential alternative to old-style realism. There may be, as Borges 'preferred', a secret pattern, one which Johnny Carter in 'El persiguidor' is able to glimpse and which a story like 'Las babas del diablo', with the double redemption of the young boy, seems to imply might be a *moral* pattern. Rulfo on the other hand seems ready simply to accept the chaotic nature of things and sometimes to reflect it in his writing strategy. Much the same is true of Sábato, too, in *El túnel*. When he discussed in *El escritor y sus fantasmas* the question of why he finally chose to use an unbalanced narrator in that novel, Sábato asserted: 'Era la única técnica que permitía dar la sensación de la realidad externa que enloquecía a Castel' (1967: 14). In which sense? In the sense, as Sábato explained on the previous page, that 'el demente vive en el desorden total' (1967: 13). It is perhaps worth noticing in passing that the alternative of either accepting the chaos of reality or aspiring to find hints of order within it is not the only one. A second alternative is to submit to an artificial, conventional 'order', as Jaime Ceballos does, at the end of Fuentes's *Las buenas conciencias*, when the pressure on him created by the collapse of his adolescent ideals becomes unbearable. A third is to enjoy the incalculable diversity of the real (as indeed David Jerusalem appears to do in Borges's 'Deutsches Requiem') – without perhaps fully considering its worrying implications. This possibly points to one of the great differences between Borges and one of the other great practitioners of fantasy in the pre-Boom period: Felisberto Hernández. The latter wrote around 1940: '[M]e seduce cierto desorden que encuentro en la realidad' (Merrim 1987: 525). As a result he was able to state with a certain satisfaction, it seems, in 'Explicación falsa de mis cuentos' (1955): 'Mis cuentos no tienen estructuras lógicas' (1966: 7). We look in vain in Hernández either for the worrying implications of such a statement or for 'inlaid details' or 'figuras' which might imply meaning behind apparent randomness. It is perhaps not too much to suggest that this almost pleasurable detachment from, and often amused contemplation of, the modern writer's inability at times to take normal patterns of cause and effect for granted is what in the end makes Hernández's stories less satisfying than Borges's. There is less underlying sense of stress, less problematization.

Among the most salient aspects of Boom writing is the realization by the novelists of the movement that confidence in the intelligibility of reality was simply not possible to maintain. We find them repeatedly expressing a sense of their inability to understand the world around them, what Sábato calls 'el universo caótico y contingente' in which we live. Onetti's Linacero is trapped in *El pozo* 'sin comprender'. His Brausen in *La vida breve* complains of his 'vergüenza de estar vivo y no saber lo que esto quiere decir' (1994: 231). Cortázar in *Rayuela* writes: '[S]omos como las comedias cuando uno llega al teatro en el segundo acto. Todo es muy bonito pero no se entiende nada' (1969: 194). This is surely what accounts for the 'splintered mirror effect', the abandonment of linearity in favour of fragmentation that we find in *Rayuela*, Rulfo's *Pedro Páramo*, Fuentes's *La muerte de Artemio*

Cruz, Vargas Llosa's *La Casa Verde* and sundry other famous Boom novels. The medium has become an integral part of the message. We perceive an important (but already familiar) variation in Lezama Lima's *bildungsroman Paradiso* and its sequel *Oppiano Licario*. Like *Rayuela*, these are essentially quest novels; Lezama was at one with Borges and Cortázar in believing (or perhaps just hoping) that some mysterious pattern might become recognizable amid the chaos of reality. Thus *Paradiso* has the form of a 'mosaico de fragmentos' (Jitrik 1979: 72), but as it develops, we become aware that the central character Cemí is in search of a mysterious 'imagen', which in the end turns out to be an 'imagen cognoscente', something not far removed from a Cortazarian 'figura'. It is not clear whether he finds it. By contrast Marechal in *Adán Buenosayres* is granted the kind of sign that Cortázar could only hope for. Graciela Coulson notes correctly that 'Por oposición a la caótica y fragmentada visión del hombre y del mundo tan común en la narrativa del siglo XX, Marechal parte de un paradigma, una imagen integral del hombre' (1974: 14). He is one of the outstanding exceptions to the pattern of writing we are exploring.

Another broad area in which the notion of reality as chaotic is of fundamental importance is that of the New Historical Novel. Sklodowska, in her excellent book on parody in some recent Spanish American novels, makes the cogent point that the New Historical Novel 'est[á] marcada por dos fuerzas. La primera – centrípeta – es la que lleva a la novela a preservar el modelo estructurador/totalizador de un discurso homogéneo (realista o mítico), a la vez refuncionalizándolo con el objetivo de "contestar con la verdad a las mentiras". La segunda fuerza – centrífuga, auto-reflexiva, metaliteraria – convierte a la novela en un objeto irreverente de su propia teleología' (1991: 29). One of the forces, that is, rests on the continuing asssumption that history is more or less intelligible and that historians are reasonably reliable. The task of the novelist, in that case, is to present a different (implicitly truer) interpretation of the known facts, a revisionist, alternative account. This is basically what we find in a novel like García Márquez's *El general en su laberinto* with respect to the last days of Bolívar. It explains the heavy dependence of writers like Del Paso, in *Noticias del imperio*, or even Aridjis in *El Señor de los últimos días*, on historical sources. Aridjis even provides a bibliography of those he used. The other force is the one which concerns us. It postulates the unknowableness of history; that is to say, it transfers on to the historical past the notion of the chaos of reality which we are discussing. Peter Elmore in his book on the New Historical Novel points out that Roa Bastos's *Yo el Supremo* questions the very basis of the authority claimed by historians of Paraguay (1997: 37). There are many other examples, including Posse's *Los perros del paraíso*, Arenas's *El mundo alucinante*, Álvarez Gardeazábal's *Pepe Botellas* and Paternain's *Crónica del descubrimiento*, to mention only those discussed by Sklodowska. Whether Vargas Llosa's *Historia de Mayta* is allowed to count as a New Historical Novel is open to some question; published in 1984, it evokes the Peru of 1958. What matters is, as we have suggested, that it embodies the same presupposition as the novels above-mentioned: that any attempt to explain past events rationally is simply a construct, created by selecting the evidence. Looking back over the fiction of the Boom writers, we have the sensation that the impact of a chaotic conception of reality tended to increase and to impact on fictional technique more and more obviously until we reach novels like Donoso's *El obsceno pájaro de la noche*, Fuentes's *Terra nostra* and Cortázar's *62 modelo para armar* in which the complexity of the narrative strategies reflects the baffling complexity of a reality without design or in which the design is hidden. Towards the end of the Boom we notice a certain divergence of outlook. Writers like Donoso in *Casa de Campo* and Carpentier in *La Consagración de la Primavera* tend to draw back from reflections of a chaotic reality (or a magical one invented to replace it without going back to realism), and to return to a narrative manner which presupposes an order (significantly in the two novels mentioned, a political order). On the other hand, most notably perhaps in Sarduy, we perceive an intensification of the tendency away from reflecting reality in terms of simple chains of cause and effect. Already in *De donde son los cantantes*, we find Sarduy openly teasing the reader who wants coherence, plot and message, and offering only incoherence and disorder. A few years later in *Cobra*, which has been seen by Suzanne Jill Levine for that reason as marking a turning point in modern Spanish American fiction (1975: vii), we are offered chains of grotesque incidents which deliberately defy critical attempts to impose coherence on them. It seems in fact to be Sarduy who links the Boom writers in this respect to later figures like Diamela Eltit and Boullosa.

It seems clear that the Boom writers faced a dilemma: how can one make any affirmative statement about 'objective reality' when Borges (above all) and others had undercut confidence in human ability to observe, report and interpret reality, as well as in the ability of words to express the real. Even if some residual confidence survived, it is apparent that there was, at the very least, a strong element of tension between recognizing that the notion of the *intelligibility* of reality had taken a hard knock (which in turn affected the strategies of narration, producing fragmentation and the splintered mirror effect), and the will to remain faithful to the traditional cognitve and truth-telling function of literature which was now in doubt. R. L. Williams makes this a test, writing that one group of writers, like Carpentier, Onetti, Roa Bastos and Sábato, 'seek order in a world lacking order', while another, a little later, which he considers Postmodernist, 'subverts rather than seeks order' (1987: 8–9). Vargas Llosa seemingly belongs to the first group. But it needs to be recognized that the tension above-mentioned subsists both in his fiction and in his writing about fiction.

Works Cited

Borges, Jorge Luis, 1974. *Ficciones*, in *Obras completas 1923–1972* (Buenos Aires: Emecé).

Cheuse, Alan, 1978. 'Mario Vargas Llosa and *Conversación en la Catedral*: The Question of Naturalism', in Rossman and Friedman 1978: 52–58.

Coddou, Marcel, 1976. 'Fundamentos para la valoración de la obra de Juan Rulfo', *Nueva narrativa hispanoamericana*, 1.2: 139–58.

Cortázar, Julio, 1962–63. 'Algunos aspectos del cuento', *Casa de las Américas*, 2.15–16: 3–14.

—, 1969. *Rayuela* (Havana: Casa de las Américas).

Coulson, Graciela, 1974. *Marechal. La pasión metafísica* (Buenos Aires: García Cambeiro).

Crystall, Elyse, Jill Kuhnheim and Mary Layoun, 1992. 'An Interview with Isabel Allende', *Contemporary Literature*, 33.4: 585–600.

Elmore, Peter, 1997. *La fábrica de la memoria* (Mexico: Fondo de Cultura Económica).

Harss, Luis and Barbara Dohmann, 1967. *Into the Mainstream* (New York, Evanston, London: Harper and Row).

Hernández, Felisberto, 1966. *Las hortensias, y otros relatos* (Montevideo: Arca).

Jitrik, Noé, 1979. 'Paradiso entre desborde y ruptura', *Texto Crítico*, 13: 71–89.

Levine, Suzanne Jill, 1975. Preface to her translation of Severo Sarduy's *Cobra* (New York: Dutton), pp. i–xi.

Lichtblau, Myron, 1991. *Mario Vargas Llosa. A Writer's Reality* (Syracuse: U.P.).

Martin, Gerald, 1971. 'Vargas Llosa: nueva novela y realismo', *Norte* (Amsterdam), 12.5–6: 112–21.

McMurray, George R., 1980. *Jorge Luis Borges* (New York: Ungar).

Merrim, Stephanie, 1987. 'Felisberto Hernández's Aesthetic of "Lo otro": The Writing of Indeterminacy', *Revista Canadiense de Estudios Hispánicos*, 11: 521–40.

Monleón, José, 1998. 'Una entrevista de José Monlón a Mario Vargas Llosa', *Antípodas*, 1.1: 127–32.

Moran, Dominic, 2000. *Questions of the Liminal in the Fiction of Julio Cortázar* (Oxford: Legenda. European Humanities Research Centre).

Onetti, Juan Carlos, 1994. *La vida breve* (Madrid: Anaya & Mario Muchnik).

Roffé, Reina, 1985. *Espejo de escritores* (Hanover, N.H.: Ediciones del Norte).

Rossman, Charles and Alan W. Friedman, 1978. *Mario Vargas Llosa. A Collection of Critical Essays* (Austin and London: Univ. of Texas P.).

Sábato, Ernesto, 1967. *El escritor y sus fantasmas*, 3rd ed. (Buenos Aires: Aguilar).

Sánchez Arnosi, Milagros, 1976. 'La cosmovisión de Julio Cortázar a través de sus Cuentos', *Arbor*, 93.362: 115–18.

Sklodowska, Elzbieta, 1991. *La parodia en la nueva novela hispanoamericana* (Amsterdam/Philadelphia: John Benjamins).

Vargas Llosa, Mario, 1983. *Kathie y el hipopótamo* (Barcelona: Seix Barral).

—, 1988. *La Señorita de Tacna*, 7th ed. (Barcelona: Seix Barral).

—, 1993. *Fiction: The Power of Lies* (Bundoora: La Trobe Univ.).

Vázquez, María Esther, 1980. *Borges: imágenes, memorias, diálogos* (Caracas: Monte Ávila).

Williams, Raymond L., 1987. 'Preface' to 'The Boom in Retrospect: A Reconsideration', *Latin American Literary Review*, 15.29: 7–11.

Prada y Palma: el apocalíptico contra el integrado. La primera fase de su disputa, 1885–1888[1]

DAVID SOBREVILLA

Universidad de Lima

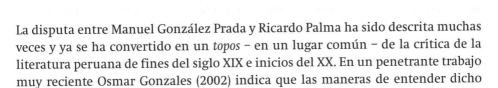

La disputa entre Manuel González Prada y Ricardo Palma ha sido descrita muchas veces y ya se ha convertido en un *topos* – en un lugar común – de la crítica de la literatura peruana de fines del siglo XIX e inicios del XX. En un penetrante trabajo muy reciente Osmar Gonzales (2002) indica que las maneras de entender dicho conflicto han sido varias, de las que las más importantes son las siguientes:

1. La disputa se generó porque Palma veía la historia peruana de una manera contínua e incluyente, también del Virreinato, mientras Prada reclamaba aniquilar el pasado – esta tesis fue desarrollada con matices diversos por los intelectuales del Novecientos como José de la Riva Agüero, Francisco y Ventura García Calderón y Víctor Andrés Belaunde.

2. Haya de la Torre y Mariátegui corrigieron la visión acerca de Palma: éste no habría sido en verdad un colonialista, sino que también él se burlaba de la colonia – es decir que la criticaba con la sonrisa en los labios. En este sentido Palma y Prada estaban en el mismo bando y su conflicto habría sido –hay que colegir, agregamos nosotros – un equívoco.

3. Bruno Podestá ha sostenido que Palma representaba la tradición y González Prada la renovación, pero más que en términos políticos o ideológicos, como maneras de ver el proceso social que subyace en sus obras de creación y en sus juicios sobre la realidad que les tocó vivir.

Gonzales (2002) propone una cuarta manera de entender este conflicto que se inscribe dentro de la sociología de los intelectuales en la que está interesado. La hipótesis que trata de probar (Gonzales 2003)[2] es que, en efecto, por su distinta

---

1 Agradecemos la ayuda bibliográfica que para componer este artículo nos han propor-cionado Miguel Ángel Rodríguez Rea, Carlos García Bedoya y Ricardo Silva-Santisteban.
2 Tomamos de este texto la sugerencia para denominar en el subtítulo de nuestro artículo a Palma un integrado y a Prada un apocalíptico siguiendo la conocida nomenclatura de Umberto Eco (Gonzales 2003: 81).

tradición cultural y visión social ambos representaban dos tipos diferentes de intelectuales: Palma pertenecía a una tradición cultural romántica y tenía una visión social de tipo restringido, en tanto que Prada se ubicaba en una tradición cultural intelectualista y poseía una visión social no restringida. En este sentido los dos tenían una forma distinta de ver la vida, el papel de los intelectuales, la cultura y la política. Esto significa que se puede deducir que el conflicto entre ellos fue casi inevitable y, que, al chocar ambos, se produjo simplemente.

Por su parte, Isabelle Tauzin (1998) ha reconstruido admirablemente la vida literaria limeña y el papel de Manuel González Prada entre 1885 y 1889. Según esta investigadora cuando en 1886 se formó el 'Círculo Literario' por parte de Luis E. Márquez, quien poco después invitó a Prada a ingresar al mismo, no existía una rivalidad entre la nueva institución y 'El Ateneo de Lima', ni entre Ricardo Palma y González Prada, como afirmó Luis A. Sánchez (Tauzin 1998: 517–18). Antes bien, Palma había tenido una actitud deferente hacia Prada que no se vio afectada por el discurso de éste en 'El Ateneo de Lima' del 30 de enero de 1886. El distanciamiento se habría gestado al asumir Prada la Presidencia del 'Círculo Literario' en setiembre de 1887; y el cambio de actitud de los miembros de esta institución – que eran adversarios del *status quo* – expresaría su exasperación por el desengaño que les provocó la vacilante gestión presidencial de Cáceres (Tauzin 1998: 519). El formato y el tono de la *Revista Social* varió entonces pasando a atacar a algunos miembros del 'Ateneo' y de la Academia Peruana de la Lengua. Las diferencias no habrían conducido sin embargo a un rompimiento a raíz de la lectura de la conferencia de Prada en el teatro Politeama el 29 de julio de 1888, pero sí a propósito de su conferencia en el teatro Olimpo el 30 de octubre del mismo año. A consecuencia de este último discurso, Palma reaccionó con una carta anónima al diario *El Comercio* evitando a continuación Prada la polémica en una nota al mismo diario – como es conocido. Así se habrían separado ambos.

En este artículo queremos sostener dos tesis:

1. que la disputa inicial entre Prada y Palma se debió a su distinta concepción de la literatura, disputa que no se gestó recién al asumir Prada la Presidencia del 'Círculo Literario' en setiembre de 1887, sino que existía larvada desde la época del discurso en 'El Ateneo de Lima' el 30 de enero de 1886. En efecto, ya en este discurso puso de manifiesto Prada sus diferencias en su concepción literaria con la de Palma, pero lo hizo tan ambiguamente y con tantas señas de deferencia hacia Palma, que éste sólo advirtió después – con el discurso del 'Politeama' el 29 de julio de 1888 – que el objeto de la crítica era él. El rompimiento entre ambos hubo empero de esperar al discurso del teatro Olimpo el 30 de octubre de 1888 y a las reacciones posteriores de ambos – la carta de Palma a *El Comercio* y la respuesta de Prada;

2. que Prada se presentó primero como un líder juvenil sólo en el terreno literario y que sólo después, al asumir la Presidencia del 'Club Literario', pasó a constituírse también en un líder político. Conocidamente el 'Círculo Literario' fue el germen del que nació el partido 'Unión Nacional' liderado por Prada. De

nuestra presentación fluye además que por razones que permanecen desconocidas, Prada no quiso aceptar la polémica que le planteó Palma.

Quisiera indicar expresamente que por razones de espacio me concentraré en este artículo en el análisis de los textos de Prada y Palma y que, además, sólo me restringiré al examen de la primera fase de la disputa entre Prada y Palma entre 1885 y 1888. En trabajos posteriores quisiera ocuparme de otros dos asuntos: primero, considerar la tesis de Haya de la Torre y Mariátegui de que Palma tenía una visión crítica de la colonia, tesis que juzgo errónea. Y segundo, de estudiar la segunda fase de la disputa entre 1912 y 1917 a propósito de la gestión de Palma al frente de la Biblioteca Nacional.

1. Las relaciones iniciales entre Palma y Prada

Palma y Prada deben haberse conocido a finales de la década del 60 del siglo XIX o, a más tardar, en 1871, pues ese año se fundó el 'Club Literario' que tuvo entre sus miembros fundadores a ambos.[3] Los dos publicaron por entonces en *El Correo del Perú* – Prada desde ese año y Palma desde el siguiente.

Palma era por entonces un escritor y hombre público reconocido: había pertenecido a la primera bohemia literaria romántica peruana y publicado en 1863 sus *Anales de la Inquisición de Lima* y muchos poemarios, y había participado en política al lado del Presidente José Balta – del que fue Secretario particular – llegando a ser Diputado y Senador. La celebridad literaria no le había llegado aún: sólo lo comenzaría a arropar a partir de que, en 1872, publicó la primera serie de sus *Tradiciones Peruanas*. En cambio, Prada no se había hecho todavía de un nombre literario ni político: había recién publicado una letrilla en el diario *El Comercio* y otros poemas suyos habían aparecido en la antología *Parnaso Peruano* editada por el escritor boliviano José Domingo Cortés. También había escrito pequeñas piezas teatrales que no se habían editado y, por cierto, no habían sido llevadas a las tablas. Tampoco sus traducciones habían sido publicadas. Sus estudios de derecho y de ciencias los había abandonado.

Palma y Prada no deben haberse visto por entonces muchas veces, pues desde 1871 el segundo se recluyó en la hacienda familiar en Tútume, donde se dedicó a leer, a traducir y a experimentar con los cultivos. De vez en cuando venía a Lima y fue así como tuvo una relación extramatrimonial celosamente guardada con Verónica Calvet, de la que el año 1877 tuvo una hija a la que no reconoció. Es probable que en estas visitas a Lima pasara por el 'Club Literario' fugazmente.

El 5 de agosto de 1879 Chile le declaró la guerra al Perú y a Bolivia. Prada se enroló en el ejército en diciembre y poco más de un año después participó en la defensa de Lima, al igual que Palma, cuya casa en Miraflores fue quemada por los chilenos como un acto de represalia – entretanto se había convertido en una

---

3   El 'Club Literario' resultó de una transformación de la 'Sociedad de Amigos de las Letras' organizada en 1866 y que había congregado a los románticos y literatos peruanos e intelectuales de otras áreas como de la historia y el periodismo.

personalidad muy importante gracias a la aparición de las series segunda (1874), tercera (1875) y cuarta (1877) de las *Tradiciones Peruanas*. Ello dio lugar a que en 1878 fuera declarado miembro correspondiente de la Real Academia Española de la Lengua. Durante la ocupación de Lima por los chilenos Palma alquiló una casa en la calle de La Veracruz en el centro de Lima para vivir en ella con su familia, mientras Prada se encerró a piedra y lodo en el solar familiar no muy distante en la calle de La Merced.

El 20 de octubre de 1882 se firmó el Tratado de Ancón y poco después los ocupantes chilenos dejaron Lima. El gobierno quedó en manos del General Manuel Iglesias contra quien se levantó el General Andrés Avelino Cáceres, quien atacó infructuosamente Lima a fines de agosto de 1884, para finalmente tomar el poder en diciembre del año siguiente.

Pese a la guerra civil, las distintas actividades se fueron normalizando y así fue como se reiniciaron las actuaciones del 'Club Literario' que, en 1885, cambió de nombre a 'El Ateneo de Lima'. Ese mismo año se le solicitó a Prada una conferencia sobre Heinrich Heine, al que había traducido directamente del alemán durante su reclusión en el fondo familiar en Tútume (1871–1879) (Heine 1989, 6: 359–63). Por entonces Heine se había convertido en una moda en el ambiente cultural limeño, moda que Palma había iniciado con sus traducciones del gran romántico alemán trabajadas en 1865. Conociendo esta circunstancia Prada se las solicitó, accediendo gustoso el tradicionista que se las remitió con una carta el 25 de diciembre de 1885.

Palma le escribía allí: 'Pídeme usted [mis traducciones de Heine], y hácelo con tan afectuosos modos, que no me deja tiempo para la excusa' (Palma 1949: 203). Le contaba que su gran amigo el poeta brasileño Gonçalvez Díaz le había hecho conocer a Heine en París y que le había obsequiado un ejemplar de sus poesías al despedirse – probablemente en la traducción francesa de Gérard de Nerval. Que había traducido algunas en su viaje de regreso a Lima en 1865, siendo uno de sus poetas favoritos.[4] Y finalizaba su carta escribiendo: 'No se emplea el tiempo en traducir a un autor por quien no se siente uno encariñado. Juzgar a Heine, y a los que hemos intentado darlo a conocer en los pueblos donde es familiar la rica habla

---

4 Todavía no se ha estudiado las traducciones de Heine realizadas por Ricardo Palma. Una vez afirma que las hizo de la traducción francesa de Gérard de Nerval, en una nota a la traducción del poema 'Mi aspiración' (Palma 1952: 147); pero, pese a esta circunstancia, no son ni mucho menos desdeñables. Ante todo: Nerval conoció a Heine, quien aprobó sus traducciones en prosa, que son extraordinariamente fieles a los originales. En cambio, las retraducciones de Palma son versificadas – y por lo tanto con una gran libertad frente a las traducciones de Nerval y en algunos casos bastante distantes de los originales de Heine. Es decir que en verdad son recreaciones de los poemas de Heine. Compárese por ej. el original del poema 51 del 'Lyrisches Intermezzo' (1822–23) ('Vergiftet sind meine Lieder;–', [Heine 1972, 1: 94]) con la traducción de Nerval ('Mes chants sont empoisonnés:...', [Nerval 1996: 222]) y la recreación de Palma ('Tú vertiste veneno/en mi alma de poeta y mis cantares...' [1952: 150]). Quisiéramos expresar aquí la sospecha – que debería ser confirmada por un estudio detenido – de que Palma no sólo retradujo de las traducciones francesas de Heine hechas por Nerval, pues tenemos la impresión de que algunos poemas de Heine que recreó no fueron traducidos de las versiones de Nerval.

de Castilla, cumple al claro talento y buen gusto literario que en usted se complace en reconocer su amigo y compañero afectísimo. Ricardo Palma' (1949: 204).[5]

2. El discurso de Prada en 'El Ateneo de Lima'

En 1885 Prada había publicado algunos textos notables como los consagrados a 'Grau' y a 'Víctor Hugo'. Su primera aparición pública fue sin embargo a propósito de su discurso en 'El Ateneo de Lima', pronunciado el 30 de enero de 1886. El discurso apareció ese mismo año en un tomo que contenía además otros textos – probablemente el autor lo había reelaborado *formalmente* para su publicación (*El Ateneo* 1886: 29–47).

Aunque el discurso en El Ateneo había sido planeado como sobre Heine y sus obras – así escribe Palma en la carta mencionada – y pese a que, en efecto, Prada habló sobre el gran romántico alemán y su producción, dicho discurso fue mucho más: un verdadero programa literario en que el orador lanzó – en forma encubierta – un grito de guerra a autores como Palma. Sin embargo, aparentemente era muy cordial con éste expresando en su discurso: 'Los que interpretan a Heine como E. Florentino Sanz, Pérez Bonalde y R. Palma, traen al idioma castellano el tesoro de otras naciones' (37).

¿Cuál era el programa literario de Prada? El autor empezaba por sostener que hay que distinguir entre los modelos y sus imitaciones, para señalar a continuación que en la literatura peruana se había imitado a imitadores: en efecto, los románticos españoles imitados en el Perú eran, a su vez imitadores de los franceses que imitaban de su lado a los alemanes, sobre todo a Heinrich Heine. ¿Quien era Heine? Un escritor o poeta alemán que ha amalgamado lo germánico y lo francés. Heine ha llevado a una gran perfección el *Lied* que tenía como modelo la poesía popular alemana y la poesía griega – aunque sería inexacto calificar a Heine de griego: su inspiración era nómada y cosmopolita. Pasar de Heine a Bécquer significa pasar del maestro al discípulo. Bécquer no sería otra cosa que un vulgarizador del germanismo en España. Así, quienes imitan a Bécquer no penetran en el espíritu germánico, porque al no conocer el alemán, son sólo teutomaníacos. De la poesía alemana lo que se podría tomar en opinión del autor era el objetivismo.[6]

Prada atacaba a continuación las composiciones de poco aliento, sea en verso o en prosa, porque creía que incapacitaban para producciones dignas de existir. Atacaba asimismo una prosa académica, desmayada y heteróclita, el arcaísmo y un estilo vetusto. Según él había que escribir para el momento y sin afectación, cultivar una prosa natural y griega evitando los afeminamientos.

---

5 Palma reunió sus recreaciones de Heine en un volumen (Heine 1886), al que antepuso como Prólogo la carta citada que había dirigido a González Prada el 25 de diciembre de 1885.

6 Prada había empezado a tratar de introducir el elemento objetivo en las Baladas que según su hijo Alfredo comenzó a escribir en su período de 'influencia alemana' (1871–79) (Gonzalez Prada 1989, 6: 254).

El autor pasaba luego a ponderar a los escritores españoles que habían sabido aspirar a la independencia literaria. En ésta debían basarse los escritores peruanos y preferir el espíritu libre y *socialista* del siglo frente al de las naciones ultra-montanas. En efecto, inútil sería la independencia política sin la independencia literaria. Lo que se precisa es de una literatura *americana* y del siglo XIX acorde con nuestra realidad. Una fuente de inspiración debería ser la ciencia, habría que arrostrar el neologismo, el extranjerismo y el provincialismo y romper el molde convencional de la prosa. Se debería aspirar a lo que los antiguos denominaban un *temple sereno* y adquirir la tolerancia y la confraternidad de la inteligencia. *No había que establecer un divorcio entre el ciudadano y el poeta*, y trabajar para los que vendrán mañana. En América es preciso enaltecer el brillo de las artes sobre el deslumbramiento ante las victorias militares. La Patria tiene el derecho a tomar cuentas a sus intelectuales por la consagración de su inteligencia. Era preciso insistir en la necesidad del trabajo y del estudio. Y había que decirle al Perú: despierta, sal de la horrorosa pesadilla de la sangre, echa a andar y ponte a reconstruir.

Las referencias en contra de Palma y de su concepción de la literatura están a la vista: Palma había sido un romántico peruano imitador de imitadores españoles, que habían imitado a su vez a franceses que imitaban de su lado a los alemanes. Había traducido a Heine del francés y sin saber alemán, por lo que no podía ser tenido como un *germanista* sino sólo por un *teutomaníaco* – como lo frasearía Palma posteriormente en la versión de este discurso aparecida en *Pájinas Libres* de 1894. Era un escritor que no avistaba el futuro y que escribía con un estilo plagado de arcaísmos y de formas vetustas. Sin duda, Prada estaba en contra de los neologismos y los extranjerismos e ignoraba la importancia de la ciencia. Evidentemente, no aspiraba a una independencia literaria de España sino que era un correspondiente de la Real Academia Española de la Lengua.

Es extraño que no se haya visto en esta primera versión del discurso de Prada en 'El Ateneo de Lima' la crítica a Palma y que sólo se la haya percibido en la versión posterior del discurso en *Pájinas Libres* (1894). Es claro que en esta versión las formulaciones de Prada contra Palma no permiten dudar de quién era su blanco: 'Los que traducen al Heine de las traducciones francesas [...] no merecen el calificativo de jermanistas o jermanizantes, sino de teutomaníacos' (1894: 17), 'No imajinéis, señores, que se desea preconizar [por parte del orador] [...] la prosa imitada por *correspondientes* americanos' (1894: 21), 'Volvamos los ojos a los autores castellanos, estudiemos sus obras maestras, enriquezcamos su armoniosa lengua; pero recordemos constantemente que la dependencia intelectual d'España significaría para nosotros la indefinida prolongación de la niñez' (1894: 26) – aquí Prada varía el final de la frase de la versión del discurso publicada en *El Ateneo de Lima*.

Dado que el autor evitaba perfilar claramente el objeto de sus ataques y que los disfrazaba con una actitud deferente hacia Palma, éste mismo debió haber estado confundido al respecto. En todo caso en *La bohemia de mi tiempo* (1887) escribiría sobre Prada que hacía poco había escuchado sus conceptos en 'El Ateneo de Lima' y que lo juzgaba como un 'joven literato llamado a conquistar gran renombre' (González Prada 1968: 1298). Pero al mismo tiempo manifestaba también ambiguamente: 'La juventud de entonces [de mi época bohemia] no tenía la pretensión de creerse en aptitud de imponer a los gobiernos un plan de conducta administrativa, ni se imaginaba que los claustros del Colegio podían convertirse en centros o clubes revolucionarios' (1968: 1299).

Algo barruntaba sin duda el viejo tradicionista de la guerra que le esperaba por parte de la nueva generación.

3. La formación del 'Círculo Literario' y el papel de Prada dentro de él

¿Cual era la juventud de ahora a la que se refería Palma en la entrelínea de la cita que acabamos de transcribir? Probablemente el grupo al que Manuel Moncloa y Covarrubias (1938) denominó 'los bohemios de 1866'. Fue formado por Luis Enrique Márquez, quien tuvo una agitada actuación política, diplomática, pero sobre todo literaria. En octubre de 1886 fundó el 'Círculo Literario' al cual invitó a pertenecer a González Prada. Este aceptó la invitación resultando elegido Vicepresidente del 'Círculo' – por entonces también era Vicepresidente del 'Ateneo'.

¿Cuáles eran los propósitos del 'Círculo Literario'? Tauzin los resume así:

> por una parte se centraba más en la literatura que 'El Ateneo de Lima', el cual tenía, además de una sección sobre Literatura y Bellas Artes, otras tres secciones destinadas a Ciencias Naturales, Físicas y Matemáticas, de Historia y Geografía y sobre Ciencias Morales y Políticas. Otro propósito del 'Círculo' era trabajar en favor de la reconstrucción del Perú y 'concurrir a la formación de una literatura eminentemente nacional'. A ello se agregaba una orientación más filosófica, la concepción del poeta como un hombre comprometido con su tiempo, portavoz del progreso, divulgador de la verdad y empeñado en la moralización social, y una cierta opción por el naturalismo – como se observa en Carlos Germán Amézaga – y una reinvindicación del mundo andino – como lo muestra Mercedes Cabello de Carbonera. (Tauzin 1998: 516–18)

Casi todos los puntos aquí enumerados se hallaban en el programa expuesto por Prada en su discurso en 'El Ateneo de Lima' unos meses antes. Si esto es cierto – y lo es –, es obvio que entre 'El Ateneo' y el 'Círculo Literario' se incubaba una rivalidad que, tarde o temprano, tenía que explotar. En algunos detalles puede estar Luis Alberto Sánchez equivocado, pero en lo esencial tiene razón: entre Palma y Prada se personificaba el antagonismo que casi desde un comienzo se estableció entre 'El Ateneo de Lima' – el antiguo 'Club Literario' – y el 'Círculo Literario' (Sánchez 1986: 101 ss.).

El 27 de setiembre de 1887 inauguró sus actividades públicas el 'Círculo Literario' con una actuación en el Palacio de la Exposición. Allí leyó su 'Memoria' sobre el año de su gestión Márquez y a continuación habló Prada como nuevo Presidente de la institución. Empezaba con un tema que luego se iba a convertir en un *leitmotiv* de su obra: que, por oposición a los políticos que han cubierto el Perú de vergüenza, se levantan los jóvenes literatos que han de abrazar la verdad, que lo hacen en nombre de la libertad y con una altivez democrática en el estilo. Están en condiciones de actuar así precisamente por su juventud y por su proximidad a la ciencia. El autor señalaba que el arte tiene la misma jerarquía que la ciencia y la religión, aventajándolos porque excede a la primera en armonía y a la segunda por no haberse nunca manchado de sangre. Prada se ponía a la cabeza de una agrupación que manifestaba que estaba destinada a convertise en el 'partido radical de la literatura', y señalaba que él estaba alimentado por una convicción: no venía a guiar sino a ser arrastrado por el buen camino (González Prada 1894: 35–38).

'Radical' no significaba en el contexto anterior y en el Perú de 1887 simplemente 'extremista', sino que tenía un contenido más o menos preciso: el radicalismo había llegado al país en 1851 con el prócer chileno Francisco Bilbao y luego había sido cultivado por el periodista Enrique Alvarado y por Mariano Amézaga. Podemos caracterizarlo como la tercera gran opción ideológica del Perú en el siglo XIX, al lado del *conservadorismo* y del *liberalismo*. Negativamente el radicalismo se caracteriza por su anticlericalismo, su antihispanismo y su denuncia de los problemas morales y económicos del Perú; y positivamente por ser una opción de extrema izquierda que se opone a la buguesía, al capitalismo y al naciente imperialismo y por favorecer un igualitarismo de ancha base (Sobrevilla 2003: xxv; Basadre 1994: 71–115). Por lo tanto, cuando Prada hablaba del 'partido radical de nuestra literatura' se estaba refiriendo a esta opción ideológica en forma precisa, que estaba en contra del hispanismo de Palma, de su alineamiento con la burguesía, su elección en favor de una literatura dependiente de la literatura española y que colocaba el placer y la gracia por encima de la crítica social y la verdad.

4. El discurso en el Teatro Politeama

Luis E. Márquez falleció el 21 de abril de 1888 pronunciando Prada un discurso en su entierro. Pocos meses después, el 29 de julio, un escolar leyó un célebre discurso suyo en el Teatro Politeama. La ocasión era una colecta pública a fin de reunir fondos para el rescate de las provincias de Tacna y Arica que habían quedado en manos chilenas. Al acto asistió el Presidente Cáceres acompañado de algunos de sus ministros.

Este discurso gira sobre algunos temas básicos, el más famoso de los cuales era la contraposición entre viejos y jóvenes que culmina con la imprecación del final de la tercera sección: '¡Los viejos a la tumba, los jóvenes a la obra!'.[7] Otros temas son: la ignorancia de los gobernantes y el estado de la servidumbre de los gobernados como los causantes de la derrota en la guerra con Chile; la necesidad por lo tanto de recurrir para la reconstrucción del Perú a la ciencia y a la libertad; el hecho de que el verdadero Perú esté formado por las muchedumbres de indios diseminados en la banda oriental de la cordillera;[8] la tesis de que los indios no son los verdaderos culpables de la derrota, pues carecían de instrucción y estaban sometidos; la afirmación de que el Perú posterior a la guerra no debe desesperarse

---

7   La fórmula procede quizás del final del panfleto de Francisco Bilbao contra Echenique 'La Revolución de la Honradez': 'es para esta obra [la redención del pueblo] que la juventud debe apelar a su entusiasmo, los viejos de la independencia a sus recuerdos' (Bilbao 1854: 46). El escrito de Bilbao también circuló como folleto independiente.
8   Opinión extraída del folleto de Juan Bustamante Dueñas 1867.

ni desalentarse, pues cuenta con muchos recursos. En este sentido, si la historia de muchos gobiernos peruanos cabe en la fórmula 'imbecilidad en acción', la vida toda del pueblo se resume en la sentencia 'versatilidad en la acción' (González Prada 1894: 68–76).

La oposición entre Prada y Palma y sus respectivas tesis no podía ser más crasa: Palma contaba por entonces con 55 años y tenía que ser alineado por lo tanto con su generación en el grupo de los viejos, mientras que Prada y su grupo integraban el de los jóvenes. Palma pensaba que 'la causa principal del gran desastre' en la guerra con Chile era que la mayoría del Perú la forma una raza abyecta y degradada debido a la carencia de instrucción.[9] Tenía por ello una actitud completamente desesperanzada sobre el destino del Perú luego de la guerra con Chile.[10]

En consecuencia, en el discurso del Teatro Politeama Prada seguía contraponiendo a Palma y su posición y sus propias tesis y, frente a lo que parece, es el optimista frente al pesimismo de Palma.

5. El discurso en el Teatro Olimpo

El 30 de octubre de 1888 se celebró el segundo aniversario del 'Círculo Literario' con una actuación en el Teatro Olimpo que constaba como parte central de un discurso de Prada. El mismo dio lugar al rompimiento abierto entre Palma y Prada. Palma llegó a sostener que se lo había invitado a una celada, pero Carlos Rey de Castro, secretario del 'Círculo', puso en claro que antes bien Prada dió la expresa indicación de no invitar a Palma, pero que, ante la insistencia de éste en asistir, se le entregaron dos entradas.

El discurso de Prada constó de una introducción y de cuatro secciones (Prada 1894: 39–52). En aquélla el orador retomó la afirmación hecha en su discurso de casi un año antes – el 27 de setiembre de 1887 – aseverando haber sido guiado por el buen camino, y que el 'Círculo Literario' tendía a convertirse en un centro militante y progresista. Declaraba que los impulsos del radicalismo en literatura provienen de la Francia incrédula y republicana – Francisco Bilbao había sido discípulo de Lamennais y había secundado a Edgar Quinet en la revolución de 1848. En la primera sección trataba de responder a la pregunta '¿Qué valen nuestras fuerzas', señalando que en el 'Círculo Literario' no reinaban ni el provincialismo ni la mezquina preocupación por la nacionalidad, que su poder estribaba en la unión, y que en el momento oportuno emprendería una cruzada 'contra el espíritu decrépito de lo pasado, una guerra contra todo lo que implique retroceso en la Ciencia, en el Arte i en la Literatura' (González Prada 1894: 41). La pregunta que encabezaba la segunda sección era: '¿Quién debe guiarnos?', y la respuesta: ningún escritor nacional ni español. Prada constataba que la literatura peruana es de transición. Y luego dirigía un doble ataque contra Palma: 'De la poesía van desapareciendo las descoloridas imitaciones de Bécquer; pero en la

---

9 Carta del 8 de febrero de 1881 (Palma 1979: 20).
10 Sobre el contraste anterior y este último, ver Gonzales 2003: 87–88, 91–93.

prosa reina siempre la mala *tradición*, ese monstruo enjendrado por las falsifica-
ciones agridulces de la historia i la caricatura microscópica de la novela'. Y la
crítica a Palma proseguía así:

> El Perú no cuenta hoi con un literato que por el caudal i atrevimiento de sus ideas se
> levante a l'altura de los escritores europeos, ni que en el estilo se liberte de la
> imitación seudo purista o del romanticismo trasnochado. Hai gala de arcaísmos, lujo
> de refranes i hasta choque de palabras grandilocuentes; pero ¿dónde brotan las ideas?
> Se oye ruido de muchas alas, mas no se mira volar el aguila. (1894: 42)

No habría que inyectar sangre de España sino de otras naciones, cultivar una
literatura fecundada por ideas de autores no españoles y más bien de filósofos, un
naturalista y un sociólogo: Hegel y Schopenhauer, Darwin y Spencer, Fourier y
Augusto Comte. En la tercera edición de *Pájinas Libres* agregaría que estos grandes
escritores sólo deben ser estudiados y no imitados (González Prada 1985, 1: 67).

¿Contra qué resistencias hay que luchar? era la pregunta que estaba en el frontis
de la tercera sección. Como en el Perú no hay elementos (nobleza, burguesía un
clero ilustrado) como para constituir un partido reaccionario sólido, no se debe
contar con una resistencia insuperable: en el Perú no se ha vertido ni una gota de
sangre por una idea ni se ha hecho revolución alguna por un principio: 'El filósofo
no retrocede, sigue adelante' (1894: 46).

En la última sección Prada advertía que sea cuál fuere el programa del 'Círculo
Literario' no se debía olvidar la honradez en el escritor y la verdad en el estilo y las
ideas. Aquí Prada abundaba en su crítica hacia Palma – pero sin mencionarlo –, un
escritor arcaico como los hay en todas las latitudes: 'aplaudidos por las academias
i desdeñados por el público' (1894: 49). Estentóreamente escribía el autor:
'Rompamos el pacto infame i tácito de hablar a media voz' (1894: 51). Y afirmaba la
divisa clásica del *fiat veritas pereat mundus*: aunque perezcamos, la nación se
desquicie y el globo se convierta en escombro y cenizas, debemos decir la verdad.

6. La respuesta de Palma

Es más o menos claro que este discurso estaba concebido casi de principio a fin
como una pieza de ataque masivo contra la tendencia literaria e ideológica repre-
sentada por Palma, quien acusó el golpe: el 13 de noviembre hizo publicar en *El
Comercio* (4) en forma anónima un texto con el título de 'La propaganda de la
difamación'. El título hiriente provenía de un editorial de *El Tiempo* del 10 de
noviembre, que Palma comenzaba citando y en el que se había criticado la
difamación de que eran objeto 'los hombres prominentes del país'. El tradicionista
proseguía en su respuesta anónima que los autores de la difamación eran jóvenes
que apenas han empezado a vivir y que, sin embargo, lanzan anatemas al pasado
olvidando que fue la hechura heroica de los mayores para crear la nacionalidad
peruana, y que está simbolizado por hombres como San Martín, Bolívar, Sucre,
Unánue, Valdez y Pardo.

En cuanto al presente, Palma admitía que algunos de quienes pasan por ser
grandes valores sólo son en verdad medianías. Pero, aun reconociéndolo, basta

con que alguien conquiste un modesto renombre para convertirse en el blanco de
la propaganda de la difamación de nulidades pretenciosas.

A continuación escribía que si un extranjero hubiera escuchado recientemente
los discursos de estos jóvenes, podría pensar que en el Perú 'sólo hay talento y
virtudes y saber y patriotismo en los treinta o cuarenta jóvenes que componen
determinada asociación o círculo' (4) – una referencia trasparente al 'Círculo
Literario'. Y a continuación arremetía contra Prada en forma demoledora escribiendo que entonces ese mismo extranjero habría de reflexionar y se diría que
quienes acusan de insignificancia a Selgas y Núñez de Arce etc. (es decir, Prada)
viendo en los académicos de la Real Academia Española y en sus correspondientes
de América (o sea, en Palma) a nulidades (así lo sugería Prada), deberían exhibir
sus obras (Prada no había publicado hasta entonces ningún libro) a fin de poder
juzgar acerca de ellas. Ahí percibiría el extranjero que muchos de esos jóvenes no
han viajado ni visto mundo (Prada no había salido del Perú sino de muy niño) y que
no han pisado los claustros universitarios (Prada los había abandonado, como
mencionamos), pero que, sin embargo, poseen una enorme petulancia, creyendo
haber venido al mundo con ciencia infusa y no ser hombres pecadores como *esos
viejos infames* para los que desean que se abra la tumba.

Y luego pasaba Palma a considerar la frase terrible de Prada en el discurso del
Politeama: '¡Los viejos a la tumba, los jóvenes a la obra!'. Frase de chacales, acotaba,
que pareciera ser la consigna de los redentores radicales. Se trata de una
puerilidad lanzada de manera inconciente por hacer una frase más. 'Muchos de
esos jóvenes [radicales] tienen padre, más o menos anciano, y mal podría aspirar a
ser tenida por juventud moral la que enarbolara bandera con palabras que serían
repugnantes aun en boca del más infeliz y estraviado de los parroquianos de
Parrinello' (4). Esa frase ataca a las personas y no critica una doctrina. Los jóvenes
radicales carecen de una educación elemental: abominan de España frente al
representante de España – hay que colegir que asistió a alguno de estos discursos –
y no respetan las canas de los Roca, los Lavalle, los Palma, pese a que son estimados
en el país y en el extranjero. Y con habilidad trataba de personalizar al objeto principal
de la consigna: '¿Qué motivo les dio Ricardo Rosel para que, traída por los cabellos
le dirijiérais una injuria personal? ¿Acaso ser académico?¡Cuánta pequeñez!' (4).

Palma extraía entonces la conclusión de que no es injuriando a la generación
que ya se va cómo, honrada y noblemente, debe aspirar a levantarse la juventud,
sino que las reputaciones son el resultado del estudio, de la perseverancia y de los
años. E irónicamente escribía: 'La prueba la tenéis en el señor González Prada que
a los cuarenta y cuatro años, esto es, cuando ya se avecina a la vejez, principia a
adquirir renombre' (4).

Por lo demás, añadía Palma, los seguidores de Prada congregados en el 'Círculo
Literario' son inconsecuentes: son agresivos con las otras asociaciones literarias
como 'El Ateneo de Lima', la Academia Peruana de la Lengua o el 'Círculo
Carolino', pero luego mendigan medallas y premios en los concursos del 'Ateneo'.

Lo anterior concierne a la actuación literaria de los *soi disant* radicales, luego
pasaba Palma a examinar su actuación política. La actualidad del Perú es dolorosa

y necesita por ello del apoyo externo, por ejemplo para recuperar las provincias cautivas. ¿Es en estas circunstancias patriótico y salvador esparcir semillas de odio no sólo en casa sino contra España? Además, no se puede calificar de atrasada a una nación que posee una ciudad fabril e industrial como Barcelona, y fanático a un país que desde hace medio siglo vive sin frailes ni monjas.

El radicalismo de los jóvenes del 'Círculo Literario' es de manicomio e imposible: exigen un progreso inmediato y una cosecha instantánea. Mas el progreso ha de ser conseguido lentamente y los monumentos tienen que contar con cimientos firmes.

Palma reconocía la enorme poesía que tenían la forma y las imágenes de Prada, pero sostenía que eran como los fuegos de artificio que encandilan y llevan al aplauso, pero que luego terminan por convertirse en humo. De allí que las filas de los adherentes radicales clareen y que otros jóvenes ilustrados y de criterio protesten contra los propósitos y acciones de aquéllos. Y es que los radicales no son trozos de carbón que llevan en sí un riquísimo diamante en bruto sino sólo pompas de jabón en que tornasolan los reflejos cambiantes del iris.

La violencia del artículo de Palma suscitó de inmediato, al día siguiente, una declaración de Prada publicada en *El Comercio* el 15 de diciembre (6): en el discurso del 30 de octubre no habría dirigido su autor ninguna injuria contra Ricardo Rossell – aseguraba – ni nombrado a ningún escritor nacional. Hábilmente Prada evitó con esta declaración tratar los temas que le propuso Palma.

Entretanto se había hecho público que el artículo anónimo publicado en *El Comercio* el 13 de noviembre procedía de la pluma de Palma, y el 19 de noviembre dicho diario publicó un artículo, 'El Círculo Literario y el señor Ricardo Palma', del ecuatoriano Nicolás Augusto González, adherente del 'Círculo', en que su autor sostenía que el tradicionista sólo había recibido muestra de cariño de los miembros de dicha asociación. Al haber sido mal impreso el artículo volvió a aparecer al día siguiente, al mismo tiempo que un texto de Palma en que éste indicaba que, al no haber respondido en verdad Prada, dejaba de polemizar. Así se cerró públicamente la primera fase de la disputa entre el apocalíptico y el integrado.

Consideración final

¿Por qué no respondió públicamente Prada a las atingencias de Palma? ¿Por qué consideró que era mejor no enzarzarse en una polémica? ¿Por orgullo o desdén injusto, por circunstancias personales – la prematura muerte de su primera hija Cristina González Prada de Verneuil, ocurrida poco tiempo después de la conferencia, debido a la subsiguiente desesperación de su mujer Adriana de Verneuil, por la gravedad de su hermana Cristina, como conjetura Luis Alberto Sánchez? (1986: 129). Probablemente no lo sepamos nunca. En todo caso Prada se desahogó íntimamente escribiendo un yambo terrible contra Palma del que se mofaba por su origen, sus *Tradiciones* y la forma en que ejercía el cargo de bibliotecario; dice así:

YAMBO 2

¿Dónde te lleva tu ignorancia insana?
    ¡Retarme a la pelea!
Ven yo te pelaré pluma por pluma,
    ¡Oh cuervo de Guinea!

Embutidor imbécil de refranes
    en prosa estrafalaria,
Pruebas en el estilo y en los planes
    Tu fatuidad palmaria.

Quien te llama palmera floreciente
    No pasa de un bodoque,
Miente, remiente, aun más requetemiente,
    Porque eres alcornoque.

Palma serás, concedo, pero palma
    Que produce bellotas;
En vano exprimes con furor el alma
    Y sudas y te agotas.

Treinta años ha que de parir no dejas,
    Y ¿qué son tus abortos?
Cuentecillos de niños y de viejas,
    Tan malos como cortos.

En plajios, latrocinios y exacciones
    La manga tienes ancha:
Tú guisas tus traidoras tradiciones
    Con mucho de Calancha.

¡Bibliotecario túi ¿Sómos babiecas?
    ¡Me descalzo de risa!
Lo mismo sabes tú de bibliotecas
    Que yo de cantar misas.

Bombo tras bombo te desvives dando
    Dando para ti solo:
¿Qué sería de ti sin S....?[11]
    ¿Qué sería sin P...?[12].

Por su nombre la cosa que se llama,
    Sin rodeos te digo:
Mendigo infame del chileno infame,
    Bibliómano mendigo.

Hiciste cuando B... buen negocio[13]
    Con sordidez villana:

---

11 Sánchez colige que se trata de Enrique Torres Saldomando, un erudito virreinal (1986: 131).
12 Puede tratarse según Sánchez de Juan Polo de Ondegardo, otro erudito virreinal.
13 Sánchez (1986) piensa que B es Balta, Presidente del Perú del que Palma fue Secretario como dijimos.

> A veces te pregona como socio
> Gil Blas de Santillana.
>
> ¿No recuerdas el día que reñiste
> Con tu compadre P....?[14]
> ¿No recuerdas el día que te diste
> Con él de cachiporras?
>
> Tú, negro en alma y cuerpo, a los garitos
> Mendigas oro y fama:
> El oscuro galpón te pide a gritos,
> La cárcel te reclama.
>
> Pintado llevas en tu cara el vicio
> P...[15] Pintadas las maldades
> Secretario privado fue tu oficio
> Zurcir las voluntades.
>
> (*Cantos de otro siglo*, González Prada 1989, 7: 367–69)

También conocemos la reacción de Palma en una carta del 19 de diciembre de 1906 a Miguel de Unamuno, hecha pública recientemente:

González Prada (radical) y yo (liberal) vivimos alejados y sin cambiar saludo desde 1890. En un discurso lanzó esta frase de adulación para los muchachos inquietos – Los viejos a la tumba y los jóvenes a la obra –. Yo, que aún tenía nervios irritables y sangre fosfórica pues peinaba 57 febreros, refuté su frase en un artículo al que don Manuel no quiso contestar, encomendando a la jauría de sus devotos alborotadores que amasasen el lodo de las calles y me lo echasen a la cara. Hoy González Prada se aproxima a los 60 diciembres, y no sé si aún sostendrá aquel *su* aforismo. Ahora escribe rara vez, perseverando eso sí en su radicalismo doctrinario. Yo tengo, aunque no nos ligue el afecto personal, estimación por su talento y hasta por sus exageraciones literarias, como las que atañen al idioma. Lo que no soporto son sus versos, que él bautiza con el nombre de *rondeles*, ni su germanismo o alemanismo poético. Lo nervioso de su prosa, un tanto afrancesada me gusta mucho. En cambio, él dice que mis arcaísmos lo estomagan y que debo escribir no en prosa rancia, sino en el castellano que todo el munda visa o estila en nuestro siglo. Cuestión de gustos en la que no entro ni salgo. (*Unamuno y el Perú* 2002: 250)

Lo que estas distintas reacciones íntimas muestran es que probablemente Palma era menos rencoroso que Prada y que podía sobreponerse al enojo que le provocó haberse sentido injustamente maltratado como para no desconocer los méritos literarios de Prada.

Podemos regresar ahora a considerar las tesis que sentamos al principio de este estudio. Primero, del análisis de los textos gonzalezpradianos resulta claro que desde el discurso de su autor en 'El Ateneo de Lima' de enero de 1866 Prada empezó a criticar la concepción literaria de Palma, por tratarse de un escritor romántico o de procedencia romántica que era un imitador de imitadores, de un traductor de Heine que desconocía el alemán, de un autor que no mirada al

---

14 Puede tratarse para Sánchez de Melitón Porras.
15 Sánchez (1986) piensa que se trata del propio Palma.

futuro, que estaba en contra de los neologismos y extranjerismos y que no aspiraba a una independencia literaria de España. Únicamente después advirtió Palma que era él mismo el objeto de los ataques directos de Prada. Segundo, Prada comenzó a pasar del liderazgo puramente literario de los jóvenes al político en su discurso del Palacio de la Exposición el 27 de setiembre de 1887, cuando sostuvo que el 'Círculo Literario' estaba destinado a convertirse en el partido radical de la literatura peruana, liderazgo político que se hizo totalmente evidente en su discurso en el Teatro Politeama el 29 de julio de 1888. Posteriormente, a raíz de la conferencia de Prada en el Teatro Olimpo el 30 de octubre de ese año, Palma respondió a sus ataques poniendo en cuestión la actuación literaria y política de los integrantes del 'Círculo Literario'; pero, por razones que quizás nunca sepamos, Prada se negó a entrar en una polémica pública con el tradicionista.

Obras citadas

El Ateneo de Lima, 1886. 1.1.

Basadre, V. J., 1994. *Peru: problema y posibilidad* (Lima: Cusco).

Bilbao, Francisco, 1854. Artículo en *El Triunfo del Pueblo*. Cusco, 24 de mayo.

Bustamante Dueñas, Juan, 1867. *Los índios del Perú*.

Gonzales, Osmar, 2002. *Pensar América Latina. Hacia una sociología de los intelectuales latinoamericanos. Siglo XX* (Lima: Nuevo Mundo).

—, 2003. 'Ricardo Palma y Manuel González Prada. Conflicto entre dos tipos i intelectuales', *Fénix. Revista de la Biblioteca Nacional del Perú* (Lima: Biblioteca Nacional del Perú): 79–98.

González, Nicolás Augusto, 1888. 'El Círculo Literario y el señor Ricardo Palma', *El Comercio*, 19 de noviembre.

González Prada, Manuel, 1888. 'Declaración', *El Comercio*, 15 de diciembre: 6.

—, 1894. *Pájinas Libres* (París: Dupont).

—, 1968. *Tradiciones Peruanas Completas* (Madrid: Aguilar).

—, 1989. *Obras* (Lima: Copé).

Heine, Heinrich, 1886. *Enrique Heine. [Poesías] Traducciones de Ricardo Palma* (Lima: Imprenta del Teatro).

—, 1972. *Werke und Briefe, I: Gedichte* (Berlin und Weimar: Aufbau).

—, 1989. *Obras* (Lima: Copé).

Moncloa y Covarrubias, Manuel, 1938 [Lima 1901]. *Los bohemios de 1866. Apuntes y recuerdos* (París: Desclée de Brouwer).

Nerval, Gérard de, 1996. *Poèmes d'Outre Rhin* (París: Grasset).

Palma, Ricardo, 1888. 'La propaganda de la dífamación', *El Comercio*, 13 de noviembre: 4.

—, 1949. *Epistolario*, I (Lima: Cultura Antártica).

—, 1952. *Poesías completas* (Lima: Castrillón Silva).

—, 1979. *Cartas a Piérola* (Lima: Milla Batres).

Sánchez, Luis Alberto, 1986. *nuestras vidas son los ríos... Historia y leyenda de los González Prada* (Lima: Fundación del Banco de Comercio).

Sobrevilla, David, 2003. *González Prada, 'Free Pages' and Other Essays* (Nueva York: Oxford U.P.).

Tauzin Castellanos, Isabelle, 1998. 'La vida literaria limeña y el papel de Manuel González Prada entre 1885 y 1889', en *Ier Encuentro Internacional de Peruanistas. Estado de los estudios histórico-sociales sobre el Perú a fines del siglo XIX* (Lima: Univ. de Lima,), II, págs 513–26.

Unamuno y el Perú, 2002. Ed. Wilfredo Kapsoli (Lima: Univ. de Salamanca / Univ. Ricardo Palma).

Authority, Identity and the Latin American Detective: The Mysterious Case of Mario Vargas Llosa – *¿Quién mató a Palomino Molero?*

PHILIP SWANSON

University of Sheffield

Even the most cursory glance at the question of the consumption and production of detective fiction in Latin America will render apparent what Amelia Simpson has called – in her broad-ranging study of the genre in the subcontinent – 'the gap between readership and authorship' (16). In other words, there has been relatively little autochthonous mystery fiction written in Latin America, while, on the other hand, translations of foreign whodunnits or thrillers have traditionally been avidly devoured. The temptation of a staightforward post-colonial understanding of this phenomenon is obvious. Detective fiction – be it the classic, hard-boiled or contemporary police procedural model – is still associated with English social order, US urban modernity, a functioning justice system and, more generally, in social, economic, political and literary terms, the sort of supposedly 'superior cultures' against which Latin America is perceived to define itself. Moreover, if Howard Haycraft's famous 1941 essay emphasizes the link between detective fiction and Northern/Western democratic institutions, the Mexican critic Carlos Monsiváis asserts that 'we don't have any detective literature because we don't have any faith in justice' (quoted by Simpson: 21 from Torres: 13). Hence, in contradistinction, the emergence of detective fiction in Latin America is often seen as a project of creating a specifically non-Anglocentric and non-formulaic version of the genre, which takes account of, and indeed stems from, national and subcontinental realities. In other words, Latin American mystery fiction questions the conventions of the genre and in so doing questions neocolonial assumptions about the continent's status. In particular, there is a strong trend in serious Latin American fiction after the 1960s to blur the boundary between High Art and Popular Culture (often in a political context), so that a playful or subversive style of detective fiction develops which appears to offer a species of postmodern challenge to traditional notions of hierarchy and order, while erecting a model that recreates either a dysfunctional or, more positively, plural and multicultural society. The idea is that what has developed in Latin America is a kind of geographically and politically aware detective fiction which is based on a meaningful trangression of the originary and fundamentally alien or foreign model.

However, the very inevitability of a process of interaction between model and revision should alert us to the potential limitations of a vulgarly reductive reading. There is certainly a strong and effective strain of political and interrogative mystery fiction in Latin America, but the overall reality is more complex. The 'foreign' model remains popular and, as Simpson's survey clearly shows, there is plenty of evidence of mimicry of that model. Internal production is largely centred in big countries with long-standing metropolises such as Argentina and Mexico, as well as Brazil. Much of it does indeed very much go against the conventional model, but in Cuba for example – the other main centre of production – for highly conservative purposes (until relatively recently at least): here, from the early 1970s, such writing was officially encouraged as it represented an ideal model of solution-orientated social instruction in the Revolutionary context. Moreover, the embracing of popular genres after the 1960s brings its own problematics. This has been discussed in detail elsewhere (Swanson 1995), but essentially, many of the key Latin American writers of the literary Boom of the 1960s began in the following decades to move away from the profoundly ambiguous tortuously structured or fantastic works typical of the so-called *nueva narrativa* to write instead novels that were, relatively speaking, more traditional, more accessible, more socially-focussed and often keen to embrace forms from popular culture such as film, soap opera or the detective genre. But these writers – the first generation of genuinely international novelists – owed as much to Europe as they did to Latin America and in many ways came to prominence on the back of high Modernism. The attempts to accommodate a Modernist instinct with a growing postmodernist ethos, to combine politics with ludic play or social commentary with the problematization of literature's link to reality, to situate popular models in an elitist 'New Narrative' framework, led to some uncomfortable results. For instance, Gabriel García Márquez's sortee into detection *Crónica de una muerte anunciada* (1981) might seem to demand a sociopolitical reading given its author's public posture, yet clearly – with its emphasis on myth, ambiguity and literariness – undermines the application of fiction to the external world; and the media-friendly cosmopolitan Carlos Fuentes's 1978 spy thriller *La cabeza de la hidra* seeks to create 'un héroe del Tercer Mundo [...], el James Bond del mundo sub-desarrollado' (*Simposio Carlos Fuentes*: 217), yet creates a highly unstable intertextual narrative in which one of his own characters (with a literary code name and multiple identities – including that of surprise narrator of the text itself) says that 'en una novela, [...] las palabras acaban siempre por construir lo contrario de sí mismas' (Fuentes: 240). The function of the postmodern detective is fundamentally foggy and the facile explanation of literary 'play' or 'pluralism' as subversive of bourgeois forms and practices is simply inadequate.

Another major figure of the Latin American Boom who has sought to mix politics with the popular is Peru's international star Mario Vargas Llosa. His post-Boom detective novel *¿Quién mató a Palomino Molero?* (1986) is both a quint-essentially Latin American version of the genre yet problematic with regard to its relationship to nation and region, authority and progressiveness, and authenticity and the 'foreign'. In some ways, Vargas Llosa is particularly representative of the tensions in some post-Boom or postmodern detective fiction from Latin America because his work is often based on a troublesome interplay between ludic experimentation and professionalized authorial control on the one hand, and, on the other, a somewhat equivocal variation on the stock Latin American theme of 'Civilization versus Barbarism' that came into being with Argentina's Domingo Faustino Sarmiento over a century earlier.[1] For example, Vargas Llosa's 1973 novel, *Pantaleón y las visitadoras* is really a modern reworking of the dichotomy. Here, the capital-based military set up a prostitution service to cater for the unruly instincts of the soldiers who have been raping the local women of a semi-primitive jungle region. The evident simple reading is that it is the institutions of the centre which are actually responsible for the chaos in the interior. However, by setting the army's innocently amusing charge Pantaleón Pantoja against one Brother Francisco and his fanatical religious cult with its gory sacrificial practices, the novel equally suggests that any idealization of the 'primitive' interior is dangerous and that the precarious civilizations of interior towns like, in this case, Iquitos, are actually threatened by the very unamusing vicious barbarism of fanaticism. In fact, a number of Vargas Llosa's novels since the early 1970s appear simultaneously to critique authority while asserting a strong need for order and structure. The attractiveness of the detective model is readily comprehensible in this context. Traditionally, the detective investigates a rupture in the social order (a crime) and, in solving the mystery and bringing the culprit to justice, restores epistemological and societal cohesion. Yet the detective is often a maverick figure or outsider. Even in the reputedly conservative classic model, Agatha Christie's main detectives are a little old lady and an eccentric Belgian. The most cited examples, though, are the hard-boiled heroes of North American detective fiction from Raymond Chandler's Philip Marlowe onwards, with – amongst other variations – female detectives like, say, Sara Paretsky's V. I. Warshawski or black ones like Walter Mosley's Easy Rawlins piquantly reviving the topic of detective-as-outsider in recent years. Nonetheless, these mavericks do not in any sense

---

1 This notion goes back to the anxieties of post-Independence Latin America and is associated with the concerns of the usually city-based *criollo* (Latin American but of Spanish blood) white elites regarding the precariousness of a kind of Europe-fuelled 'civilization' in the face of the imagined real and potential 'barbarism' of an untamed interior American wilderness populated by 'indians', gauchos or other uneducated native or semi-native hordes. The term came to prominence via Sarmiento's seminal 1845 work popularly known as *Facundo: Civilización y Barbarie* and, though later challenged and inverted (as early as 1872 and 1879 José Hernández's two-part epic poem and classic of Argentine literature *Martín Fierro* was presenting 'barbarism' as the result of the misguided policies and values of supposedly 'civilized' central authorities), this conceptual dichotomy has remained a key idea underlying Latin American thought and letters to the present day.

seriously destabilize the values of civilization and order. As Peter Messent points out, 'the private eye [...] may appear to see and act from an individualistic and autonomous perspective, but the detective's agency is in fact subordinated to larger forms of social monitoring and control, and her or his vision is limited by the "private" basis on which he or she operates' (*Criminal Proceedings* 1997: 10). What is more, the trend away from the PI or 'Private Eye' to the police procedural novel reduces individual agency even further and stresses the detective's function as an arm of an overarching system of order and control, to the extent that 'the relationship between the detective's role and the agency of the state is necessarily foregrounded' (Messent, *Criminal Proceedings*: 12). The emphasis is firmly back to order and authority again. But even here the pattern is not so transparent: there are still plenty of mavericks within the system, such as Colin Dexter's Inspector Morse or Ian Rankin's Rebus, while many modern investigators have jobs which are in some ways tangential to the system, like Patricia Cornwell's pathologist Kay Scarpetta or Janet Evanovich's bounty hunter Stephanie Plum, or figures such as the lawyer, journalist, criminal psychologist or profiler. Again, while such characters in many ways test the system, they often operate a kind of modern pseudo-chivalric honour code (e.g. Rebus) or a strict, even absolutist, moral code in which transgression is repeatedly linked to the anxious category of 'evil' (e.g. Scarpetta). The detective novel – despite the degree of formula – revolves, in other words, around a complex interaction of authority and rebellion, control and excess, the fixed and the random, even 'civilzation and barbarism'. In this sense, it – and especially the 'High' take on it – is a potentially ideal vehicle for an exploration of Latin American identities given the dramas of difference or hybridity and the conflicting or interpenetrating values of Civilization and Barbarism, Europe and Latin America, North and South, the indigenous and the Hispanic, the traditional and the modern.

Peru is a particularly interesting case. With its uneven development, its flirtations with dictatorship and democracy, military and civilian rule, a large indigenous and mixed-race population, a classical distinction between the coastal cities and the inner mountain ranges and jungles, and a pattern of internal urban immigration, it embodies many of the tensions noted above. In many ways outside of the cultural mainstream (certainly as far as detective fiction is concerned), it has nevertheless produced in Vargas Llosa one of the continent's greatest living novelists. Despite a sense of cosmopolitanism, his fiction is usually deeply rooted in Peruvian realities. And despite his many admirers, he is equally vilified at home and abroad. Indeed the Peruvian has now taken out Spanish nationality and often lives in London. This tense mix is part of the background, then, to his first real foray into detective writing, *¿Quién mató a Palomino Molero?* The story, set far from Lima, deals with an investigation into the brutal murder of a young mixed-race airman from Piura near the airforce base at Talara. The investigation is led by a Civil Guard Lieutenant Silva, but reported largely – though in the third person – from the perspective of his pseudo-Watsonian assistant Lituma. It eventually transpires that Palomino was having an illicit affair with the upper-class Alicia

Mindreau, daughter of the military airbase commander Colonel Mindreau. The evidence appears to suggest that the hapless lover was murdered by, or on the orders of, Colonel Mindreau with the aid of Alicia's jealous 'official' boyfriend, the airforce Lieutenant Ricardo Dufó. Colonel Mindreau eventually shoots himself and his daughter, leaving a written confession behind. The case seems solved. However, the text is much less certain than the foregoing account suggests and the novel ends with the detectives being punished for digging up too much dirt.

On the surface, there is a link between the ideas of 'detective' or 'police' and the embodiment and restoration of order. The novel eschews Vargas Llosa's earlier tendency to formal fragmentation and the investigation proceeds and is represen- ted in a relatively orderly fashion. Kristal, for example, notes how, in the portrayal of the investigation, Karl Popper's 'doctrine of conjectures and refutations as a means of determining the truth is used as a literary inspiration by Vargas Llosa' (153). By the end it seems that the truth is uncovered and Colonel Mindreau gets his comeuppance. However, all this is far from unproblematic. The positive spin on the Popperian process disguises the fact that Lituma's conjectures (and Silva's for that matter) are repeatedly wrong, often wildly so. Lituma's constant pattern of jumping to the wrong conclusion surely points to the relativity of truth and raises doubts about the validity of the policeman's final conclusions. Indeed the policemen and the police narrative are fairly systematically parodied in the novel. The investigation is constantly set against an atmosphere of extreme rurality or remoteness: an area populated by goats and horses, crabs and insects, of dusty roads and poor facilities, with a sweaty and oppressive climate. The opening sets the tone. The detective's first word is a comically vernacular rendering of some- thing like 'Sons of bitches!': 'Jijunagrandísimas' (5). The exclamation is a reaction to the corpse hung and impaled on a 'viejo algarrobo, en una posición tan absurda que más parecía un espantapájaros o un Ño Carnavalón despatarrado que un cadáver' (5) – a reference rich in rustic and regional reference and language. The boy who discovered the body is a goatherd whose principal concern is his animals wandering off. As the body is too far away to be reached by the Civil Guard's only available transport, horse or bicycle, they have to persuade the town's only taxi- driver to take them and, in their subsequent inquiries, they have to walk or hitch. The pair of detectives are later seen to share a shoddy police station, with a primus stove and paraffin lamps, where the cell walls are so worn and eaten away by rodents that the prisoners only remain in them out of courtesy or sympathy (e.g. 168). Nor is this an especially dynamic duo: the investigation proceeds at a leisurely pace, they frequently stop to go and see cowboy movies at the cinema, and are often seen loafing in bars and eateries. Lituma has little of the toughness or cerebral focus of the conventional detective. Apart from his tendency to mis- read things, he is baffled by his boss's tactics, sometimes terrified, always con- juring up fantasy scenes with his imagination and so gossipy that he is mock- derrogatively feminized: 'ser tan curioso es de mujeres, Lituma' (180). In short he is 'un sentimental de mierda' (10). Of course, as a number of critics have suggested, Lituma can be seen to be playing Dr Watson to Silva's Sherlock Holmes. Certainly,

Silva has an air of authority next to Lituma's bumbling, and the sidekick is in awe of his superior's methods and is regularly reminded by him that he has a lot to learn and needs to think more rigorously. Yet, in some ways, the Watson-Holmes pattern is merely formal, in that Lituma's muddled subjective reactions to events form the basis of the narrative in order to serve as a foil to, and conduit for, the elaboration of the investigative process. Yet Silva is no Holmes. He is not a genius detective and is parodied as much as Lituma. For a start, Silva gets it wrong too (assuming, for example, that Palomino was having an affair with an officer's wife) and the successful outcome of the investigation is largely the result of chance: the encounter with a drunk and disorderly Dufó when they are asked to look into a rumpus at the local brothel; the anonymous note out of the blue that leads them to the place of Palomino's capture; the unexpected visit of Alicia Mindreau; and the suicide note of her father. Silva has little or none of the emotional involvement in the crime displayed by Lituma, but rather than highlighting his ratiocinative powers this may betray a certain indifference: he repeatedly contrasts with Lituma by switching his attention from the crime mystery to more venal pursuits. He is just as hierarchical as some of the implied villains in the piece, talking down to Lituma, reminding him of his lowly rank and enjoying the privileges of his position. There is even a hint of petty corruption and hypocrisy, a further reflection (albeit pale) of the characteristics of the novel's villains: his beer at the whore house is 'por cuenta de la casa, claro está' (53) and he does not pay to go to the open-air cinema, yet he hypocritically tries to intimidate the impoverished Doña Lupe in her Amotape eatery by resisting her waiving of the bill, claiming: 'De ninguna manera, señora, él no era uno de esos policías conchudos y gorreros, él pagaba lo que consumía, estuviera de servicio o no' (104). Of course, the key aspect of parody in the novel is the extended comic subplot involving Silva's obsessive sexual attraction towards the corpulent, matronly, older and married runner of the local eating-place Doña Adriana. Most criticism on the novel has drawn attention to the parallel development of plot and subplot. Silva himself makes the link when he says that his two goals in life are to 'tirarse a esa gorda' and find out who killed Palomino Molero (in that order, it seems!) (74). A structural feature is the surprise references or visits to Adriana by Silva at key points of drama or revelation in the murder case. It is even hinted that Silva's only interest in solving the case is to be rewarded by a night of sexual bliss by the grateful Doña Adriana (27). And as Kenneth M. Taggart has pointed out, the parallel dialogues of the ending link the two again by telling the story of Silva's final encounter with Adriana in counterpoint to her clients' speculations on the reasons for Palomino Molero's murder. Yet given Vargas Llosa's theory of *vasos comunicantes* (in which our understanding of one dialogue or episode is inevitably coloured by its juxtaposition with another), this counterpoint technique suggests that Silva's investigation is as absurd as his ludicrous fetish. In fact, he is deflated even more seriously than Lituma at the end. When he does confront Adriana to demand sex after solving the crime, his macho pride is challenged by her role-reversing sexual taunting of him, with the result that he is unable to perform and withdraws, mumbling about her lack of respect for his status. The parallel *vasos comunicantes* reference to 'mariconerías' (186) mocks the authority and masculinitity of the detective even further. Perhaps the real significance of the *vasos comunicantes* juxtaposition here is that in the end Silva has ended up like the castrated, defeated Palomino Molero himself: humiliated, emasculated, failed.

Yet there is more than a parody of the detectives taking place here. Taggart notes the emasculation but also notes that the juxtaposed dialogues of the end mark the Silva-Adriana subplot as a grotesque parody of Palomino and Alicia's love (152, 157). At the end of a chapter dealing with the theme of true love and how love transcends all barriers, including those of class and race, Lituma expresses his amazement at how Palomino signed up voluntarily for the military just to be close to Alicia. Silva's response is: 'Entonces, no sabes lo que es el amor [...] Yo me metería de avionero, de soldado raso, de cura, de recogedor de basura y hasta comería caca si hiciera falta, para estar cerca de mi gordita, Lituma' (108). The cut to the next chapter, though, shows an absurdly lascivious Silva spying with his binoculars on Doña Adriana bathing in the sea, gasping for a glimpse of her private parts as her wet clothes become transparent. The earthy Silva is nothing like the angelic Palomino and the ageing, chubby Adriana is some distance from the young and svelte Alicia. But if the young couple's idyll mocks the saucy pretensions of the Lieutenant, both 'love' stories clearly relate to issues of power. The poor *cholo* or 'half-breed' Palomino is killed because he transgresses the boundaries of class and race by falling for a well-off white girl from the officer class. Silva tries to assert his masculine power over Adriana by forcing her, only to have the tables turned and be degraded as a macho man. In a sense, both love stories challenge the logic of power or authority conventionally associated with the detective. Silva to some degree embodies masculine authority: a red-blooded male who drinks and smokes, he has a rank and is a head policeman with, from his assistant's viewpoint, an impressively logical investigative mind combined with an unflappable self-confidence. Yet Palomino and Alicia are really rather androgynous figures who destabilize the binary logic with which Silva can be identified. Palomino, with his 'angelic' looks, his bony young body, his gentle nature and his ethereal singing voice that transfixes even the hardest of men, has a definite girlish quality about him. The near breastless Alicia Mindreau, meanwhile, 'con ese cuerpo espigado, filiforme, se la podía tomar por un muchacho' (136). The unfathomable Alicia, with her 'ojos [...] duros y adultos, en esa delicada cara de niña' (138) and her 'vocecita metamorfoseada de nuevo, [...] ese acento travieso y burlón que era lo más simpático, o lo menos antipático, que había en ella' (139), this 'mujer adulta y terrible con cara y cuerpo de niña' (139), is really a manifestation of the dissolution of patriarchal binary logic. Hence the novel's emphasis on looking. Lituma's masculine gaze here has been trying to make sense of the enigma that is Alicia Mindreau. This human embodiment of mystery earlier caught out and ruffled Lieutenant Silva as he voyeuristically spied on Doña Adriana. But the male gaze is not only linked to mastery over women, but also to detection. Lituma's comment to Silva during the spying episode that 'yo no debo tener su buena vista'

(113) is an ironic counterpoint to his admiration for Silva's investigative insight. Messent suggests that 'detective fiction stresses over and over again the authority that comes from close, continual and apparently detached observation' (*Criminal Proceedings*: 6). The very term 'Private Eye' links detection to seeing and knowledge, and, as Messent notes, Rosemary Jackson has established the connection between the seeing eye and the stable self: 'I "see" [...] [is] synonymous with "I understand". Knowledge, comprehension, reason, are established through the power of the *look*, through the "*eye*" and the "*I*" of the human subject' (*Criminal Proceedings*: 5; Jackson: 45). Yet the male look is not to be trusted here. It fails utterly to understand Alicia Mindreau and is impenetrable in the case of Doña Adriana – indeed Lituma replaces the phrase 'buena vista' with 'gran imaginación' during the spying episode as he can see little more than a blurry blob. This, of course, raises the key question: is the mystery ever really solved at all?

The ultimate undermining of the the authority of the detective would be the failure to crack the case. Firstly, their authority is clearly relative in the hierarchy-ridden structures of Peruvian society. The investigation is seriously hampered by Colonel Mindreau, whose influence is greater than theirs. Repeated references to 'peces gordos' suggest that the police pair are just bit players and out of their depth. And their reward at the end of the investigation is to be transferred by their superiors to the back of beyond. But, more fundamentally, do they ever even 'see' the truth, achieve 'knowledge'? The outcome is not as clear cut as it might seem. There is no witness to the killing identified. At what seems a crucial moment of revelation, Doña Lupe offers uncertain information about the men who come to pick up the lovers in Amotape (98, 100). One of the keys to the mystery, Alicia's accusation of incestuous rape by her father, is also problematized. Lituma is plagued by 'la duda' over what she says and cannot decide if she is mad or not (140). Colonel Mindreau's 'confession' meantime has the flavour of a man pro-tecting his daughter. His denial of the accusation of incest and his explanation of her mental problems and 'delusions' may be convincing, as he would have no need to say this since he had already written his suicide note and was about to kill himself. His apparent killing of his daughter remains an unexplained mystery and removes the enigmatic key witness for good. What is more, none of the townsfolk believe the outcome of the investigation and prefer to posit a range of conspiracy theories involving various 'peces gordos'. A small but revealing detail is that of Palomino's guitar. His distraught mother wants the missing guitar back, and it is eventually left anonymously at the police station. Alicia claimed to have had it, but not to be the one to have returned it. Ultimately there is no proof who gave it back or even if it is the guitar of Palomino Molero (146–47). Even the detective himself sheds doubt on the investigative process. At the point of their major breakthrough (the tip-off regarding the couple's visit to Doña Lupe's place in Amotape), Silva comments: 'Nada es fácil, Lituma. Las verdades que parecen más verdades, si les das muchas vueltas, si las miras de cerquita, lo son sólo a medias o dejan de serlo' (107). Insight, knowledge and authority are impossible in a world of radical epistemological doubt.

In undermining authority, the novel could be seen as revisiting the Civilization-*versus*-Barbarism ethic, demonstrating that not only is the real source of chaos, disruption and even barbaric violence not rural primitivism but central authorities (in this case represented by the military), but also questioning the entire structuring of national and continental identities on an imported post-Enlightenment rationalism that had little regard for the complex and inevitably hybrid (non-binary?) nature of the Latin American experience as a whole, and the Peruvian experience in particular. The dichotomy is reinforced in this text by the many references to the physical distinction between the crumbling rural town and the orderly and separate space of the Air Force Base. But there is a third space, too: the even more ordered and more separate world of the International Petroleum Company, a constant reminder not just of neocolonial economic imperialism but also of the foreignness that has been the basis of the Latin American self-conception since so-called 'Independence' and maybe even so-called 'Discovery'. Hence perhaps the motif of paternity in the novel.[2] Colonel Mindreau is the all-powerful male father figure here and a probable echo of the US-backed military dictator General Manuel Odría whose reign of power (1948–1956) is the context for this story. But the figure of authority is undone as is the detective whose authority reflects his. M. Keith Booker has already noted the parallel with one of the earliest detective stories, Sophocles' *Oedipus Rex*, and Wesley J. Weaver III has suggested that Silva's fascination with Doña Adriana is a mother fixation – humiliated by Adriana who scornfully uses the diminutive term 'papacito' to indicate the young civil guard's inability to usurp the role of her husband and father of her children, he parallels Palomino in his unorthodox sexual desire and like him is castrated (albeit figuratively) when his manliness is deflated. Adriana, cook and mother, source of nourishment and origin, staggeringly attractive in a raw and decidedly unWestern way, is, in a sense, and perhaps like the angelically innocent Palomino Molero, the postive face of 'barbarism': the primitive natural beauty of the continental homeland untainted by internalized European or First-World values and a perpetual source of discomfort for the homogenizing ethic of patriarchal institutions and an implicit challenge to the fathering culture of European tradition and North American 'progress'. Though Lituma, in such a reading, may encapsulate positive hybridity (a good mixed-race man who is an investigator yet emotionally fanciful, a policeman yet a subordinate, a tough guy yet feminized), it is hard to imagine Vargas Llosa validating primitivism in any real sense, as the association of primitivism with dangerous fanaticism in novels like *Pantaleón y las visitadoras* and *La guerra del fin del mundo* (1981) suggests. Perhaps there is another type of paternity at work here, and that is literary paternity. The foregrounding of the (autobiographical) author figure as guarantor of order and authority in a world of seeming disorder in *La tía Julia y el escribidor* (1977) reminds us that if the military colonel or the police detective are not in control, then perhaps the author is (Swanson 1995: 58–79).

2   For a useful discussion of paternity and related matters in Vargas Llosa, see Boland 1990. For a discussion of this novel, see also Boland 1988.

The Latin American New Novel has often been associated with the idea of 'the disappearance of the author', yet while Vargas Llosa's early novels generated a sense of autonomous narrative, their underlying Realist drive and their architectural complexity of construction actually drew attention to a powerful, if seemingly hidden, authorial presence. That controlling authorial presence is made explicit in *La tía Julia y el escribidor*. In *¿Quién mató a Palomino Molero?*, a subtly subversive narrative voice may continue the pattern of disruption of authority and certainty, or it may ironically reveal an authoritative authorial presence. As the parody of the detective genre suggests, the novel is written in a highly self-conscious fashion. The regular references to popular or mass culture (particularly films and songs) reinforce the sense of an awareness of the interplay between High and Low. Moreover, the novel may well be an echo of Gabriel García Márquez's *Crónica de una muerte anunciada*, but certainly at least seems to mimic or caricature the tone of the so-called Magical Realism with which the Colombian Nobel Prize winner has been popularly associated. The repeated references to religion and superstition and the angelic associations of Palomino Molero are aspects of this recreation, as is the inclusion of a whole series of odd rural details that go beyond the merely costumbrist. Some concrete examples of the Magical Realist style are: the way the policemen punctuate their investigation with a trip to the outdoor cinema, the reference to the screen's being the north wall of the church and therefore giving the priest the right to censor the films, an obvious echo of García Márquez (54); the arbitrary colourful legend about the avaricious priest behind the name of Amotape (is it true? – 'A lo mejor, sí. A lo mejor, no.' [82]); the classically magical realist literalism of phrases such as, referring to a goat looking through a house's window: 'Una sombra se la llevó, tirando de la soga que la sujetaba' (18). García Márquez's most famous novel *Cien años de soledad* was packed with intertextual references, and Vargas Llosa here plays a similar game. A number of critics have drawn attention to the echoes of *Crónica* and Holmes and Watson, and also to the parallel of Don Quixote, Sancho Panza and Dulcinea with Silva, Lituma and Adriana. Equally noted are the intertextual allusions to the Peruvian author's own work. For example, the temporal setting is Vargas Llosa's favoured one of the Odría dictatorship, the detective duo appear in *Los jefes* (1959) and in *Historia de Mayta* (1984), Lituma is also a character (not always consistently portrayed) from *La casa verde* (1965) and later *Lituma en los Andes* (1993), as well as, along with his chums the 'inconquistables' and Meche and La Chunga, in the play *La Chunga* (1986); the fates of the detectives echo those of Lieutenant Gamboa in *La ciudad y los perros* (1962) and Captain Pantoja in *Pantaleón y las visitadoras*. For Booker, such intertextuality marks the novel as postmodernist in that it allows the reader to play literary detective while complicating the epistemological closure of the detective story; though, peculiarly, the novel is somehow doubly postmodernist in that it appears to go against postmodernist expectations by actually providing narrative closure by solving the mystery (141, 154). The emphasis on epistemological, rather than ontological, uncertainty and the hint of closure may really suggest Vargas Llosa remains more of a Modernist.[3] The author is a distant, manipulative figure here: there is none of the angry Realism of, say, *Conversación en la Catedral* (1969), and, despite the reference to 1954, the military is presented as a timeless, even archetypal phenomenon with little serious contextualization. Behind the pictures of a complex society and, in earlier works, complex narrative structures, there is a strong sense of individuality and authorial control. Just as the revisionism of *Pantaleón y las visitadoras* gives way to a valorization of 'civilized' practice, so too may this novel betray the sense that while other figures of authority may be undermined, the ultimate authority figure of the author who has 'fathered' this novel knows very much what he is doing and is indeed conspicuously displaying that this is a Vargas Llosa creation. Intertextual play may not be about subversion, then, but about mastery.

And so back to the question of the title: who killed Palomino Molero? If the reader is not part of some postmodernist game, then it seems clear that at least Dufó and Mindreau are to all extents and purposes the culprits. Yet the townsfolk at the end will not believe this version and assume there has been a cover-up to protect the 'peces gordos'. They think the policemen have been bought off to hide a conspiracy involving any number of things from espionage to Ecuador to contraband to homosexual scandal. Just before writing this novel, Vargas Llosa himself had a similar experience to its detective protagonists (Kristal 1998: 150–51). In January 1983 eight journalists were brutally murdered in the town of Uchuraccay. A presidential commission, comprised of various renowned Peruvians, including Vargas Llosa, was set up to investigate. The commission concluded that the villagers, who had been living in a state of squalor and terror, killed the journalists when they mistook them for members of the violent guerilla organization *Sendero Luminoso*. Vargas Llosa was viciously attacked in the Peruvian and foreign press and subjected to allegations (unproven, incidentally) that he was part of a cover-up of the murder of the journalists to prevent them from reporting on the activities of government paramilitary forces. Vargas Llosa was to be no stranger to such vilification as he moved from his early socialism to neoliberal conservatism, culminating in his failed and much-criticized candidacy for the 1990 Peruvian presidential election followed by his move to Europe and later assumption of Spanish nationality. In a sense then, *¿Quién mató a Palomino Molero?* can be read as a statement of authorial integrity, an expression of non-populist politics, and as a literary huff over the reaction to the Uchuraccay investigation. Despite the gesture towards hybridity and the critique of authority, the intellectual remains here, like Sarmiento before him, a torchbearer for the values of 'truth' and 'civilization'. Vargas Llosa would argue that his fears have been proved right by the actions of dubious constitutionality by the winner of the 1990 election, the populist Alberto Fujimori (see, for example, Vargas Llosa 1993: 531). Nevertheless, he is a clear demonstration of the difficulty of the liberal intellectual position in Latin America. In narrative terms, too, he shows that he is very much in

---

3 See Smyth's introduction to *Postmodernism and Contemporary Fiction* 1991: 9–15.

charge. The teasing mix of demolishing and affirming the authority implicit in the detective story implies a desire for a fair and plural Peru and Latin American subcontinent, as long, that is, as they are on Vargas Llosa's terms. As far as Latin American identity and the role of the Latin American writer are concerned, the case remains very firmly open.

Works Cited

Boland, Roy, 1988. 'Demonios y lectores: génesis y reescritura de *¿Quién mató a Palomino Molero?*' *Antípodas*, 1: 160–82.

——, 1990. *Mario Vargas Llosa: Oedipus and the 'Papa' State* (Madrid: Voz).

Booker, M. Keith, 1994. *Vargas Llosa among the Postmodernists* (Gainesville: U.P. of Florida).

Criminal Proceedings: The Contemporary American Crime Novel, 1997. Ed. Peter Messent (London and Chicago: Pluto).

Fuentes, Carlos, 1979. *La cabeza de la hidra* (Barcelona: Argos Vergara).

Haycraft, Howard, 1968. *Murder for Pleasure: The Life and Times of the Detective Story* (New York: Biblo and Tannen).

Jackson, Rosemary, 1981. *Fantasy: The Literature of Subversion* (London: Methuen).

Kristal, Efraín, 1998. *Temptation of the Word: The Novels of Mario Vargas Llosa* (Nashville: Vanderbilt U.P.).

Simposio Carlos Fuentes: Actas, n.d. Ed. Isaac Jack Lévy and Juan Loveluck (Columbia: Univ. of South Carolina P.).

Simpson, Amelia S., 1990. *Detective Fiction from Latin America* (London and Toronto: Associated U.P.).

Postmodernism and Contemporary Fiction, 1991. Ed. Edmund J. Smyth (London: Batsford).

Swanson, Philip, 1995. *The New Novel in Latin America: Politics and Popular Culture after the Boom* (Manchester: Manchester U.P.).

Taggart, Kenneth M., 1994. 'La técnica del contrapunto en *¿Quién mató a Palomino Molero?*', in *Mario Vargas Llosa: Opera Omnia*, ed. Ana María Hernández de López (Madrid: Pliegos), pp. 151–58.

Torres, Vicente Francisco, 1982. *El cuento policial mexicano* (Mexico: Diógenes).

Vargas Llosa, Mario, 1986. *¿Quién mató a Palomino Molero?* (Barcelona: Seix Barral).

——, 1993. *El pez en el agua* (Barcelona: Seix Barral).

Weaver III, Wesley J., 1996. 'Una aproximación psicoanalítica a *¿Quién mató a Palomino Molero?*', in *Narrativa hispanoamericana contemporánea: Entre la vanguardia y el posboom*, ed. Ana María Hernández de López (Madrid: Pliegos), pp. 167–78.

Miradas infantiles en la narrativa del Perú

NÚRIA VILANOVA

Universidad Rafael Landivar, Guatemala

Este trabajo está inspirado en las conversaciones que mantuve con Jim Higgins sobre literatura peruana, cuando él dirigía mi tesis de doctorado en Liverpool hace más de diez años. Aparecían en nuestras charlas una y otra vez los narradores infantiles que reiteradamente encontrábamos en la literatura peruana. Siempre pensé que había que explorar más este aspecto tan determinante en obras como *Los ríos profundos*, de Arguedas, *Un mundo para Julius*, de Bryce Echenique, y la obra que me ocupaba en mi trabajo de aquel momento, *Montacerdos*, de Cronwell Jara. Este tema me acompañó siempre en mis estudios sobre el Perú, pero nunca escribí sobre él. Creo que ahora, sin ninguna otra pretensión que seguir conversando con Jim Higgins sobre el tema, es un buen momento para escribir unas páginas sobre estas miradas infantiles que se proyectan desde los sujetos literarios de la narrativa peruana.

Voy a basar mis reflexiones en las tres obras antes mencionadas: *Los ríos profundos* (1958), de José María Arguedas, *Un mundo para Julius* (1971), de Alfredo Bryce Echenique y *Montacerdos* (1981), de Cronwell Jara. Añado a esta selección una obra que me parece un antecedente imprescindible en este sentido: *La casa de cartón* (1928), de Martín Adán. Las cuatro obras están narradas por un niño – niña en el caso de *Montacerdos* –, que mantiene un papel protagónico a lo largo de todo el relato. Los cuatro narran desde la memoria, evocando los años de la infancia. En todos ellos, sin embargo, la memoria del pasado se funde con la mirada del sujeto infantil situada en un tiempo presente y, por lo tanto, hay un desplazamiento del discurso narrativo que se evoca desde la memoria hacia el relato en presente, que plasma la perspectiva de un menor, de manera directa. Así, no será sólo la evocación de la memoria la que construirá la narración, sino que, de manera muy significativa, será principalmente la mirada infantil la que definirá la formulación del discurso. Es decir, la narración se emite desde el lugar de enunciación del sujeto infantil. El efecto inmediato de un discurso elaborado desde la mirada del niño/niña nos aproxima a un mundo sin concesiones, percibido de manera cruda, transparente, desenmascarada e intensa. Estos dos ejes – la memoria y la construcción discursiva desde la infancia y sus efectos narrativos – serán la base sobre la que se desarrollará este ensayo.

Un antecedente imprescindible: *La casa de cartón*

La primera obra del poeta Martín Adán (1907–1985), *La casa de cartón*, está escrita en pleno apogeo del surrealismo y la marca de éste en ella es ineludible. Es un relato lírico, narrado con nostalgia y evocando una infancia que ya llegó a su fin. El hilo conductor de la narración es el propio narrador y la evocación de su infancia en el barrio de Barranco en Lima. La memoria de esta infancia rodeada de malecones y mar se difumina con el presente en que se narra gran parte de la obra:

> Ya ha principiado el invierno en Barranco; raro invierno, lelo y frágil, que parece que va a hendirse en el cielo y dejar asomar una punta de verano. Nieblecita del pequeño invierno, cosa del alma, soplos del mar, garúas de viaje en bote de un muelle a otro, aleteo sonoro de beatas retardadas, opaco rumor de misas, invierno recién entrado [...] Ahora hay que ir al colegio con frío en las manos. El desayuno es una bola caliente en el estómago, y una dureza de silla de comedor en las posaderas, y unas ganas solemnes de no ir al colegio en todo el cuerpo. (Adán: 13)

Esta alusión directa a la vida infantil situada en el presente, en la que el colegio es parte fundamental, le otorga al texto unas cualidades especiales vinculadas a la perspectiva del menor, entre las que sobresale, a la vez, candor y crudeza hacia el mundo que le rodea. Desaparecen desde esta mirada los pretextos, las excusas y las máscaras. Al ser desenmascarado, el universo ficticio plasmado en la narrativa se encrudece y éste aparece de manera más descarnada. Este aspecto lo podemos rastrear en las cuatro obras mencionadas, aunque se desarrolle de manera muy diversa en cada una de ellas, y, sin duda, adquiera una fuerza muy particular en *Montacerdos*, ya que le proporciona al texto una estética nueva, forjada en la miseria y el asco desenmascarados.

En *La casa de cartón*, el narrador se dirige a lo largo de toda la novela a un tú, que es Ramón, su amigo de aquellos años, que, cuando avanza el texto, sabemos que ya ha muerto. Las vivencias de ambos en el barrio, sus aventuras amorosas con Catita y todo un mundo de referencias compartidas constituyen el hilo conductor de una narración cuyo eje central emana del interior del narrador, de sus sensaciones y sentimientos hacia el mundo que le rodea. Como señala James Higgins, con referencia a la obra de Martín Adán, 'la realidad exterior se presenta de manera subjetiva, a través de los ojos del narrador, cuya sensibilidad filtra y transforma el mundo de su alrededor' (1987: 121; mi traducción). Si retomamos la idea de la mirada infantil que proyecta una perspectiva descubierta y sincera, podemos ver que la idea de Higgins se vincula a este argumento, ya que definitivamente el mundo evocado es transformado desde el interior de esta perspectiva.

La casa de cartón, con estas características anunciadas, inaugura en la narrativa peruana la inclusión de este sujeto infantil que a través de su mirada caracterizará, de manera determinante, una parte muy significativa de esta narrativa.

Ernesto y Julius: las miradas heterogéneas

Ernesto, junto a Julius, serán dos personajes esenciales en la literatura peruana. Ambos, cada uno en su contexto y desde su ámbito socio-cultural, plasman, más allá de sí mismos, una colectividad. Es decir, en ambos se encarna una visión del mundo que corresponde a sectores tan significativos de la sociedad peruana, como son el andino y la oligarquía limeña criolla. No quisiera caer involuntaria-mente en categorías monolíticas al establecer este contrapunto. Sin duda, habría que matizar qué se entiende por andino y por criollo, ya que no se trata de con-ceptos universalmente percibidos y exentos de la dinámica socio-económica y cultural que los resemantiza constantemente. Sin embargo, lo que quería apuntar aquí es que dos novelas tan vinculadas a la heterogeneidad social y cultural del Perú, como son *Los ríos profundos* y *Un mundo para Julius*, están protagonizadas por dos niños – Ernesto y Julios – que, definitivamente, a través de su mirada infantil, consiguen potenciar la fuerza narrativa de estos textos, trascendiendo la pers-pectiva individual para plasmar una colectividad. Este paso entre lo individual y lo colectivo se efectúa, precisamente, por las características propias de una pers-pectiva que testimonia el mundo que le rodea de manera transparente e ingenua. La ingenuidad es la que contribuye, en gran medida, a que caigan las máscaras con las que generalmente se representa la realidad.

Ernesto

La novela *Los ríos profundos*, así como su protagonista y narrador, Ernesto, tienen un claro antecedente en los relatos escritos y compilados por Arguedas, bajo el título de *Agua* (1935). El personaje narrador de esta obra se llama también Ernesto y es, claramente, el precursor del protagonista de *Los ríos profundos*. Ambos se encuen-tran en la misma situación familiar y ven el mundo a través de la misma mirada. El desarrollo total del personaje de *Agua* se consolida con la novela en la que Arguedas penetra de manera más lírica y armoniosa en el universo andino, *Los ríos profundos*, novela que está marcada de principio a fin por la memoria. Como ha señalado Antonio Cornejo Polar:

> Aunque estrechamente relacionadas entre sí, como se ha insinuado, cabría discernir una memoria de Ernesto como narrador y otra de Ernesto como protagonista. La estructura general de *Los ríos profundos* deviene de la primera memoria: el narrador conforma la totalidad del universo novelesco sobre la base del recuerdo que le permite volver a situar en el presente sucesos, objetos y personas del pasado. Es lo propio de toda tarea evocadora. De aquí se desprende el sistema de selección de materiales representables novelescamente, sistema que enfatiza ciertos aspectos de la realidad y olvida o diluye otros. La memoria funciona, así, como un filtro selectivo. (1997: 92)

En esta doble memoria que plantea Cornejo Polar estarían, a mi manera de ver, los dos ejes narrativos planteados al principio: la evocación de la infancia desde la memoria y un presente del niño, que lo hace mirar con la mirada todavía infantil. De tal manera que la memoria del narrador es la que evoca el mundo andino desde la infancia vivida, mientras que la del protagonista es la que constantemente resitúa a Ernesto en el presente de su infancia.

Es la mirada de este niño de catorce años que relata su vivencia desde el interior de ella misma la que proporciona a la novela una perspectiva mediante la cual puede emitir los aspectos más relevantes del mundo evocado. En este sentido, la ternura y el amor del mundo quechua, que con fuerza son plasmados a lo largo de toda la novela, emergen de esta mirada infantil. Es decir, la mirada infantil es uno de los elementos que con más fuerza provee el texto con el sentimiento que el texto transmite en su visión del mundo andino y de los quechuas.[1]

La infancia de Ernesto está estrechamente vinculada a los quechuas con quienes él vivió y a través de quienes aprendió a amar intensamente el mundo andino, al que él, aunque de familia blanca, también pertenece. Si la infancia del narrador está tan estrechamente ligada al desarrollo de la novela, la mirada que se proyecta desde el personaje-niño para narrar este mundo andino con tanta ternura y amor, pero también con inmenso dolor, es esencial para la formulación estética y discursiva de la narración. Hay muchos elementos que construyen *Los ríos profundos*, entre ellos, como se comentaba antes con referencia a los trabajos de Rowe, la música es esencial, así como la simbología quechua-andina. Es innegable que también la mirada del niño Ernesto juega un papel fundamental:

> Los hacendados de los pueblos pequeños contribuyen con grandes vasijas de chicha y pailas de picantes para las faenas comunales. En las fiestas salen a las calles y a las plazas, a cantar *huaynos*, en coro y a bailar. Caminan de diario, con polainas viejas, vestidos de diablo fuerte o casinete, y una bufanda de vicuña o de alpaca en el cuello. Montan en caballos de paso, llevan espuelas de bronce y, siempre, sobre la montura, un pellón de cuero de oveja. Vigilan a los indios cara a cara, y cuando quieren más de lo que comúnmente se cree que es lo justo, les rajan el rostro o los llevan a puntapiés hasta la cárcel, ellos mismos. (Arguedas 1985: 45)

Descripciones como ésta están estrechamente vinculadas a la mirada que se proyecta sobre ella, y que resalta de manera especial las sensaciones y los sentimientos percibidos.

Julius

Si hay una novela paradigmática de la oligarquía latinoamericana ésta es *Un mundo para Julius*. En ella se plasma el mundo de clase alta limeña que habita una ciudad diseñada desde su imaginario europeo. En una burbuja de lujo y bienestar material transcurre la vida de la familia de Julius, entre reuniones familiares, el Club de Golf e infinitos viajes al exterior, que este niño de once años va relatando a lo largo de la novela desde su vivencia infantil. Si en *Los ríos profundos* había un narrador, Ernesto, que tomaba la voz del relato en el texto, en *Un mundo para Julius* esta voz cambia constantemente de un personaje a otro, pasando, en muchas

---

1 En este sentido otro elemento esencial para captar la fuerza del amor asociado al mundo andino es la música, como ha estudiado William Rowe 1996.

ocasiones, por un narrador que está presente de principio a fin, pero que nunca queda claramente definido. Lo importante, sin embargo, es que a pesar de estas voces múltiples que, sin duda, forman un concierto polifónico que resulta en uno de los grandes aciertos de la novela, en toda la obra subyace, de manera magistral, la mirada de Julius, sus percepciones y sentimientos. La visión infantil de Julius sobre el mundo que lo rodea convierte al personaje en un ser entrañable y conmovedor y, a su vez, le da a la novela su mayor fuerza e intensidad.

Desde el principio mismo de la novela, se aprecia cómo la narración está impregnada de la infancia de Julius, incluso cuando no es el niño el que relata:

> Julius nació en un palacio de la avenida Salaverry, frente al antiguo hipódromo de San Felipe; un palacio con cocheras, jardines, piscina, pequeño huerto donde a los dos años se perdía y lo encontraban siempre parado de espaldas, mirando, por ejemplo, una flor; con departamentos para la servidumbre, como un lunar de carne en el rostro más bello, hasta una carroza que usó tu bisabuelo, Julius, cuando era Presidente de la República, ¡cuidado!, no la toques, está llena de telarañas, y él, de espaldas a su mamá, que era linda, tratando de alcanzar la manija de la puerta. La carroza y la sección de la servidumbre ejercieron siempre una extraordinaria fascinación sobre Julius, la fascinación de 'no lo toques, amor; por ahí no se va, darling'. Ya entonces, su padre había muerto. (Bryce Echenique 1979: 9)

Desde la mirada infantil, el mundo circundante es plasmado a través de sentimientos, sensaciones y percepciones que no se trasladan a un plano de razonamiento crítico y valorativo. Es decir, no hay en la novela juicios de valor sobre las actitudes falsas, las injusticias y la hipocresía presentes en el mundo evocado, lo que hay es una mirada que lo desenmascara y lo presenta con la ingenuidad y la intensidad de la visión infantil, a través de la cual el cuestionamiento y la crítica no son nunca articulados. Es por ello, precisamente, que la denuncia toma todavía más fuerza desde la visión del lector y éste será el que la articule. Algo muy similar ocurre en *Montacerdos*, aunque el universo ficcionalizado sea un mundo completamente distinto a éste. El mundo de las barriadas marginales de la periferia limeña y la vida de subsistencia de los migrantes llegados de todo el país está exento, como en *Julius*, de juicios, de opinión, de valoración, y por lo tanto, a través de la niña que lo narra se muestra todavía más descarnado.

Llevando este argumento más lejos, y como señala David Wood:

> El hecho de que las voces más importantes de la narrativa sean las de un niño y de los miembros de la servidumbre no sólo cuestiona la autoridad de la oligarquía que aparentemente está al centro de la narración sino que logra recrear de manera mucho más convincente las complejas relaciones sociales de Lima. (2003: 339)

Es decir, ya de por sí la voz de Julius, que se erige por encima de las otras, y que está tan estrechamente ligada a la de su niñera y la servidumbre de su casa, con quien pasa largas horas de su infancia, pone en tela de juicio los demás personajes, que, por otro lado, son centrales en cuanto están siendo permanentemente observados y evocados.

La vida de Julius transcurre en medio del abandono. Muere su padre; la familia se muda a una casa nueva, moderna y funcional, dejando el palacio de Salaverry, donde él había nacido; muere su hermana; despiden a su niñera; y, de manera constante, le persigue la sensación de vacío en la que lo sumen las permanentes idas y venidas de Susan, su madre, que está siempre ocupada y distraída en sus asuntos. Si volvemos al punto mencionado antes de que las voces de Ernesto y Julius – y veremos que también la de Maruja en *Montacerdos* – son voces colectivas porque son en gran medida testimoniales, podemos pensar que este abandono al que está expuesto Julius a lo largo de toda su infancia, es también el aislamiento al que se ha visto sumergida gran parte de la sociedad peruana, cuyas clases dirigentes, económicamente hablando, han sido incapaces de alentar un proyecto de desarrollo integral y sostenible. De la servidumbre de la casa de Julius, como de la de los quechuas con los que creció Ernesto, emana el amor del que se nutrirán ambos niños. De manera que, al ser la mirada de los niños la que define el mundo circundante de ambos, los sujetos socialmente subalternos se erigen como los estandartes de una vida más noble y auténtica y, de esta manera, de nuevo, la hegemonía – los terratenientes de los Andes y la oligarquía limeña – son otra vez cuestionados.

A pesar de la nostalgia que impregna *Un mundo para Julius*, la novela está muy acertadamente balanceada por la ironía que marca, en gran parte, su ritmo narrativo. La mirada triste de Julius es revertida por la jocosidad de la narración. Uno de los momentos brillantes en este sentido son las descripciones del colegio de Julius y sus hermanos:

> Jadeante, la Zanahoria había ocupado su lugar en alto, junto a las demás monjitas. Acababa de dejar todas las clases del colegio perfectamente alineadas, en fila de a dos y por orden de talla, ahora iban a cantar el Himno Nacional del Perú y el del colegio. La monjita del piano alzó el brazo para dar la señal, todavía no la había bajado, cuando el gordo Martinto soltó un *¡Somos libres!* desentonadísimo y la Zanahoria corrió furiosa a llenarlo de pellizcotes. No pudo, felizmente, porque la Madre Superiora decidió que era el primer día de colegio y que había que tomarlo en broma, ya que irían practicando y van a ver cómo dentro de unos días cantamos el himno de este país como es debido, también el himno del colegio y el de mi país que es muy lindo y muy grandazo y que algún día ustedes podrán visitar porque aquí les enseñaremos el mejor inglés y ustedes podrán tomar un avión y volar rrrrrrrr, y aterrizar rrrrrrrrrrrr en los *United States*, y cuando extrañen su país, que también es lindo, se toman otro avión y rrrrrrrrrrrr se vienen volando a Lima. ¿qué les parece? Y todos síiiiiiiiiii y risas y la Zanahoria ya había regresado junto a las demás monjitas y algunos del kindergarten se habían asustado con tanto rrrrrrrrrr y Mary Trinity bajó corriendo para ser buenísima con los chiquitos que lloraban y la monjita del piano alzó y bajo el brazo rapidísimo para que Martinto no se equivocara de nuevo y todos cantaron el himno del Perú y el del Inmaculado Corazón. (360)

Estas voces que se solapan y le dan vitalidad a la escena, proyectándola con toda su fuerza oral y visual, plasman la vida escolar en el colegio americano de Julius. La ironía pone de relieve lo ridículo de la situación, con la monja emitiendo sonidos onomatopéyicos para representar un avión, mientras los más pequeños se asustan y los mayores tienen dificultades para entonar el himno nacional. De esta manera, a través de la irrupción de las voces y la mirada constante de Julius, la escena cobra una fuerza especial, que se mueve entre la nostalgia, el pudor y el ridículo.

Un mundo para Julius significa la consolidación del sujeto infantil, narrador y personaje, cuya mirada reformula la estética y el discurso narrativos.

Maruja desde los márgenes

En 1981, *Montacerdos* irrumpe en el panorama literario peruano como la voz del Perú emergente, conformado a partir del desplazamiento real y simbólico de miles de migrantes de las zonas rurales a las ciudades, de manera muy particular a Lima. Diversos críticos y estudiosos de la cultura y la literatura vieron en Cronwell Jara y en su obra la encarnación de una narrativa escrita desde el interior de este mundo.[2] La inmigración urbana proveniente del campo había ido en aumento desde la década de los años treinta y había tenido su auge a partir de los cincuenta, con el gobierno del General Odría (1948–56), más tarde con Velasco Alvarado (1968–1975) y, ya de manera continua, en la década de los ochenta y principios de los noventa, con la profunda crisis económica en la que se sumerge el país y la amenaza constante de la guerra entre Sendero Luminoso y el Ejército peruano (desde 1980 hasta mediados de los años noventa aproximadamente). Una obra como *Montacerdos* abría un nuevo espacio de ubicación de un sujeto literario que narraba desde un nuevo *locus*. Es decir, el proceso de cambio social y cultural que se abría a partir de fenómenos como la migración tenía un fuerte impacto en la producción literaria de aquel momento, forjando el surgimiento de un nuevo sujeto literario. Estos cambios se entretejían con las reformas que desde los años sesenta se habían dado en el sistema educativo, con el liderazgo de las organizaciones de base en la articulación de las demandas populares ante un estado paulatinamente más débil, en particular, el importante papel de las mujeres en las redes de subsistencia urbana y con la creciente evolución de un sistema paralelo al oficial, en la vida económica del país, pero que afectaba directamente otros ámbitos sociales, culturales y políticos. De manera que, así como en los años cincuenta, la transformación de la ciudad de Lima, bajo el efecto de las masivas olas de migración, es plasmada en la narrativa de Julio Ramón Ribeyro, Enrique Congrains y Sebastián Salazar Bondy, entre otros, tres décadas más tarde un nuevo sujeto literario narrará desde el interior de este mundo de subsistencia marginal la vida que los narradores de los cincuenta quisieron reflejar, desde su distancia social y cultural, en cuentos como 'Los gallinazos sin plumas' (Ribeyro 1954) o 'Al pie del acantilado' (Ribeyro 1959) o 'El niño de junto al cielo' (Congrains 1954). Es, en este sentido, que *Montacerdos* ocupa un lugar tan especial en la literatura peruana. Fue, en su momento, la encarnación ficticia de unos márgenes que no habían tenido todavía una voz que se ubicara en el centro de la hegemonía literaria del Perú, es decir en la narrativa urbana (limeña).

Maruja es la niña que narra *Montacerdos*. Es la hermana de Yococo, el personaje central del relato, cuya existencia transcurre montado encima de su cerdo, Celedonio, de donde le viene el apodo de Montacerdos, y la hija de Mamá Griselda,

---

2 Véase Cornejo Polar 1997; Díaz Caballero: 119; Higgins 1998; Vilanova 1999a, 1999b.

una mujer muy pobre que de manera nómada recorre la ciudad en busca de un lugar donde asentarse con sus dos hijos. Toda la narración está relatada desde la voz y la mirada de la niña, aunque en ella se intercalen en algún momento otras voces. La miseria y la pobreza están percibidas desde el interior del mundo relatado, a partir de la mirada infantil de Maruja:

> Íbamos entonces mamá Griselda y yo por los basurales confundiéndonos pronto en un bosque de revoltijos pestilentes, en un mar de ratas envenenadas y gatos agusanándose por todo lugar. Y nos poníamos a escarbar compitiendo y peleando con perros vagabundos, gallinazos destartalados y las muchas garras de mendigos hambrientos, en donde gusano, gallinazo, perro y gente, valíamos la misma nada. En donde la vida no valía nada. El calor hediondo del fondo de la basura nos ahogaba, mareándonos con su tufo de pestilencia, taladrándonos el cerebro, haciéndonos ver pesadillas y murciélagos entre las galerías de los pulmones. Y eran murciélagos de peste, que revoloteaban, se hundían por los tuétanos y chillaban desesperados y tristes en nosotros dentro, en ese oscuro donde cae, cae en goterones la pena. Pero seguíamos. Buscábamos fierros y vidrios que juntábamos en cajones y latas para venderlos al señor del triciclo que nos compraba esas cosas. (Jara 1981: 23)

De esta manera, el basural es descrito desde los sentidos que perciben las sensaciones experimentadas por la niña en él. Éste es, precisamente, el gran vuelco que da esta narrativa, si la comparamos con obras anteriores que abordan la misma temática, como el cuento de Ribeyro 'Los gallinazos sin plumas'. Un gran relato que, sin embargo, trata estos temas todavía desde otro ángulo, desde la distancia física y social, que ve el basural desde lejos, como algo relatado, pero no vivido.

Siguiendo el hilo del argumento mencionado antes sobre la crudeza del relato y la omisión valorativa de los hechos, aquí, de manera muy clara, la mirada de la niña, como la de Julius en su mundo, relata desde su visión, sus sentimientos y sus sensaciones. De esta manera, y de manera similar, desaparecen los juicios de valor sobre lo que está siendo relatado y también, muy significativamente, cualquier paternalismo hacia los hechos y los personajes.

Por último, quisiera resaltar que la mirada de Maruja engrandece las cosas de su alrededor, de la misma manera que el tamaño de algo concreto es mucho más grande desde los ojos de un niño, que de un adulto. El efecto de mirar de abajo hacia arriba y de esta manera engrandecer la visión es que el mundo que se plasma aparece como distorsionado y, precisamente, en esta distorsión se encuentra su sentido más profundo. La llaga que Yococo tiene en la cabeza o los caballos que llegan con la policía montada encima a desalojar a la familia de Maruja por ocupar ilegalmente una pequeña chacra, son vistos de manera desproporcionada para los ojos de un adulto, pero, justamente, en la falta de proporción adulta, se intensifica el horror y la miseria relatados.[3]

---

3 Este es un rasgo muy sobresaliente en la novela *Patíbulo para un caballo* (Jara 1989), que Jara publicará unos años más tarde y que, de alguna manera, supone una continuación de *Montacerdos*, con los mismos personajes y una experiencia similar, aunque ahora el relato se centrará en la vida de una barriada que debe ser desalojada por orden gubernamental y entre cuyos habitantes está la familia de Maruja. *Patíbulo para un caballo*, por otro lado, es una novela irregular que no tuvo la acogida de la que gozó *Montacerdos*.

La intensidad narrada: una conclusión

En todas las novelas comentadas, la mirada infantil proporciona unas características narrativas en obras que, por otro lado, son muy diversas. El desenmascaramiento del mundo evocado, proyectado con ingenuidad, pero también con crudeza; un relato sensorial y sentimental más que racional y juicioso, son algunos de los rasgos que, en mayor o menos medida, se denotan en *Los ríos profundos*, *Un mundo para Julius*, *Montacerdos* y, de alguna manera, también en *La casa de cartón*. El resultado narrativo de esta visión desde y a través de la infancia es un despojo de juicios valorativos que revierte en una lectura cuestionadora y crítica. También, y de manera sobresaliente en *Montacerdos*, la mirada infantil engrandece el mundo circundante, al hacerlo, hasta cierto punto lo distorsiona, si lo comparamos con una perspectiva adulta. En esta distorsión, precisamente, radica la intensificación de los hechos y personajes relatados y, por ende, el impacto de la lectura es más potente y por lo tanto más cercano al horror de lo relatado.

Un análisis más profundo de este tema revelaría muchos otros aspectos derivados de este juego narrativo que supone la inserción de una perspectiva infantil que predomina en el relato. Sin embargo, y a pesar de los límites claros de este trabajo, creo que se puede concluir que la mirada infantil tanto desde la memoria, como desde el presente de los niños personajes, aporta innovaciones significativas en el discurso y la estética narrativas, como las descritas en este ensayo.

Obras citadas

Adán, Martín, [s.f.]. *La casa de cartón* (Lima: Editorial Nuevos Rumbos).

Arguedas, José María, 1985. *Los ríos profundos* (Barcelona: Planeta-Agostini).

Bryce Echenique, Alfredo, 1979. *Un mundo para Julius* (Barcelona: Laia).

Cornejo Polar, Antonio, 1997. *Los universos narrativos de José María Arguedas*, 2ª ed. (Lima: Horizonte).

Díaz Caballero, Jesús, 1981. 'Montacerdos (Cronwell Jara)', *Lluvia*, 8–9.

Higgins, James, 1987. *A History of Peruvian Literature* (Liverpool: Francis Cairns).

——, 1998. 'Mitos de los sectores emergentes en la narrativa peruana actual' , en *Literatura peruana: crisis y creación*, ed. Karl Kohut *et al* (Frankfurt: Vervuert/Madrid: Iberoamericana), págs. 99–105.

Jara, Cronwell, 1981. *Montacerdos* (Lima: Lluvia Editores).

——, 1989. *Patíbulo para un caballo* (Lima: Mosca Azul).

Rowe, William, 1996. *Ensayos arguedianos* (Lima: Centro de Producción Editorial de la Univ. Nacional Mayor de San Marcos/SUR Casa de estudios del socialismo).

Vilanova, Núria, 1999a. 'The Emerging Literature of the Peruvian Underclass', *Bulletin of Latin American Research*, 17.1: 1–15.

——, 1999b. *Social Change and Literature in Peru 1970–1990* (Lampeter: The Edwin Mellen P.).

Wood, David, 2000. *The Fictions of Alfredo Bryce Echenique* (Londres: King´s College London Hispanic Series).

——, 2003. 'Literatura y cultura popular en el Perú contemporáneo', en *Heterogeneidad y literatura en el Perú*, ed. James Higgins (Lima: Centro de Estudios Literarios Antonio Cornejo Polar), págs.

Representations of Peru in the Twentieth Century: Imagining the Nation

DAVID WOOD

University of Sheffield

෴

Peru's Conquest by Spain in the sixteenth century marked the beginning of a rigidly hierarchical social structure that was based around ethnicity. Independence from the colonial power three centuries later did little to change distinctions between whites, Indians and blacks, despite the presence of large *mestizo* and mulatto populations, and it was only in the twentieth century that the relative positioning of these sectors in the country's social hierarchy began to be questioned. This period coincides with the emergence of what might be considered a genuinely national discourse, which first gained official support under the populist regime of President Leguía in the 1920s. The decades of the 1920s and 1930s saw the birth of mass-based political parties and important developments in the areas of the mass media and literature, which gave a new presence to subordinate sectors of society (press and radio commentaries on football matches and the *indigenista* movement in literature). The second key period in granting a national profile to the indigenous and black populations came in the decades of the 1960s and 1970s, when the rapid expansion of secondary and tertiary education gave increased access to (self-)representation by these groups. Against this background, this article seeks to examine the manner in which the ethnically subordinate sectors of Peruvian society (primarily the Indians and blacks) have been represented in literature and the visual arts (cinema, art and photography), both by white authors and, latterly, by themselves in the process of the creation of a national cultural discourse.

The arrival of the Spanish conquistadors in South America in 1532, and the capture and subsequent execution of the Inca leader Atahuallpa, paved the way for the founding of the Viceroyalty of Peru, which originally encompassed all of the Spanish territories south of Panama. The political, economic and religious authorities of the Viceroyalty were all Spaniards, and the area was governed by Spanish law, while in the cultural sphere the arrival of the written word and other European artistic conventions signified the beginnings of a hierarchy that has maintained a largely unchallenged primacy to the present day.

Independence from Spain in 1821 brought little change to economic and administrative structures, or to distinctions between whites, Indians and blacks, despite the presence of large *mestizo* and mulatto populations, but this period was crucial to the founding of the nation state we know as Peru today and to the emergence of people who defined themselves as Peruvians. Huaman Poma's *Nueva crónica de buen gobierno*, completed in 1615 in an attempt to present an alternative vision of Inca society and of the Conquest, refers to conquerors and conquered as 'españoles' and 'indios' respectively, reflecting the rupture and divisions in early Colonial society, while one of the most famous works of nineteenth-century Peruvian literature is Ricardo Palma's *Tradiciones peruanas* (published from 1872), a series of *costumbrista* articles that sought to represent the nation's habits and practices. It is clear from these examples that significant changes of perception and nomenclature took place between Conquest society, Colonial society and independent Republic and one of the ways in which this shift can be charted is via the appropriation of the printed word by local educated classes, most readily appreciated in the press of the time. The first news sheets published in Peru appeared in the seventeenth century and were reimpressions of Spanish newsletters, which carried news of Europe, especially Madrid, and had no pretensions to represent Peru, which existed only as a Spanish colony. The weight of the viceregal capital continues to be apparent in subsequent publications, such as the *Diario de Lima* (1790) and the *Mercurio peruano de historia, literatura y noticias públicas que da a luz la Sociedad Académica de Amantes de Lima* (1791), in which Lima and Peru appear to some degree to be synonymous. The period of debate that preceded Independence saw the birth of *El Peruano* (1811), which was censored by the Spanish authorities and quickly shut down, only to be replaced in 1812 by *El Satélite del Peruano*, also shut down by the Viceroy, who oversaw the publication of *El verdadero peruano* in the same year. The concept of Peruvian is clearly gaining currency, although its meaning is markedly different for royalists and republicans, and in the immediate aftermath of the battles for Independence Simón Bolívar founded *El Peruano* (1826) as the official organ for the dissemination of state information, a role which it has kept to the present day (Gargurevich 1991: 35–56). These observations coincide with one of the key points made by Benedict Anderson in his influential work *Imagined Communities*, namely that the printed word played a crucial role in the configuration of nations. Anderson refers in some detail to the Peruvian case, and quotes the 1821 decree made by the liberating general José de San Martín, who stated that '"in the future the aborigenes shall not be called Indians or natives; they are children and citizens of Peru and they shall be known as Peruvians". This sentence abolished the old time-dishonoured naming and inaugurated a completely new epoch. "Peruvians" thus mark rhetorically a profound rupture with the existing world' (Anderson 1983: 193).

However, despite political Independence and the founding of a constitutional Republic with national boundaries that were more or less clearly defined and a flag that symbolised a union of the country's natural riches with the struggle for Independence, nineteenth-century Peru was typified by political instability, regional rivalries and deep-rooted social and cultural divisions. In his study of Peruvian art, poetry and identity Luis Rebaza suggests that the concept of Peruvian identity changed little for the leaders of the new Republic when he states that 'la idea de nación con que se opera a inicios de la República tiene un sentido de pluralidad y corresponde todavía al concepto de "castas" sustenado en un jerarquía racial y cultural donde lo blanco europeo es superior a lo americano nativo' (Rebaza 2000: 33). Indeed, it was to take another war to bring about a sense of greater national unity and a change in the conception of what it meant to be Peruvian.

The War of the Pacific, fought – and lost – in alliance with Bolivia against Chile for control of rich nitrate fields on the desert coast between 1879–1883, marked a crisis in the notion of the country's white oligarchy as protectors of the nation and the first serious questioning of the national identity. The clearest and most celebrated expression of an alternative Peru was made in 1888 by Manuel González Prada, a leading intellectual and political figure, who affirmed that 'no forman el verdadero Perú las agrupaciones de criollos y extranjeros que habitan en la franja de tierra situada entre el Pacífico y los Andes; la nación está formada por las muchedumbres de indios diseminados en la banda oriental de la cordillera' (González Prada 1976: 45–46). It is worth noting that González Prada resorts to the use of the term 'Indian', a term invalidated by San Martín, to mark a new rupture, this time with the sense of Peruvian as synonymous with the creole and the coastal. It is also important to point out that the latter decades of the nineteenth century saw the development of a railway network from Lima and other coastal cities to mining centres in the Andes, and the establishment of a telegraph network that by the time of the War of the Pacific had more than 2000 km of cable linking Lima with provincial capitals (Gargurevich 1991: 83). All of the technical-cultural developments described here made it increasingly possible to imagine a national community that extended well beyond the city walls of Lima to incorporate sectors of the national population that had previously been excluded from such concepts.

The shift of focus towards the country's indigenous majority as an integral component of national identity called for by González Prada found full expression in the *indigenista* movement that came to prominence in the first decades of the twentieth century, seeking to promote the value and values of the indigenous population via politics and various cultural forms, notably literature and art. Many of Peru's leading political thinkers and cultural producers of the 1920s and 1930s, such as José Carlos Mariátegui, José María Arguedas and José Sabogal, were heavily involved in the *indigenista* movement, although the great majority of them (Arguedas is in some ways an exception) were members of the white upper-middle class, and cultural production with a national profile was overwhelmingly on behalf of the indigenous masses rather than by them. This much may be appreciated by the physical representations of indigenous protagonists of works of the time, which arguably continue to be marked by the prejudices of the dominant oligarchy, despite the good intentions of the authors. It is to be expected in Ciro

Alegría's *El mundo es ancho y ajeno* that officers of the Armed Forces refer to the Indians as 'brutes' and 'beasts', but the narrator's portrayal of the same Indians is similarly animalistic as he attempts to portray a harmonious existence with nature. In the opening lines of the novel the protagonist's ethnicity is revealed largely in terms of his name and his clothing: 'Rosendo Maqui [...] guardó el machete en la vaina de cuero sujeto a un delgado cincho que negreaba sobre la coloreada faja de lana' (21), but, as he pursues a snake, references to his poncho and ojotas are supplemented by the description of him 'husmeando el aire con un aire de can inquieto' (21), and a few lines further on his eyes are 'de animal en acecho, brillantes de fiereza y deseo' (21). Much later in the novel, when Demetrio Sumallacta is befriended by a group of indigenist artists (a writer, a painter and a folkorist), the artist justifies his decision to paint Sumallacta because he has 'una cara fea, pero que tiene mucho carácter. Esos ojos están llenos de pasión y esa boca, tan dramática, no necesita hablar para decirnos la tragedia' (393–94). The portrayal of the three artists may be somewhat burlesque (they are referred to as 'three dandies'), but their positive attitude towards the indigenous population and their commitment to address social injustice through their art indicates that they are not to be seen in an entirely derisory light, and while their depictions of the indigenous population have something of the quality of caricature they are not so far removed from those of the narrator.

In the context of the present study, also of particular interest is the relation between the indigenous peasantry and the idea of the nation, particularly apparent when a decisive battle of the War of the Pacific against Chile is fought at Huamachuco, an Andean town in their region. The narrator tells us that:

> Rosendo Maqui había logrado ver años atrás, en una mañana clara, semiperdido en el horizonte, un nevado que le dijeron ser el Huaillillas. Por ahí estaba Huamachuco. Lejos, lejos. Los comuneros creyeron que Chile era un general hasta la llegada de los malditos azules. El jefe de estos oyó un día que hablaban del general Chile y entonces regañó: 'Sepan, ignorantes, que Chile es un país y los de allá son los chilenos, así como el Perú es otro país y nosotros somos los peruanos. ¡Ah, indios bestias!'. (35)

The indigenous peasants are shown then to be completely unarticulated to Peru: not only is the western concept of nationhood entirely alien to them, but the geographic reality in which they live is determined not by distant battlegrounds, but by mountains and other physical features. Their detachment from the nation is seen to be not only understandable, but even desirable, given the fate that befalls the community when national institutions are visited upon them: laws, manipulated by the oligarchy to evict the peasants from their homelands, are described as a plague and when the army comes to their community, young women are raped, precious local foodstuffs are commandeered and the strongest young men are conscripted. The immediate task of the conscripts is to look after the officers' horses, and when Maqui tries to intervene he is told: 'Fuera de aquí, indio bruto, antes de que te mate por antipatriota. Ellos están sirviendo a la patria' (36). The country, then, is clearly seen to be synonymous with the interests and comforts of the ruling classes, who are to all intents and purposes an occupying army as alien as the Chileans who sparked a crisis of national identity that led precisely to calls for greater integration of the Andean masses.

Following an intense period of mass migration from the Andes to coastal cities from the 1960s, and a simultaneous drive for greater access to education, the 1980s saw another period of brutal violence that was to mark another point of rupture and give rise to new representations of the nation and its inhabitants. Published in 1989, Cronwell Jara's novel *Patíbulo para un caballo* responds to the violence of the virtual civil war between the maoist insurgents of Sendero Luminoso and the Armed Forces by locating the struggle to found a shanty town on the outskirts of Lima in the early 1950s, when the migrants faced the brutality of the civil guard. Jara is a first generation migrant to Lima, and grew up himself in a shantytown; his novel then represents not only the incorporation of provincial migrants into the nation, but also an important example of self-representation of these groups, whose experiences and cultural practices are thus portrayed from within. One of several points of interest in this novel is the leading role of the community's women in organising self-help groups and communal activities, for in general terms the female half of the population had not been afforded an active role in the literary creation of the nation to this point. When the women face up to the guards, the captain's denunciation of them as 'puro putas y hampones', they reply that they are 'Peruanas, caballero. Decentes' (52). The constant struggle to break out of the confines of the shantytown and claim for themselves a place within the nation reaches a climax when the guards try to take the town by force before they are recalled to the barracks following a change of regime. In a highly symbolic scene one of the male characters takes a flagpole that carries the Peruvian flag to knock the captain of the guards from his horse. The force of the clash breaks the flagpole, which is picked up by the captain and used as a sword to stab repeatedly one of the leading female figures in the stomach and the breasts (321–23). What this episode suggests is that the function of the nation (and its integrity) is markedly different for the shanty-town dwellers and the authorities: while the first seek a unified ideal of integration and defence of their interests, the latter wield a fragmented concept of the nation to negate the inclusion of marginal sectors and re-impose the patriarchal order.

More directly marked by the violence of the 1980s, Marcial Molina Richter's *La palabra de los muertos o Ayacucho hora nona* is a denunciation of the suffering in Ayacucho, birthplace of Sendero Luminoso, in the 1980s and an attempt to re-establish local values and traditions that lost prestige as a result of association with the conflict that raged in that area. In recreating a history of the area Molina Richter makes use of numerous sources to produce a hybrid construct that draws on archaeology, literature, folk art, music, song and dance, all of which is in marked contrast to the image of Ayacucho and its inhabitants as portrayed by concepts of the nation that depended on an Indian/European duality. He goes on to tell how the members of the established order 'nos olvidaron secularmente / no existíamos para nada en su mapa presupuestal. / Nos habían insultado de incultos / que en la identidad nacional no entraríamos ni a balas / por tanto otros generosos escritores hablaron por nosotros / para que nos ganáramos alguito compadrito' (47). Towards the end of the work the dead stake their claim to the country's national identity, coming together opposite an army of soldiers on a plain near Ayacucho that saw the decisive battle of Independence. The use of this setting to regain their place in the nation is significant as it implies not only that the people of Ayacucho are aware of the concept of the nation state, but that they are prepared – and able – to express their place within it. If the violence of the War of the Pacific sparked a crisis that led to the first serious – if flawed – attempts to represent the country's indigenous and mestizo masses as part of the nation and gave rise to the indigenist movement, then the violence of the 1980s and the crisis it engendered performed a similar role, provoking further questioning and producing some fine examples of self-representation.

Another self-representation, this time of Lima's youth culture, is to be found in Oscar Malca's 1993 novel *Al final de la calle*, which describes the daily experiences of lower middle-class youths from Magdalena, characterised by unemployment, drugs, rock music and football. Responses to this work have not been uniformly positive, and among the brief reviews reproduced inside the cover of the 2000 edition is one 'Sin firma, diario oficial *El Peruano*', according to which 'Malca no sabe escribir'. It is tempting to conclude that these words reflect the reluctance of the official newspaper of the state to acknowledge the validity of youth culture as part of the national cultural landscape, but what is less open to conjecture is Malca's rejection of the state and its authority. Nowhere is this represented more forcefully than when the protagonist and his friends decide to entertain themselves by burning a telephone booth, using 'el mapa del Perú con sus tres regiones naturales descoloridas' and 'un par de héroes de la Guerra del Pacífico' (155) to set the fire. At the same time as marking a clear lack of respect for the nation and its oligarchic icons, the episode expresses the rupture that had clearly emerged by the early 1990s between cultural expression on the one hand and the country as a unitary concept on the other.

Alongside literature, art was a powerful vehicle for the representation of Peru's indigenous population in the early decades of the twentieth century, and the overwhelming majority of Peruvian artists in the twentieth century have sought to address issues of Peru's Indian heritage to a greater or lesser extent, although they typically explored social problems and conflicts more obliquely than writers. Two precursors of what might properly be termed Peruvian art were Pancho Fierro and Francisco Laso, both of whom were active in the mid-nineteenth century: the timing of their production (in the wake of Independence) and their focus on the practices and faces of individuals of the traditionally subordinate classes may be seen as defining features of a nascent national art. However, the political and literary resonances of the indigenist movement, together with the role of José Sabogal, the leading figure of its artistic wing, in the founding of state art institutions, meant that this is the school that is most well-known in Peru. The indigenist movement's connections between politics, literature and art converge in the cover of the first edition of the journal *Amauta*, founded by José Carlos

Mariátegui, a philosopher and radical advocate of Indian rights and leading figure in the creation of the Peruvian Communist Party. What the cover reveals are the attempts to bring together Peru's Inca heritage and Western cultural influences under one hybrid roof, although there is little sense of a conscious creation of the mestizo as symbol of the nation, something that was only to come later, especially in the writing of Arguedas. The written word, the woodcut as art form and the technology of printing all arrived from Europe, but the use of the Quechua word as title (meaning 'wise man' or 'teacher') and the image of the dignified Indian, whose headgear and earrings specifically bring to mind Inca civilization, act as a counterbalance. Mariátegui's notion of indigenism having roots that were alive in the present finds expression here in the placing of the dominant Indian elements (the image and the title) within a western timeframe: the date of publication is 1926, which is divided into months that follow the European calendar rather than the Inca version, and the use of the western numerals (Year 1, Number 1) suggest a new beginning for the Eurocentric order heavily influenced by the values of the indigenous population. What is implied via this journal cover, then, is the conflation or perhaps inversion of the established hierarchy, but the uneasy coexistence of the cover suggests no clear sense of the bases of a new society.

At the same time as he painted his indigenist images and played a leading role in founding the country's first state art institutions, José Sabogal took a keen interest in the *artesanía* (folk art or popular art) of Peru, describing various forms in a number of articles, and in the second half of the twentieth century this art form arguably encapsulated the changing configuration of the nation better than academic art. *Artesanías* have several advantages over western academic art in realizing the convergence of the country's various legacies: firstly, the forms, techniques and materials often have a history that dates back to pre-Hispanic – and pre-Inca – times; secondly, the representations they contain are made by the subordinate classes themselves rather than on their behalf; and thirdly, by articulating themselves to national (and international) circuits of production, distribution and consumption via processes of social change such as mass migration, they reflect the shifting construct that is Peru far more profoundly than canvas art. Such considerations came to a head in the 1970s, when the left-wing military government of General Velasco Alvarado (1968–1975) sought to incorporate the traditionally marginal sectors more fully in the nation. In 1975 the regime awarded the *Premio Nacional de Arte* to Joaquín López Antay, a renowned maker of *retablos*, a form of folk art brought to national prominence thanks to the efforts of figures such as Sabogal and Arguedas in the 1940s and 1950s. Arguedas, in particular, championed López Antay as an exemplary mestizo, in whom he saw incarnated the cultural hybridity that could offer a national solution to Peru's problematic identity. It is significant in this regard that the *retablo* is not a pre-Inca form, but one which arrived with the Spanish as a portable altar, and whose religious function allowed it to become invested with the syncretic beliefs of the indigenous population, who transposed the values of their pantheon onto the European saints. Under the influence of indigenist artists the producers of *retablos* began to incorporate local scenes and cultural practices (agricultural ceremonies, dances) alongside religious iconography. Herein lies the significance of these items, which articulate local artists and cultural practices with self-representation and with a national political and cultural ideology. In more recent times, the potters of Chulucanas in northern Peru have earned national and international recognition by combining traditional forms and local scenes with ancient designs and production techniques, learnt from archaeological excavations of nearby pre-Inca sites and subsequent academic publications. *Artesanía*, then, is better placed than conventional art to respond to the criticism of art critic and theorist Marta Traba, for whom Peru's artistic production has largely failed to synthesise the foreign and the indigenous.

Another visual medium used in the late nineteenth and early twentieth century was photography, which influenced some canvas painting, and provided the technological origins for cinema. Both of these forms were brought to Peru, as in the case of all technical innovations, by Europeans and North Americans, and the use of foreign equipment in foreign hands to represent the population of the areas penetrated particularly by the rail network echoes the situation with regard to literature and canvas art. A notable exception to this is the photography of Martín Chambi, the son of indigenous agricultural workers whose images of Andean life signified something more akin to an appropriation of the cultural form to autochtonous ends. An image such as the 'Merienda campesina' conveys a sense of bounty and of harmony with nature as the lines of peasants merge with the contours of the hills and the peak of Ausangate watches over proceedings.[1] Connections with pre-Hispanic cultures are made via the setting of the scene in Cuzco, seat of Inca rule, the clothing of the peasants, the communal practice of their meal (which ties in with the nascent socialism of Peru in the late 1920s and early 1930s – the photo was taken in 1934) and the presence of mountains that were the dwelling place of *apu*, the sacred spirits. At the same time, however, all of these are linked via the lens of the camera to notions of modernity and a community of images that constitute another dimension of Anderson's 'imagined community'.

The early history of cinema in Peru shares many characteristics with the other cultural media examined here, especially with regard to the realism of its representations. As was true in the case of the press, the content of the first productions to reach Peru was European in origin, although by 1899 the first images of Peru made their way onto the screen, filmed by an anonymous foreign cameraman and screened using US technology. The early decades of the twentieth century saw the production of dozens of documentaries that showed images of Lima, the capital city, as well as images of provincial towns and panoramas of Peru's impressive landscapes. The subject matter of these documentaries was often public participation in a notable local event, such as Holy Week in Lima, a strike, or local customs, typically dances, and they were shown to audiences not only in Lima but

1   See http://ist-socrates.berkeley.edu/~dolorier/Chambidoc.html

also in major towns along the coastal strip and the southern Andes. Despite the foreign control of the medium, then, cinema played a significant role in the construction of a shared visual and conceptual experience of Peru and Peruvians, a role that was harnessed by the populist President Leguía (1919–1930), who commissioned numerous documentaries of his government's activities and achievements with the express purpose of 'hacer propaganda del país por medio de películas cinematográficas' (Bedoya 1997: 45). However, in spite of a degree of appropriation of the medium for national ends, Peruvian cinema failed to develop its own characteristics, and merely copied the dramatic and realist conventions of European cinema. As Ricardo Bedoya states, 'Las miméticas historias e imágenes del cine mudo peruano se resistieron a la contaminación del nacionalismo, el populismo, el humor criollo, elementos que pusieron el "color local" o el "sentir nacional" a otros cines latinoamericanos' (1992: 70).

One of the many documentaries made under the presidency of Leguía was of the 1927 South American Football Championships, held in Lima, and football was arguably the first arena in which Peruvians developed a style that could be considered national. Football shares with the other cultural forms studied here its European origins, but the lack of technical requirements and its ease of production led to its rapid appropriation by the popular classes, who inscribed the game with its own characteristics. Central to this process was the black star Alejandro Villanueva, a member of the Alianza Lima team that swept all before them in the early 1930s and of the Peruvian national team that beat Austria in the quarter-finals of the Berlin Olympics in 1936. Peru's underclasses had become inexorably associated with the idea of the nation, an association that was not always welcomed by the oligarchy: ahead of the 1930 World Cup, for example, members of the Peruvian Football Federation were asked not to include Alianza Lima's black players so as not to give an idea abroad that Peru was a country of blacks (Stokes 1986: 242). However, they were swimming against the tide, and during the 1930s Peruvian football became firmly associated with the Afro-Peruvian population, who thus wrote themselves into the dominant creole culture and the national discourse as never before. This process was, of course, greatly facilitated by the print media and by match commentaries following the birth of radio in the 1920s, with the founding of Radio Nacional in 1937 another significant step in the creation of a national consciousness. More recently, Afro-Peruvian footballers have more obviously become texts, with a novel that relates the life of Villanueva and poems that celebrate the skills of other black players across the years, their physical ability the inspiration for literature.

By the 1970s a process of mass migration from the Andes to the coast, and a nationalist, left-wing military regime brought about marked changes in Peru's national identity, which finally gave official recognition to the indigenous and *mestizo* masses, nowhere more so than in the recognition of Quechua as co-official language and the granting of universal suffrage in the 1979 Constitution. In a parallel process, football became increasingly inscribed with the values of this majority, who thereby gained access to the national iconography in a similar way to the Afro-Peruvian population in the 1930s, as noted by sociologist Abelardo Sánchez León: 'sólo un partido de fútbol permite al cholo y al negro aparecer en las cámaras de la televisión o en las primeras planas de los diarios, arroparse en la bandera con el dorso desnudo y ser, por única vez, los representantes del Perú' (115). Other striking examples of the *mestizo* masses becoming national texts are the 1972 film *Cholo* (a semi-affectionate, semi-derogatory term), a biography of the football star Hugo Sotil, a first-generation migrant to Lima who went on to play for Barcelona, and various journalistic essays celebrating players of the era.

While each of the cultural forms considered here has of course its own characteristics, there are also points of commonality across them that reveal and reflect trends in Peru's political, social and cultural history: literature, canvas art, cinema, photography and football were all imported from Europe as part of an apparatus of domination that was not only physical but also ideological and intellectual. An integral aspect of this domination was the representation of the subordinate sectors of society from a Eurocentric perspective that sought first to justify conquest and colonisation, and then the continuing inequalities of the new Republic. The various crises that have brought into question the assumptions on which these inequalities were based (the War of the Pacific in the late nineteenth century, the birth of mass-based political parties in the 1920s, or the terror of Sendero Luminoso in the 1980s) led to increasingly sympathetic and well-intentioned representations of the indigenous and black populations, and finally to their self-representation, especially in literature and *artesanía*. In art and in film subordinate Peruvian bodies were made text and, to a degree, made Peruvian, although the close adherence to European artistic convention and an inability to break away from technical constraints made this less true than in other domains considered here.

These developments in the arts were mirrored in the social sciences, as writers began to recognise the artificial nature of the vision of national unity that had been imposed on the country from Lima. In relation to history, Peter Flindell Klarén describes this change in terms of:

> a historiographical revolution, beginning in the 1970s with the new methodologies of social and economic history [...] In short, the history of Peru went from the projection of the 'history of Lima' and the elites onto the entire country to a greater approximation of what historian Jorge Basadre referred to as 'el Perú profundo'. (2000: xiii)

Basadre is also the touchstone for Alberto Flores Galindo's reflections on the development of Peruvian identity, although he takes issue with the eminent historian's notion of a common sense of what it means to be Peruvian having been gained as a result of the tutelage of the State, affirming instead that 'la nación – si identificamos esta palabra con los habitantes del país – se ha constituido en lucha contra el Estado' (2001: 193). To relate this back again to twentieth-century cultural production in Peru, it may be argued that rather than this having been generated through state support, the Peruvian nation state as we know it today has been constructed largely as a result of the manner in which the various forms studied here have explored and exploited the tensions that have been at its heart. Peru still has some way to go before its diversity is universally recognised and accepted, but over the course of its two centuries as a Republic it has come a good way along that road, with cultural mediations playing a vital role in changing conceptions of the nation and its inhabitants.

Works Cited

Alegría, Ciro, 1961 [1941]. *El mundo es ancho y ajeno* (Buenos Aires: Losada).

Anderson, Benedict, 1983. *Imagined Communities: Reflections on the Origin and Spread of Nationalism* (London: Verso).

Bedoya, Ricardo, 1992. *100 años de cine en el Perú: una historia crítica.* (Lima: Univ. de Lima / Instituto de Cooperación Iberoamericana).

——, 1997. *Un cine reencontrado. Diccionario ilustrado de las películas peruanas.* (Lima: Univ. de Lima).

Flindell Klarén, Peter, 2000. *Society and Nationhood in the Andes* (NY: O.U.P.).

Flores Galindo, Alberto, 2001. *Los rostros de la plebe* (Barcelona: Crítica).

Gargurevich, Juan, 1987. *Prensa, radio y TV. Historia crítica* (Lima: Editorial Horizonte).

——, 1991. *Historia de la prensa peruana* (Lima: La Voz Ediciones).

González Prada, Manuel, 1976. *Pájinas libres. Horas de lucha* (Caracas: Biblioteca Ayacucho).

Jara, Cronwell, 1989. *Patíbulo para un caballo* (Lima: Mosca Azul).

Malca, Oscar, 2000 [1993]. *Al final de la calle.* (Lima: Libros de Desvío).

Molina Richter, Marcial, 1997. *La palabra de los muertos o Ayacucho hora nona* (Lima: Lluvia Editores).

Palma, Ricardo, 1969. *Tradiciones peruanas* (Oxford: Pergamon).

Rebaza Soraluz, Luis, 2000. *La construcción de un artista peruano contemporáneo. Poética e identidad nacional en la obra de José María Arguedas, Emilio Adolfo Westphalen, Javier Solguren, Jorge Eduardo Eielson, Sebastián Salazar Bondy, Fernando de Syszlo y Blanca Varela.* (Lima: Pontificia Univ. Católica del Perú).

Sánchez León, Abelardo, 1981. 'Perú, España 82. Alegría sin igual y otros pormenores,' *Quehacer*, 13: 112–17.

Stokes, Susan, 1986. 'Etnicidad y clase social: los afro-peruanos de Lima 1900–1930', in *Lima Obrera 1900–1930 (II)*, ed. Steve Stein (Lima: El Virrey), pp. 171–252.

Tabula Gratulatoria

∾

Astvaldur Astvaldsson, University of Liverpool
Carlos Germán Belli, Academia Peruana de la Lengua
Robin Bloxsidge, Liverpool University Press
R. K. Britton, University of Sheffield
Raúl Bueno, Dartmouth College
Richard and Rosa Cacchione
Sara Castro-Klarén, Johns Hopkins University
Geoffrey Connell, ex-Glasgow University
Patricia D'Allemand, Queen Mary, University of London
Michael Derham, Northumbria University
Embassy of Peru, London
Clayton Eshleman, Professor Emeritus, Eastern Michigan University
Lynn Farthman, University of Liverpool
Américo Ferrari, University of Geneva
Robin Fiddian, Oxford University
Derek Gagen, University of Wales, Swansea
David George, University of Wales, Swansea
John Gledson, University of Liverpool
Christopher Harris, University of Liverpool
Stephen Hart, University College, London
Hartley Library, University of Southampton
David Henn, University College, London
The Hispanic Society of America
David E. Hojman, University of Liverpool
Kirsty Hooper, University of Liverpool
Rosaleen Howard, University of Liverpool
Cathy L. Jrade, Vanderbilt University
Laurence Keates, Leeds, retired
Andrew Kirk, Liverpool University Press
George Lambie, De Montfort University
Francisco Lasarte, University of Utrecht
C. Alex Longhurst, King's College, London
María López-Abeijóm, Lancaster University
Fiona Maguire, University of Liverpool
Joan-Lluís Marfany, University of Liverpool
Mark Millington, University of Nottingham

Luis Millones, Universidad Nacional San Cristóbal de Huamanga/Universidad Nacional Mayor de San Marcos
Annella McDermott, University of Bristol
Melisa Moore, University of Exeter
Chris Perriam, University of Manchester
Guido Podestá, University of Wisconsin – Madison
Robert Pring-Mill, St Catherine's College, Oxford
Jorge Puccinelli, Universidad Nacional Mayor de San Marcos
Luis Rebaza-Soraluz, King's College London
Tey Diana Rebolledo, University of New Mexico
Daniel Reedy, University of Kentucky
Geoffrey Ribbans, Brown University, Providence, RI
Robert Rix, Trinity and All Saints College, Leeds
Jesús Rodero, University of Strathclyde
Roberto Rodriguez-Saona, Trinity and All Saints College, Leeds
Nicholas G. Round, University of Sheffield
Ángela Romero, University of Liverpool
William Rowe, Birkbeck College, London
Antonio M. Sánchez, Goldsmiths University of London
Gustavo San Roman, St Andrews
School of Modern Languages, University of Liverpool
Dorothy Sherman Severin, University of Liverpool
Lorna Shaughnessy, National University of Ireland
Donald Shaw, University of Virginia
Ricardo Silva-Santisteban, Pontifícia Universidad Católica del Peru, Lima
Ingrid Simson, Oxford Brookes University
David Sobrevilla, Universidad de Lima
E. A. Southworth, St Peter's College, Oxford
Maria Nowakowska Stycos, Cornell University, Ithaca NY
Philip Swanson, University of Sheffield
Claire Taylor, University of Liverpool
Taylor Institution Library, University of Oxford
Transylvania University Library
David Treece, King's College, London
Núria Triana Toribio, University of Manchester
William Trehearne
University of Aberdeen
Núria Vilanova, Universidad Rafael Landívar, Guatemala
Claire Williams, University of Liverpool
Jason Wilson, University College, London
Margaret Wilson
David Wood, University of Sheffield
Roger Wright, University of Liverpool